■2025年度高等学校受験用

武蔵越生高等学校

収録内容一覧

★この問題集は以下の収録内容となっています。また、紙 … 省略させていただいている場合もございますのでご了承ください …

… 未収録）

入試問題の収録内容			解説	解答	解答用紙
2024年度	推薦22日	英語・数学・国語	○	○	○
	推薦23日	英語・数学・国語	—	○	○
2023年度	推薦22日	英語・数学・国語	○	○	○
	推薦23日	英語・数学・国語	—	○	○
2022年度	推薦22日	英語・数学・国語	○	○	○
	推薦23日	英語・数学・国語	—	○	○
2021年度	推薦22日	英語・数学・国語	○	○	○
	推薦23日	英語・数学・国語	—	○	○
2020年度	推薦22日	英語・数学・国語	○	○	○

★当問題集のバックナンバーは在庫がございません。あらかじめご了承ください。

●凡例●

【英語】

≪解答≫

〔　〕　①別解
②置き換え可能な語句（なお下線は置き換える箇所が2語以上の場合）
（例）<u>I am</u>〔I'm〕glad〔happy〕to ~

（　）　省略可能な言葉

≪解説≫

1, **2**… 本文の段落（ただし本文が会話文の場合は話者の1つの発言）

〔　〕　置き換え可能な語句（なお〔　〕の前の下線は置き換える箇所が 2 語以上の場合）

（　）　①省略が可能な言葉
（例）「（数が）いくつかの」
②単語・代名詞の意味
（例）「彼（＝警察官）が叫んだ」
③言い換え可能な言葉
（例）「いやなにおいがするなべにはふたをするべきだ（＝くさいものにはふたをしろ）」

//　訳文と解説の区切り

cf.　比較・参照

≒　ほぼ同じ意味

【数学】

≪解答≫

〔　〕　別解

≪解説≫

（　）　補足的指示
（例）（右図1参照）など

〔　〕　①公式の文字部分
（例）〔長方形の面積〕＝〔縦〕×〔横〕
②面積・体積を表す場合
（例）〔立方体 ABCDEFGH〕

∴　ゆえに

≒　約、およそ

【社会】

≪解答≫

〔　〕　別解

（　）　省略可能な語

＿＿　使用を指示された語句

≪解説≫

〔　〕　別称・略称
（例）政府開発援助〔ODA〕

（　）　①年号
（例）壬申の乱が起きた（672年）。
②意味・補足的説明
（例）資本収支（海外への投資など）

【理科】

≪解答≫

〔　〕　別解

（　）　省略可能な語

＿＿　使用を指示された語句

≪解説≫

〔　〕　公式の文字部分

（　）　①単位
②補足的説明
③同義・言い換え可能な言葉
（例）カエルの子（オタマジャクシ）

≒　約、およそ

【国語】

≪解答≫

〔　〕　別解

（　）　省略してもよい言葉

＿＿　使用を指示された語句

≪解説≫

〈　〉　課題文中の空所部分（現代語訳・通釈・書き下し文）

（　）　①引用文の指示語の内容
（例）「それ（＝過去の経験）が ～」
②選択肢の正誤を示す場合
（例）（ア，ウ…×）
③現代語訳で主語などを補った部分
（例）（女は）出てきた。

／　漢詩の書き下し文・現代語訳の改行部分

武蔵越生高等学校

所在地	〒350-0417 埼玉県入間郡越生町上野東1-3-10
電　話	049-292-3245
ホームページ	https://www.musashiogose-h.ed.jp
交通案内	東武越生線　武州唐沢駅より徒歩2分 狭山・入間・飯能方面，熊谷・小川方面，スクールバス運行

普通科　男女共学

くわしい情報はホームページへ

応募状況

年度	募集数	受験数	合格数	倍率
2024	S特 60名 選Ⅰ120名 選Ⅱ160名 アスリ 40名	推単　278名 推併　683名 一般Ⅰ　18名	277名 672名 17名	1.0倍 1.0倍 1.1倍
2023	S特 60名 選Ⅰ120名 選Ⅱ160名 アスリ 40名	推単　289名 推併　627名 一般Ⅰ　14名	287名 620名 11名	1.0倍 1.0倍 1.3倍
2022	S特 60名 選Ⅰ120名 選Ⅱ160名 アスリ 40名	推単　242名 推併　693名 一般Ⅰ　18名	238名 682名 18名	1.0倍 1.0倍 1.0倍

＊受験数，合格数は各コースの合計

試験科目　（参考用：2024年度入試）

推薦・一般：英語・国語・数学
※単願のみ面接あり

教育目標

「行うことによって学ぶ」という建学の精神のもと，これからの国際社会のよき形成者として心豊かで実践力のある人間を育成する。

1．創造性豊かな人間
2．志気あふれる人間
3．思いやりのある人間
4．日々努力できる人間

コース編成と特色

＜S特進コース＞
・国公立大学・難関私立大学に現役合格を目指す
・数学・英語は習熟度別クラス
・０限・７限授業，研究論文作成，英語資格対策
・夏季授業・予備校授業・勉強合宿を実施
・難関私立大直前講座，専用自習室完備

＜選抜Ⅰコース＞
・難関私立大学に現役合格を目指す
・国内語学研修をはじめ英語教育に特化，英語は習熟度別クラス
・高大連携・最先端企業体験プログラム
・朝学習・週末課題・大学受験選択講座

＜選抜Ⅱコース＞
・有名私立大学に現役合格を目指す
・学校推薦型選抜・総合型選抜の対策講座
・朝学習，放課後・長期休業中講座補習
・軽井沢アクティブプロジェクト

＜アスリート選抜コース＞
・体育系大学，有名私立大学に現役合格を目指す
・アウトドア実習やスキー実習などで体育教員やインストラクターへの布石を学ぶ
・トップアスリートによる講演会や各種講習会
・体育系大学との連携プログラム

進路

本校には長年の進路指導ノウハウを活かした独自の指導プログラムがあり，結果として志望の国公立大学，難関私立大への現役合格につながっている。

◎近年の主な国公立・私立大学合格実績
お茶の水女子大，横浜国立大，埼玉大，群馬大，東京都立大，埼玉県立大，防衛大，早稲田大，慶應義塾大，東京理科大，上智大，明治大，青山学院大，立教大，中央大，法政大，学習院大，成城大，成蹊大，明治学院大，日本大，東洋大，駒澤大，専修大ほか

編集部注―本書の内容は2024年3月現在のものであり，変更されている場合があります。正確な情報は，学校のホームページ等で必ずご確認ください。

出題傾向と今後への対策 英語

出題内容

	2024	2023	2022
大問数	6	6	6
小問数	35	35	38
リスニング	×	×	×

◎大問数は6題，小問数は30～45問前後である。

2024年度の出題状況

1 適語(句)選択・語形変化

2 整序結合

3 長文読解総合―ウェブサイト

4 長文読解―要旨把握―SNS

5 長文読解総合―説明文

6 和文英訳

解答形式

2024年度	記　述／マーク／併　用

出題傾向

基本事項の理解度をテストすることに主眼がおかれており，難問や奇問はない。幅広く出題されるので，基本事項を偏りなく反復することが重要である。長文は，1～2題出題されるが，やや短めである。設問は内容把握に関するものが多い。他には，出題頻度の高い適語選択・補充，穴埋め問題，並べかえがあるが，基礎的な問題である。

今後への対策

出題形式はさまざまであるが，問われるのは基本事項であるので，教科書を繰り返し反復し，単語・熟語，基本構文を暗記してしまうことが重要である。これを通じて英文に慣れてきたら，長文読解の問題集で速読速解の練習をしよう。文法の問題集を1冊決めて何度も繰り返し解くことで，並べかえなどの英作文対策にもなる。

◆◆◆◆◆ 英語出題分野一覧表 ◆◆◆◆◆

分野		年度	2022	2023	2024	2025予想※
音声	放送問題					
	単語の発音・アクセント					
	文の区切り・強勢・抑揚					
語彙・文法	単語の意味・綴り・関連知識					
	適語(句)選択・補充		■	■	■	◎
	書き換え・同意文完成					
	語形変化		●		●	◎
	用法選択					
	正誤問題・誤文訂正					
	その他					
作文	整序結合		●	●	●	◎
	日本語英訳	適語(句)・適文選択				
		部分・完全記述	●	●	●	◎
	条件作文					
	テーマ作文					
会話文	適文選択					
	適語(句)選択・補充					
	その他					
長文読解	内容把握	主題・表題			●	△
		内容真偽	■	●	●	◎
		内容一致・要約文完成		●	●	◎
		文脈・要旨把握	■	■	★	◎
		英問英答	●	●		◎
	適語(句)選択・補充					
	適文選択・補充		●	●		◎
	文(章)整序		●	●		◎
	英文・語句解釈(指示語など)		●	●		◎
	その他					

●印：1～5問出題，■印：6～10問出題，★印：11問以上出題。

※予想欄　◎印：出題されると思われるもの。　△印：出題されるかもしれないもの。

出題傾向と今後への対策　数学

出題内容

2024年度

大問６題，総設問数25問の出題。①は計算問題８問。②は小問集合で，数と式，図形，確率など計５問。③は方程式の計算問題が３問。④は方程式の応用と解を利用する問題で，計３問。⑤は関数で，放物線と直線に関するもの。三角形の面積を３等分する直線の式を問う問題もある。⑥は平面図形で，正三角形を利用した問題。回転させてできる立体について問うものもある。

2023年度

大問６題，25問の出題。①は計算問題が８問。②は数と式，平面図形，確率などから計５問。③は方程式の計算問題が３問。④は方程式の応用問題が３問。⑤は関数で，放物線と図形に関するもの。平行四辺形の性質の理解を問う。⑥は円周上の２点を結ぶ線分を移動したとき，点が動いたあとにできる曲線でつくられた図形について，長さや面積について問うもの。正三角形の面積についても問われた。

作…作図問題　証…証明問題　グ…グラフ作成問題

解答形式

2024年度　記　述／マーク／併　用

出題傾向

構成は，大問６題，総設問数25問前後で，①は計算８～10問，②は各分野からの小問，③は方程式の計算３～４問，④は方程式の応用や関数，図形，⑤は関数，⑥は図形となることが多い。数・式や方程式の計算で約半分を占めるので，計算力が大きなカギを握っている。また，基本問題の占める割合が大きいので，いかにミスを少なくするかも大事。

今後への対策

数・式や方程式などの計算問題が非常に多いので，まずは確実な計算力を身につけること。時間や問題数を決めて，毎日演習を積み重ねていこう。また，関数や図形に関しては，基本的な定理や公式をしっかりと覚え，それらを活用できるようにしておこう。図形の定理などは証明できるようにしておくとなおよい。

◆◆◆◆ 数学出題分野一覧表 ◆◆◆◆

分野		2022	2023	2024	2025予想※
数と式	計算，因数分解	★	★	★	◎
	数の性質，数の表し方	●	■	●	◎
	文字式の利用，等式変形				
	方程式の解法，解の利用	★	★	★	◎
	方程式の応用	★	★	■	◎
関数	比例・反比例，一次関数				
	関数$y=ax^2$とその他の関数	★	★	★	◎
	関数の利用，図形の移動と関数				
図形	（平面）計量	★	★	★	◎
	（平面）証明，作図				
	（平面）その他				
	（空間）計量				
	（空間）頂点・辺・面，展開図				
	（空間）その他				
データの活用	場合の数，確率	●	●	●	◎
	データの分析・活用，標本調査				
その他	不等式				
	特殊・新傾向問題など	●		●	
	融合問題				

●印：１問出題，■印：２問出題，★印：３問以上出題。
※予想欄　◎印：出題されると思われるもの。　△印：出題されるかもしれないもの。

出題傾向と今後への対策 国語

出題内容

2024年度

- 論説文
- 小　説
- 古　文
- 文学史

課題文

一土井隆義
『キャラ化する／される子どもたち』
二あさのあつこ『みどり色の記憶』
三『十訓抄』

2023年度

- 論説文
- 小　説
- 古　文
- 文学史

課題文

一香山リカ『「悩み」の正体』
二菊池　寛『弁財天の使』
三無住法師『沙石集』

2022年度

- 論説文
- 小　説
- 古　文
- 文学史

課題文

一中村桂子
『科学者が人間であること』
二川上健一『透明約束』
三『大和物語』

解答形式

2024年度	**記　述**／マーク／併　用

出題傾向

読解問題の設問は，現代文に10問前後，古文に7問前後付されている。設問内容は，基本的な内容理解に関するものが中心となっている。課題文は，分量も平均的で，内容的にも受験生に親しみやすいものが選ばれている。国語の知識に関する問題も，教科書程度のものと考えてよい。

今後への対策

読解問題に関しては，基礎学力を見ることに出題のねらいがあるのだから，問題集で訓練を積むのがよい。難しいものに手を出す必要はないが，基本的なものは確実に得点できるようにしたい。国語の知識については，漢字・四字熟語など語句関連だけでなく，文学史についても整理しておくこと。

◆◆◆◆◆ 国語出題分野一覧表 ◆◆◆◆◆

分野		年度	2022	2023	2024	2025予想※
現代文	論説文 説明文	主題・要旨			●	△
		文脈・接続語・指示語・段落関係	●		●	◎
		文章内容	●	●	●	◎
		表現	●	●		◎
	随筆 日記 手紙	主題・要旨				
		文脈・接続語・指示語・段落関係				
		文章内容				
		表現				
		心情				
	小説	主題・要旨				
		文脈・接続語・指示語・段落関係			●	△
		文章内容	●	●	●	◎
		表現	●	●		◎
		心情	●	●	●	◎
		状況・情景				
韻文	詩	内容理解				
		形式・技法				
	俳句 和歌 短歌	内容理解				
		技法				
古典	古文	古語・内容理解・現代語訳	●	●	●	◎
		古典の知識・古典文法	●	●	●	◎
	漢文	(漢詩を含む)				
国語の知識	漢字 語句	漢字	●	●	●	◎
		語句・四字熟語	●	●	●	◎
		慣用句・ことわざ・故事成語	●	●		◎
		熟語の構成・漢字の知識				
	文法	品詞				
		ことばの単位・文の組み立て				
		敬語・表現技法				
	文学史		●	●	●	◎
作文・文章の構成・資料						
その他						

※予想欄　◎印：出題されると思われるもの。　△印：出題されるかもしれないもの。

合格を勝ち取るための

本書の使い方

本書に掲載されている過去問をご覧になって，「難しそう」と感じたかもしれません。でも，大丈夫。ほとんどの受験生が同じように感じるのです。高校入試の出題範囲は中学校の定期テストに比べて広いですし，残りの中学校生活で学ぶはずの，まだ習っていない内容からも出題されているかもしれません。

ですから，初めて本書に取り組む際には，点数を気にする必要はありません。点数は本番で取れればいいのです。

過去問で重要なのは「間違えること」です。自分の弱点を知るために，過去問に取り組むのです。当然，間違った問題をそのままにしておいては意味がありません。

本書には，長年にわたって高校受験に関わってきたベテランスタッフによる詳細な解説がついています。間違えた問題は重点的に解説を読み，何度も解きなおしてください。時にはもう一度，教科書で復習するのもよいでしょう。

別冊として，抜き取って使える解答用紙を収録しました。表示してあるように拡大コピーをとれば，実際の入試と同じ条件で，何度でも過去問に取り組むことができます。特に記述問題では解答欄の大きさがヒントになる場合があります。そうした，本番で使える受験テクニックの練習ができるのも，本書の強みです。

前のページにある「出題傾向と今後への対策」もよく読んで，本校の出題傾向に慣れておきましょう。

2024年度 武蔵越生高等学校（推薦22日）

【英　語】（50分）〈満点：100点〉

1 意味の通る英文になるように，（　　　）内から最も適切な語（句）を１つ選んで書きなさい。

(1) She (am / is / are / be) a very active student.

(2) 60 seconds make a minute, and 60 minutes make (a year / a month / a week / an hour).

(3) My younger brother goes to his school (in / on / at / by) foot every sunny day.

(4) I will go to the (hospital / park / station / restaurant) to play soccer tomorrow.

(5) Last Sunday, she (buys / buy / bought / buying) a beautiful new dress at the store.

(6) Please write (careful / carefully / care / caring) because this is a very important test.

(7) This is the (more / most / much / many) interesting book I have ever read.

(8) If it (rain / rains / will rains / rained) tomorrow, I will read books at home.

(9) My father usually (like / likes / liking / to like) to read newspapers in the morning.

(10) I'm looking (at / of / for / from) my key.　I lost it in this room!

2 日本文の意味になるよう英文の(　　　)にア～カの語(句)を正しい順序に並べて入れたとき，3番目と5番目にくるものをそれぞれ選び，記号で答えなさい。ただし，文頭に来る語も小文字で示してある。

(1) 彼女は毎週月曜7時に起きる。
She (　　)(　　)(3番目)(　　)(5番目)(　　).

ア．at　　イ．Monday　　ウ．gets
エ．seven　　オ．up　　カ．every

(2) 彼の兄は，東京にある大きな公園の近くを走っている。
His brother (　　)(　　)(3番目)(　　)(5番目)(　　) in Tokyo.

ア．running　　イ．near　　ウ．a
エ．big　　オ．park　　カ．is

(3) 彼らは昨夜家にいて，その映画を観た。
(　　)(　　)(3番目)(　　)(5番目)(　　) the movie last night.

ア．watched　　イ．home　　ウ．their
エ．stayed at　　オ．and　　カ．they

(4) 私は，宿題を全て終わらせてはいない。
I (　　)(　　)(3番目)(　　)(5番目)(　　).

ア．finished　　イ．not　　ウ．all
エ．have　　オ．of　　カ．my homework

(5) 図書館への道を教えてくれませんか。
Will (　　)(　　)(3番目)(　　)(5番目)(　　)?

ア．the way　　イ．me　　ウ．show
エ．you　　オ．to　　カ．the library

3 以下のウェブサイトの告知を読み，問いに答えなさい。

Musashi Ogose High School 〉 EVENT

Home | About Us | Photo Gallery | Contact Us

MUSAOGO Summer Fest 2024!

Join us for the event of the summer!

MUSAOGO is planning its annual Summer Fest and it's going to be better than ever.

Event Details

Date: July 7th, 2024

Time: 10:00 AM - 6:00 PM

Place: Musashi Ogose High School

Attractions Include:

Live music by popular bands

Delicious food

Fun games and activities for kids

Arts and crafts

Ticket Prices:

Children (5-12 years old)…$10 Teens (13-19 years old)…$20

Adults (20-60 years old)…$30 Seniors (over 60 years old)…$15

Special Offer

Families with 3 or more members get a 10% discount on total ticket cost!

How to get there:

Our school is just a 1-minute walk from Bushu-Karasawa Station.

Coming by cars is also OK.

Important Notes

・Please bring cash because not all shops will have credit card machines.

・Pets are allowed in this event.

・Keep our school clean. Let's enjoy and also take care of the environment!

For more details, contact the MUSAOGO Events Team.

Don't miss this exciting day full of fun, food, and festivities!

Your summer will be happy by being a part of the MUSAOGO Summer Fest!

Back to Home

(1) “MUSAOGO Summer Fest 2024”について正しいものを１つ選び，記号で答えなさい。

ア. The event will start at 6:00 PM.

イ. Pets are not allowed in the event.

ウ. The event is free for seniors.

エ. You may use a credit card at some shops.

(2) 16 歳の高校生が 46 歳の父親，44 歳の母親，12 歳の弟といっしょに４人で来場する場合，チケット代はいくらになるか。正しいものを１つ選び，記号で答えなさい。

ア. 40 ドル

イ. 54 ドル

ウ. 81 ドル

エ. 90 ドル

(3) ウェブサイトの情報と合うように，以下の文章の空所を埋めなさい。

このイベントは(　1　)から始まり，(　2　)で行われます。家族３人以上で参加すると，チケットの合計金額が(　3　)%引きとなる特典があります。なお，全ての店でクレジットカードが使えるとは限らないので(　4　)を持って来たほうが良いです。

4 以下の TOM と YUKA のチャットでのやりとりを読み，あとの問いにそれぞれ記号で答えなさい。

〈YUKA　　21:15

YUKA: Hey, TOM!　How are you?
Did you do anything over the weekend?

TOM: Hi, YUKA!　I'm doing well.　Thanks for asking.
Actually, I had a really fun time at the zoo on Saturday.

YUKA: Oh, wow, I like the zoo very much!
Did you see a lot of animals while you were there?

TOM: Of course!　I saw monkeys, tigers, and elephants!
I especially enjoyed watching elephants!

YUKA: How about lions?
Lions are your favorite animals, right?

TOM: Yes... I saw them, but they were mostly sleeping.
Anyway, I had lots of exciting moments with my camera.

YUKA: I'm really looking forward to seeing them!
Let's make a plan to meet soon.

TOM: Oh, yes!　How about meeting tomorrow after school?

YUKA: Sounds nice!　Tomorrow is Monday, so I'll be free after my basketball practice.

TOM: When does it end?

YUKA: It ends at 4:30.　So, why don't we meet by the school gate at 5?

TOM: Perfect!　Let's go to the burger shop after we meet.
I'll show you the photos there.

YUKA: Great!　I'm really excited to see you tomorrow.　Good night, TOM!

TOM: Me too!　I can't wait to share my zoo adventure with you.
Good night, YUKA!

(1)　TOMはいつ動物園に行きましたか？

ア．　水曜日

イ．　木曜日

ウ．　金曜日

エ．　土曜日

(2)　TOMは特にどの動物を見るのが楽しかったと言っていますか？

ア．　サル

イ．　トラ

ウ．　ゾウ

エ．　ライオン

(3)　TOMの見たライオンは何をしていましたか？

ア．　走っていた

イ．　遊んでいた

ウ．　食事をしていた

エ．　寝ていた

(4)　このやりとりの翌日，YUKAとTOMは何時にどこで会う予定ですか？

ア．　4時半に校門で

イ．　4時半にハンバーガーショップで

ウ．　5時に校門で

エ．　5時にハンバーガーショップで

(5)　YUKAはTOMと会う前に何をする予定ですか？

ア．　図書館で勉強をする

イ．　バスケットボールの練習をする

ウ．　ハンバーガーショップに行く

エ．　動物の写真を見る

(6)　このやりとりはいつ行われましたか？

ア．　土曜日の朝

イ．　日曜日の夜

ウ．　月曜日の朝

エ．　火曜日の夜

5 次の英文を読んで，あとの問いにそれぞれ記号で答えなさい。

For many years, humans have looked up at the sky with wonder. Space has always been a place of *mystery and dreams. Rockets were our first steps to reach it. But rockets are expensive and can sometimes be not safe. Imagine a future where we can travel to space as easily as an elevator. This is the concept of the "space elevator."

In the history, humans have been *fascinated by the stars and space. We made a lot of things to see them and rockets to travel far away. Rockets have *limitations. They burn a lot of fuel and there are risks in every *launch. This is why scientists are working on another project: an elevator that could take us to space.

The idea of a space elevator sounds like science fiction. Imagine a big cable, one end is put to Earth and the other end is put far into space. Such a *structure needs a *material that is both incredibly strong and surprisingly light. Finding or making this material is one of the biggest challenges.

So, how will a space elevator be used? On Earth, there would be a very large base station, like a big airport. This station will become the starting point for goods and passengers. Far above in space, a weight would hold the cable *taut. There are special boxes like elevator cars. They will travel up and down this cable. And they will carry people and things to space.

Building the space elevator is a hard work. The most important part is the cable itself. It needs to handle difficult conditions and the weight of the elevator cars. *Current materials are not good enough for the work, but *innovation in technology may make an answer in the future.

After the material, there are other problems to think about. Space is filled with *debris. These will be risks to the elevator's structure. Back on Earth, the base station will need to think about storms, lightning, and other natural disasters.

The *benefits can also go down. When a space elevator works well, the costs of space travel can be very cheap. We can plan bigger and more interesting missions. More people can experience the wonders of space. Such an innovation might be the key for us to make space-travel good.

The vision of a space elevator is a big *progress for humans. It is like when we first set foot on the moon. Though the challenges are difficult, the potential benefits are even greater. The easy and cheap price of space travel can change our lives and scientific studies. And it will make new chances for people to experience the wonders of the space. Please think about the cultural and *educational effects. Children can learn not only from books, but by seeing space. And people can do many new things with lower costs. So many countries can make more interesting technological studies.

And it will make global *cooperation.

At last, the space elevator isn't just about going to the stars. It's about *expanding our horizons and finding *possibilities for future generations.

(注) mystery…なぞ　fascinate…魅了する　limitation…制限　launch…発射
structure…構造　material…素材　taut…張っている　current…現代の
innovation…技術革新　debris…（宇宙の）ごみ　benefit…恩恵　progress…進歩
educational…教育の　cooperation…協力　expand…広げる　possibility…可能性

(1) なぜ宇宙エレベーターの概念が考えられたのですか？
ア．宇宙の探査が困難であるため。
イ．ロケットは高価で，毎回の打ち上げにリスクがあるため。
ウ．宇宙には新しい資源があるため。
エ．宇宙旅行が人々の間で人気があるため。

(2) 宇宙エレベーターのケーブルを実現するために必要な材料の特性は何ですか？
ア．重くて非常に硬い
イ．驚くほど軽くて強い
ウ．透明でよく伸びる
エ．磁石にくっつき，熱に強い

(3) どのような場所が宇宙エレベーターの出発点として適していますか？
ア．小さな駅
イ．巨大な基地
ウ．既存のロケット発射場
エ．海上のプラットフォーム

(4) 宇宙エレベーターの構造にとっての大きな課題は何ですか？
ア．宇宙の低温
イ．重力の影響
ウ．宇宙の無重力
エ．宇宙のごみ

(5) 宇宙エレベーターが成功すれば，どのような影響が考えられますか？

ア． 人々の宇宙への関心が低下する。

イ． 宇宙旅行のコストが上がる。

ウ． より大規模な計画が可能になる。

エ． 宇宙の探査が不可能になる。

(6) 本文全体の主な内容として適切なものは次のうちどれですか？

ア． 宇宙エレベーターの技術的な改善点

イ． 宇宙エレベーターがもたらすメリット

ウ． 宇宙エレベーターの未来の姿

エ． 宇宙エレベーターの歴史

6 次の日本文を[　　　]の指示に従って英文にしなさい。

(1) 京都は日本で最も古い都市のひとつです。
[空所に適語を入れて英文を完成させること]

Kyoto is (　　　　) of the (　　　　) (　　　　) in Japan.

(2) どうやって市役所(the city hall)へ行くのか教えてください。
[how to を用いること]

【数　学】（50分）〈満点：100点〉

1 次の計算をしなさい。

(1) $2\times4-9$

(2) $(-4)^2+(-4^2)$

(3) $3a+4(2a-3b)$

(4) $\frac{2}{3}\div\frac{4}{9}-\frac{1}{2}$

(5) $(-3ab)^2\times5a^3b\div15a^4b^2$

(6) $-\frac{x+2y}{2}+\frac{3x-y}{4}$

(7) $(a+2b)^2-(a+2b)(a-2b)$

(8) $(3+\sqrt{5})(5-2\sqrt{5})$

2 次の各問いに答えなさい。

(1) $2x^2+8x+8$ を因数分解せよ。

(2) 右の図の $\angle x$，$\angle y$ の大きさを求めよ。

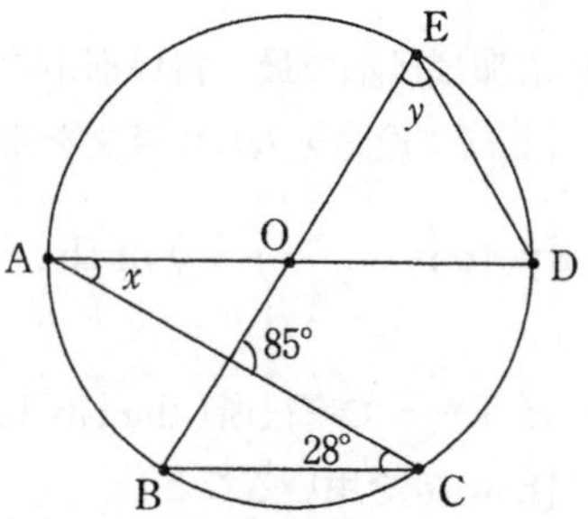

(3) 2つのさいころを投げるとき，
出る目の和が偶数になる確率を求めよ。

(4) $\sqrt{63-2n}$ が整数になる自然数 n は何個あるか求めよ。

(5) 《n》は1から n までの自然数を ＋，× の順で交互に計算した値を表すとする。
例えば，《5》の値は，$1+2\times3+4\times5$ を計算した値となる。このとき，《3》+《6》の値を求めよ。

3 次の方程式を解きなさい。

(1) $9x-23=11(7-x)$

(2) $\begin{cases} y=3x-4 \\ x+y=10 \end{cases}$

(3) $\frac{1}{2}\{(x+1)^2-2(x-3)\}=14-x$

4

次の各問いに答えなさい。

(1) ある店では，1個の重さが12 gのクッキーと8 gのアメが売られており，1個あたりの値段はクッキー30円，アメ27円である。このクッキーとアメをそれぞれ何個か買ったところ，重さは152 gで，代金の合計は429円となった。このとき，クッキーとアメをそれぞれ何個買ったか求めよ。

(2) xについての2次方程式 $x^2-px+56=0$ の1つの解が7であったという。このとき，もう1つの解を求めよ。

(3) 原価30円の梅を600個仕入れて販売する予定が誤って多く仕入れてしまった。原価の20％の利益を見込んで定価をつけ販売したところ，20個売れ残った。そこで売れ残った分を定価の半額にしたところ全部が売り切れ，全体で3300円の利益が得られた。はじめに仕入れる予定であった梅より何個多く仕入れたか求めよ。

5

$y=kx^2$ と $y=x+4$ が，2点A，Bで交わっており，点Aのx座標は-2である。また，$y=x+4$ とx軸との交点をC，点Bからx軸に下ろした垂線の足をDとする。このとき，次の各問いに答えなさい。

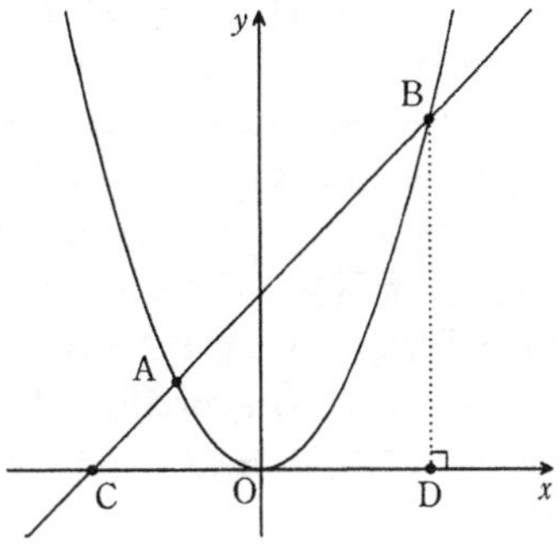

(1) 点Aの座標およびkの値を求めよ。

(2) 三角形BCDの面積を求めよ。

(3) 原点Oを通って，三角形BCDの面積を3等分にする直線の式をすべて求めよ。

6

図のように，1辺の長さが2 cmの正三角形ABCがあり，点Eは辺ACの中点である。また，点Aを折り返した点をA′とする。線分BEと線分A′Eが重なるとき，次の各問いに答えなさい。ただし，円周率をπとする。

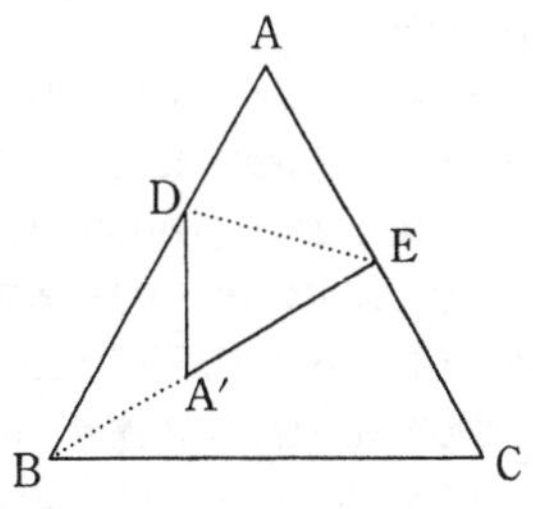

(1) ∠AEDの大きさを求めよ。

(2) 線分BEの長さと三角形DBA′の面積を求めよ。

(3) 三角形DBA′を，線分DA′を軸として回転させたときにできる立体の体積を求めよ。

【国　語】（五〇分）〈満点：一〇〇点〉

※問題の都合上、一部に原文と異なる部分があります。

一　次の文章を読んで後の設問に答えなさい。

読売新聞が二〇〇三年に発表した全国青少年アンケート調査によれば、七五パーセントが「努力しても成功するとは限らない」と回答しています。二〇〇六年に行なわれた高校生新聞の調査でも、四〇パーセントが「競争の結果、格差が広がるのはしかたない」と回答し、三〇パーセントが「努力しても報われない」と回答しています。この結果について、斎藤環さんは、「学習や修練によって自分が変わるという期待すら存在しない。まるで「自信がないこと」にかけては誰よりも自信があるとでもいうような、「確固たる自信のなさ」とでも言うべき態度」が、若い世代に蔓延しつつあると(ア)シテキしています。

(イ)サッコンの若い人たちが、①現在の自分を絶対視してしまいがちなのは、それを生まれもった自分のキャラと感じるようになっているからでしょう。だから、いまの自分の姿はそのまま将来も同じに違いないという確固たる信念が芽生えてくるのでしょう。とりあえず何かを実行に移しているうちに新しい世界が開けてくるかもしれないし、あるいは自分も変わっていくかもしれないといった発想が、ここから生まれてくるのは困難なことのように思われます。

しかし、長い人生のなかでつまずくことは、事件を起こした青年たちだけでなく、どこの誰にでも起こりうるものです。不気味で異質なものは、多かれ少なかれ誰のなかにも潜んでいます。私たちは、自らの内部に圏外を併せもっているのです。そのトロイの木馬の扉がいつ開かれるかは誰にも予測できませんし、日常生活の圏外に対してセキュリティをいくら強化しようと、またその圏内への監視の目をいくら緻密化しようと、この内なる圏外からの逃げ道もありません。

そうだとしたら、自分にとって不気味なもの、異質なものを圏外へと追いやるのではなく、むしろその異質さと折り合いをつけつつ、いかに生きていくべきなのか、私たちにはその知恵が問われていることになります。理想とは異なる「不気味な自分」と出会ってしまったとき、上辺だけを取り繕うような希望や癒しの言葉に(ウ)アンイに逃げ込むことなく、押し潰されそうな不安のなかにあえて踏み留まり、その受け入れがたい自分を受け入れていくにはどうすればよいのでしょうか。いわば人生の隠し味として、その経験を活かしていくにはどうすればよいのでしょうか。

いつどこで転んでも、再起しやすい社会の仕組みにすることがもっとも重要なのは当然です。しかし、それと同時に、その②つまずいた自分と向きあう力を身につけておくことも大切でしょう。振り返ってみれば、現在のように③便利なコミュニケーション手段がなかった時代の人びとは、避けたくても避けようのない不都合な人間、向こうから迫ってくる異質な人間との付きあい方も、否応なく学ばされていたのではないでしょうか。異質な他者の視点から自身を相対化して眺める力は、「不気味な自分」に出会ってしまったとき、④その不安からパニックになるのを防いでくれる忍耐力にもなりうるからです。

A、いつも同質な類友だけと固まって付きあっていると、いざ自分が受け入れがたい存在になってしまったとき、その自分は仲間からも受け入れがたい存在とみなされ、圏外化の対象とされてしまいます。その仲間は自分の分身と同じだからです。同質な人間関係だけをいくら増やしてみたところで、⑤いざというときのセーフティ・ネットにはならないのです。

B、私たちは、他者から受け入れられているという実感がないと、他者の視点から自分を相対化して眺めることも難しくなってしまいます。自己破滅型の犯罪が自己顕示欲をともなっているのも、人生における挫折が人間関係からの疎外として実感されているからでしょう。その意味で、他者に対する不寛容な態度は、自分自身に対する不寛容さをもたらしてしまうのです。

そもそも私たちは、いくつもの相互に異なる人間関係を多元的に営むことで、複数の視点から自分を相対化できるようになるものです。その結果、特定の一つの関係だけに極端に依存しなくてもすむようになります。人間関係への強迫観念から解放され、真に自己の安定を得るためには、たとえ一時的には自己肯定感が揺らごうとも、異質な他者とも付きあっていかなければなりません。もはや普遍的な価値の物差しを内面にもちえない現代人は、そうやって多種多様な人間どうしの人的ネットワークの(エ)アミの目のなかに、自分肯定の基盤を見つけていくしかないのです。

では、これほどまでにネット環境が普及し、あえて不都合な他者と出会わなくても生きていけるようになった便利な時代に、いったい私たちはどうやって異種混交の人間関係を紡いでいけばよいのでしょうか。現代は、交通機関の発達で移動が便利になった反面、意図的にウォーキングでもしないと足腰が弱りがちな時代です。同様に、ネット環境の発達でコミュニケーションが便利になった反面、雑多な人間と出会う機会を意図的に設けていかないと自己の C も育ちにくい時代なのかもしれません。

本来、自分とは想像する以上に意外性を秘めた存在のはずです。だとすれば、「自分らしさ」なるものも、キャラのように固定的なものではなく、その想像の臨界を越えて変化していくもののはずです。⑥現実の自分が、期待するイメージと完全に調和することはありえません。

そもそも自己とは、対人関係のなかで構築されていくものです。だからこそ、それは※可塑的なものなのです。現在、「不気味な自分」と向きあい、その生きづらさに悩んでいる人たちには、そして、その原因を自らの内に求めようとし、自己のキャラ化に走ろうとしている人たちには、そのまなざしを自らの内部へ向けるのではなく、むしろ外部へ向けてもらいたいと思います。

（『キャラ化する／される子どもたち』土井隆義）

※　可塑的…思うように形を変えられること。

問一　傍線部（ア）～（エ）のカタカナをそれぞれ漢字に直して答えなさい。

問二　傍線部①「現在の自分を絶対視してしまいがち」の例として適当なものを次の中から一つ選び、記号で答えなさい。
ア　中学校では挫折してしまったが、高校で切り替えれば良い職業に就けるに違いないということ。
イ　高校で海外留学をすることで、広い視野を手に入れ、良い職業に就けるに違いないということ。
ウ　今はまだ実力が不足しているが、一生懸命努力すれば良い職業に就けるに違いないということ。
エ　自分は中学校で優秀な成績を収めているから、将来も良い職業に就けるに違いないということ。

問三　傍線部②「つまずいた自分と向きあう力」とはどのような力のことか。具体的に述べている部分を本文中から二十五字以内で抜き出して答えなさい。

問四　傍線部③「便利なコミュニケーション手段」の普及により、私たちの生活にもたらされた変化を本文中から二十九字で抜き出して答えなさい。

問五　傍線部④「その不安からパニックになるのを防いでくれる忍耐力にもなりうる」とあるが、その理由として適当なものを次の中から一つ選び、記号で答えなさい。
ア　苦手な相手との接し方を学ぶことで、自己をコントロールすることができるようになるということ。
イ　面倒な人を避けることで、自分の中の異質な自分を封じ込めることができるようになるということ。
ウ　うっとうしい相手を我慢することで、不気味な自分にも耐えることができるようになるということ。
エ　厄介な相手と仲良くなることで、どのような自分も受け入れることができるようになるということ。

問六　[A]、[B]に当てはまる接続語の組み合わせとして適当なものを次の中から一つ選び、記号で答えなさい。
ア　A…さらに　B…なぜなら　　イ　A…しかし　B…そして
ウ　A…では　B…けれども　　エ　A…つまり　B…では

問七　傍線部⑤「いざというときのセーフティ・ネットにはならない」とはどういうことか。適当なものを次の中から一つ選び、記号で答えなさい。
ア　親友に受け入れられなくなると、新たなコミュニティを作る労力がかかるということ。
イ　自分と同質な友達とだけ付きあうことが、真のコミュニケーションであるということ。
ウ　同質な人間関係は、自分が受け入れられなくなることを想定させなくするということ。
エ　自分が異質な存在とみなされたときに、コミュニティから外されてしまうということ。

問八　[C]に入る語として、適当なものを次の中から一つ選び、記号で答えなさい。
ア　決断力　　イ　耐性力　　ウ　向上力　　エ　瞬発力

問九 傍線部⑥「現実の自分が、期待するイメージと完全に調和することはありえません」とはどういうことか。適当なものを次の中から一つ選び、記号で答えなさい。

ア 自分が理想とする姿というのは妄想に過ぎず、そのような自己を実現することは現実的には非常に難しいということ。

イ 将来の自分とは想像をはるかに越えるものであるため、より大きなイメージを思い描いておく必要があるということ。

ウ 理想の自分とは思い描いた姿をはるかに越えるものであるため、自分のキャラを固定させるべきではないということ。

エ 本来、自分らしさとは自分で決められるようなものではないので、自分勝手にキャラを決めてはいけないということ。

問十 この文章を読んで、Aさんは先生と意見交換を行いました。Aさんと先生の会話と、Aさんが書いた【メモ】を読んで、あとの問いに答えなさい。

Aさん「先生、筆者は現在の人は便利なコミュニケーション手段によって、雑多な人間と出会う機会が減少していると言っていますが、インスタグラムやティックトックなどの普及により、むしろ雑多な人間と接する機会は多くなっているように思います。」

先　生「そうですね。雑多な人と接する機会は、SNSを通じても可能かもしれません。しかし、そのような人と気が合わないと感じたら、Aさんはどうしますか？」

Aさん「そうですね、そのような人はブロックしてしまいます。あ、つまりそういうことですか？」

先　生「そうです、［ Ⅰ ］。」

Aさん「リアルな人間関係では、たとえ苦手な相手でも、ブロックすることはできませんよね。」

先　生「異質な他者との付き合い方を学ぶ上でも、ネットでのコミュニケーションだけではなく、リアルな人間関係を充実させていきたいものですね。」

Aさん「私は、どんな人に対しても、優しく接することができるように努めていきたいと思います。」

先　生「そうですね、その気持ちが大切です。」

【メモ】

便利なコミュニケーション手段
↓
雑多な人と接する機会の減少
・インスタグラム
・ティックトック
→SNS上でも雑多な人と接することは可能か？
↓
苦手な人はブロックする

結論 ［　　　　　　　　　　　　　　　］ことが大切。

(1) ［ Ⅰ ］に入るものとして適当なものを次の中から一つ選び、記号で答えなさい。

ア リアルな関係では、苦手な人との関係を断つことは容易なことです

イ リアルな関係では、苦手な人とは距離を取ることが簡単にできます

ウ ネットの関係では、苦手な人とは無理に付き合う必要がありません

エ ネットの関係では、苦手な人とも適度な距離を保つことができます

(2) 【メモ】の空欄に当てはまる内容を、Aさんと先生の会話の中から十五字で抜き出して答えなさい。

二　次の文章を読んで後の設問に答えなさい。

街は夕暮れの光の中で、淡い金色に輝いていた。その光を浴びながらコンビニエンスストアの前を過ぎまっすぐに歩く。

ふっといい匂いがした。焼きたてのパンの匂いだ。

「あら、千穂ちゃん、お久しぶり」

『ベーカリーYAMANO』のドアが開いて、白いエプロン姿の女の人が出てきた。丸い顔がニコニコ笑っている。優し気な笑顔だ。同級生の山野真奈の母親だった。笑った目元が真奈とよく似ている。小学校の時から真奈とは仲よしで、この店でよく焼きたてのパンやクッキーをごちそうになった。千穂は特に食パンが好きだった。窯から出されたばかりのほかほかの食パンは、バターもジャムも必要ないぐらいおいしいのだ。しかし、

「他人さまのおうちで、たびたびごちそうになるなんて、はしたないわよ。もうやめなさい。欲しいなら買ってあげるから」

母の美千恵にそう言われてから、『ベーカリーYAMANO』に寄るのをやめた。

美千恵はときどき、食パンやケーキを買ってきてくれる。有名な店の高価なケーキをおやつに出してくれたりもする。けれど、そんなにおいしいとは思えない。どんな有名店のケーキより、真奈たちとくすくす笑ったり、おしゃべりしたりしながら、口いっぱいに頬張ったパンのほうがずっとおいしい。

①もう一度、ほかほかの食パンにかじりつきたい。

そんなことを考えたせいだろうか、キュルキュルとおなかが音をたてる。頬がほてった。

やだ、恥ずかしい。

しかし、山野のおばさんは気がつかなかったようだ。千穂の提げている布製のバッグをちらりと見やり、尋ねてきた。

「これから、塾？」

「はい」と答えた。バッグの中には塾で使う問題集とノートが入っている。

「千穂ちゃん、偉いわねえ。真面目に勉強して。それに比べて、うちの真奈ったら、受験なんてまだまだ先のことだって涼しい顔してるのよ。【　A　】塾にも通ってないし。ほんと、千穂ちゃんをちょっとでも見習って、しっかりしてほしいわ」

②そんなこと、ありません。

千穂は胸の内で、かぶりを振った。

真奈は偉いと思います。しっかり、自分の将来を考えてます。あたしなんかより、ずっと……。

「千穂、これ、まだ誰にも言ってないんだけど……あたし、お父さんみたいになりたいなって思ってるんだ。パン職人」

③今日のお昼、一緒にお弁当を食べていた時、真奈がぼそりとつぶやいた。昼食の前、四時限めに、来年にひかえた受験に向けて志望校をどう決定していくか、どう絞っていくか、担任の教師から説明を受けたばかりだった。

「……高校受験というのは、ただの試験じゃない。きみたちの将来につながる選択をするということなんだ。具体的な職業までは無理としても、自分は将来、何がしたいのか、あるいはどんな人間になりたいのか、そういうことをじっくり考えて進路を選択してもらいたい。自分の意志が必要なんだ。自分の将来を自分自身で選択するという意志をもってもらいたい」

いつもはのんびりした口調の担任が、生徒一人一人の顔を見やりながら、きっぱりと言いきった。

【　B　】

その一言を千穂が心の中で反芻(はんすう)していた時、「パン職人」という言葉が耳に届いたのだった。

「なんかさ、うちのお父さん、普通のおじさんなんだけど、パンを作っている時だけは、どうしてだかかっこよく見えるんだよね。作ったパンもおいしいしさ。お客さん、すごく嬉しそうな顔して買いに来てくれるんだよね。なんか、そういうの見てるといいかなって、すごくいいなって。もちろん、大変なのもわかってる。朝なんてめちゃくちゃ早いしさ、うちみたいに全部手作りだと、ほんと忙しいもの。嫌だなあって思ってた時もあったんだけど……実はね、千穂」

「うん」

「この前、お父さんと一緒にパン、作ってみたの」

「へえ、真奈が？」

「うん。もちろん、売り物じゃなくて自分のおやつ用なんだけど、すごく楽しくて……あたし、パン作るの好きなんだって本気で思った。だからね、高校卒業したらパンの専門学校に行きたいなって……思ってんだ」

少し照れているのか、頬を赤くして真奈がしゃべる。そこには確かな自分の意志があった。

真奈って、すごい。
心底から感心してしまう。すごいよ、真奈。
【　C　】
真奈が顔を覗き込んでくる。
「千穂は画家志望だよね。だったら、やっぱり芸術系の高校に行くの？」
「④え……あ、それはわかんない」
「だって、千穂、昔から言ってたじゃない。絵描きさんになりたいって。あれ、本気だったでしょ？」
【　D　】
「……まあ。でも、それは……」
夢だから。口の中で呟き、目を伏せる。⑤うつむいて、そっと唇をかんだ。
山野のおばさんに頭を下げて、また、歩きだす。さっきより少し足早になっていた。花屋、喫茶店、スーパーマーケット、ファストフードの店、写真館……見慣れた街の風景が千穂の(ア)傍らを過ぎていく。
足が止まった。
香りがした。とてもいい香りだ。焼きたてのパンとはまた違った芳しい匂い。
立ち止まったまま視線を辺りに巡らせた。写真館と小さなレストランの間に細い道がのびている。アスファルトで固められていない土の道は(イ)緩やかな傾斜の上り坂になっていた。この坂の上には小さな公園がある。そして、そこには……。
大きな樹。
枝を四方に伸ばし、緑の葉を茂らせた大きな樹がある。小学校の三、四年生まで真奈たちとよく公園に遊びに行った。みんな、大樹がお気に入りで、競って登ったものだ。
あれは、今と同じ夏の初めだった。幹のまん中あたりまで登っていた千穂は足を踏み外し、枝から落ちたことがある。かなりの高さだったけれど⑥奇跡的に無傷ですんだ。しかし、その後、大樹の周りには高い柵が作られ簡単に近づくことができなくなった。木登りができなくなると、公園はにわかに退屈なつまらない場所となり、しだいに足が遠のいてしまった。中学生になってからは公園のことも、大樹のことも思い出すことなどほとんどなかった。

（中略）

千穂はカバンを放り出し、スニーカーを脱ぐと、太い幹に手をかけた。あちこちに小さな洞やコブがある。登るのは簡単だった。
まん中あたり、千穂の腕ぐらいの太さの枝がにゅっと伸びている。足を滑らせた枝だろうか。よくわからない。枝に腰かけると、眼下に街が見渡せた。金色の風景だ。光で(ウ)織った薄い布を街全部にふわりとかぶせたような金色の風景。そして、緑の香り。
そうだ、そうだ、こんな風景を眺めるたびに、胸がドキドキした。この香りを嗅ぐたびに幸せな気持ちになった。そして思ったのだ。
あたし、絵を描く人になりたい。
(エ)理屈じゃなかった。描きたいという気持ちが突き上げてきて、千穂の胸を強く叩いたのだ。そして今も思った。
描きたいなあ。
今、見ている美しい風景をカンバスに写し取りたい。
画家なんて大仰なものでなくていい。絵を描くことに関わる仕事がしたかった。芸術科のある高校に行きたい。
⑦けれど母の美千恵には言い出せなかった。母からは、開業医の父の跡を継ぐために、医系コースのある進学校を受験するように言われていた。祖父も曽祖父も医者だったから、一人娘の千穂が医者を目ざすのは当然だと考えているのだ。
芸術科なんてとんでもない話だろう。
絵描きになりたい？　千穂、あなた、何を考えてるの。絵を描くのなら趣味程度にしときなさい。夢みたいなこと言わないの。
そう、一笑に付されるにちがいない。大きく、深く、ため息をつく。
お母さんはあたしの気持ちなんかわからない。わかろうとしない。なんでもかんでも押しつけて……あたし、ロボットじゃないのに。
ざわざわと葉が揺れた。
そうかな。

かすかな声が聞こえた。聞こえたような気がした。耳を澄ます。

そうかな、そうかな。本当にそうかな。

そうよ。お母さんは、あたしのことなんかこれっぽっちも考えてくれなくて、命令ばかりするの。

そうかな、そうかな。よく思い出してごらん。

緑の香りが強くなる。頭の中に記憶がきらめく。

千穂が枝から落ちたと聞いて美千恵は、⑧血相をかえてとんできた。そして、泣きながら千穂を抱きしめたのだ。

「千穂、千穂。無事だったのね。よかった、よかった。生きていてよかった」

美千恵はぼろぼろと涙をこぼし、「よかったよかった」と何度も繰り返した。

「だいじな、だいじな私の千穂」そうも言った。母の胸に抱かれ、その温かさを感じながら、千穂も「ごめんなさい」を繰り返した。ごめんなさい、お母さん。ありがとう、お母さん。

思い出したかい？

うん、思い出した。

そうだった。この樹の下で、あたしはお母さんに抱きしめられたんだ。しっかりと抱きしめられた。

緑の香りを吸い込む。

これから家に帰り、ちゃんと話そう。あたしはどう生きたいのか、お母さんに伝えよう。ちゃんと伝えられる自信がなくて、ぶつかるのが怖くて、お母さんのせいにして逃げていた。そんなこと、もうやめよう。お母さんに、あたしの夢を聞いてもらうんだ。あたしの意志であたしの未来を決めるんだ。

大樹の幹をそっとなでる。

ありがとう。思い出させてくれてありがとう。

樹はもう何も言わなかった。

風が吹き、緑の香りがひときわ、濃くなった。千穂はもう一度、深くその香りを吸い込んでみた。

（『みどり色の記憶』あさのあつこ）

問一　傍線部（ア）〜（エ）の漢字の読みを、ひらがなでそれぞれ答えなさい。

問二　傍線部①「もう一度、ほかほかの食パンにかじりつきたい」と考える理由として適当なものを次の中から一つ選び、記号で答えなさい。

ア　美千恵の買ってくる有名な店の高価なケーキは、千穂の口に合わなかったから。

イ　真奈たちと共に幸福な時間を過ごしながら食べる食パンの味は格別であるから。

ウ　千穂は、甘いケーキよりバターもジャムもぬっていない食パンが大好物だから。

エ　これから塾へ向かう千穂は、おなかが音をたててしまうほどに減っていたから。

問三　傍線部②「そんなこと、ありません」とあるが、千穂がこのように考える理由として適当なものを次の中から一つ選び、記号で答えなさい。

ア　真奈は、パン職人という将来の目標のために大学で経済を勉強すると決めていたから。

イ　真奈は、母に言われるままの自分と違い親にパンの専門学校に行きたいと伝えたから。

ウ　真奈は、曖昧（あいまい）な自分と違い将来のことを見据えた進路選択をしようと考えているから。

エ　真奈は、将来パン職人になることを決心し、すでにパン作りの修行を始めているから。

問四　傍線部③「今日のお昼、一緒にお弁当を食べていた時、真奈がぼそりとつぶやいた」とあるが、この時の真奈の発言を聞いて千穂はどう感じたか。それがわかる一文を文章中から十二字で抜き出して答えなさい。

問五　傍線部④「え……あ、それはわかんない」と答えたのはなぜか。「〜から」に続く形で、文章中から四十四字で抜き出し、初めと終わりの五字を答えなさい。

問六　傍線部⑤「うつむいて、そっと唇をかんだ」とあるが、この時の千穂の気持ちとして適当なものを次の中から一つ選び、記号で答えなさい。

ア　自分の意志を持って夢に向かうことができない自分に対して悔しさを感じている。
イ　パン職人になるという自分の夢を誇らしげに語る真奈に対して怒りを覚えている。
ウ　芸術系の高校に進学できない千穂の家庭事情に首を突っ込む真奈にあきれている。
エ　受験なんてまだ先だと涼しい顔をしてパンを作る真奈をうらやましく思っている。

問七　傍線部⑥「奇跡的」の対義語（反対語）として適当なものを次の中から一つ選び、記号で答えなさい。

ア　画一的　　イ　致命的　　ウ　必然的　　エ　抽象的

問八　傍線部⑦「けれど母の美千恵には言い出せなかった」とあるが、母に言い出せなかった本当の理由は何だったか。それがわかる一文を本文中から四十二字で抜き出し、初めと終わりの五字を答えなさい。

問九　傍線部⑧「血相をかえてとんできた」とあるが、この時の母の気持ちとして適当なものを次の中から一つ選び、記号で答えなさい。

ア　千穂が枝から落ちたと聞き、父の跡を継ぐ千穂にもしものことがあったら大変だと動転している。
イ　千穂が枝から落ちたと聞き、そんな危険な大樹にはきちんと高い柵をするべきだと憤慨している。
ウ　千穂が枝から落ちたと聞き、大切な娘である千穂が大きな怪我をしたのではないかと心配している。
エ　千穂が枝から落ちたと聞き、自分の命も顧みずのんきに木登りをしていた千穂に言葉を失っている。

問十　この文章中では「意志をもってもらいたい。」という一文が抜けている。当てはまる箇所を本文中にある【　A　】～【　D　】から一つ選び、記号で答えなさい。

三　次の古文を読んで後の設問に答えなさい。

横川の恵心僧都の妹、安養の尼上のもとに強盗入りて、あるほどの物具（ある限りの品物）、みな①取りて出でければ、尼上は紙衾といふものばかり、引き着て②ゐられたりけるに、姉尼のもとに小尼上（小尼君という名でいた人が）、走り参りて見れば、

小袖を一つ落としたりけるを、

「これ落としてはべるなり。③奉れ。」

とて、④持て来たりければ、

「それを取りてのちは、⑤わが物とこそ思ひつらめ。⑥主の心ゆかぬ物をば、いかが着るべき。いまだ、よも遠くは行かじ。とくとく（早く早く）持て⑦おはして、取らせ給へ。」

と⑧ありければ、門戸のかたへ走り出でて、

「やや（もしもし）。」と呼び返して、「これを落とされにけり。たしかに奉らむ。」

と言ひければ、盗人ども立ち止まりて、しばし案じたる気色にて（しばらく思案している様子で）、

「悪しく参りにけり。」とて、取りける物どもを、さながら（すべて）返し置きて、帰りにけり。

（『十訓抄』）

問一　傍線部①「取りて出でけれ」④「持て来たりけれ」⑧「ありけれ」の動作主はそれぞれ誰か。次の中からそれぞれ記号で答えなさい。

ア　恵心僧都　　イ　安養の尼上　　ウ　小尼上　　エ　強盗

問二　傍線部②「ゐられ」③「奉れ」の語句の意味として適当なものを次の中から一つずつ選び、それぞれ記号で答えなさい。

②「ゐられ」　ア　食べている　　イ　泣いている　　ウ　座っている　　エ　喜んでいる

③「奉れ」　ア　お帰りください　　イ　召し上がってください　　ウ　お待ちください　　エ　お召しになってください

問三　傍線部⑤「わが物とこそ思ひつらめ」に使われている表現技法を、ひらがな六字で答えなさい。

問四　傍線部⑥「主の心ゆかぬ物をば、いかが着るべき」の口語訳として、適当なものを次の中から一つ選び、記号で答えなさい。

ア　持ち主の思い通りになっていない物を、どうして着られようか。

イ　主人の心がこもってない物を、どうやって着ればいいだろうか。

ウ　あなたの心が足りていない物は、私には着ることはできません。

エ　自分が信じられない物を、どうしてあなたに着せられましょう。

問五　傍線部⑦「おはして」の読みを現代仮名遣いのひらがなで答えなさい。

問六　本文の内容として適当なものを次の中から一つ選び、記号で答えなさい。

ア　強盗にすべてを盗まれた安養の尼上は、何も着るものがなく裸で座っていた。

イ　小尼上の機転により、落ちていた小袖を着ることで難を逃れることができた。

ウ　小袖を手渡された強盗は、安養の尼上の真意を理解することができなかった。

エ　安養の尼上の慈悲の心は、強盗を改心させてしまうほど崇高なものであった。

四　次の作品の作者を後から選び、それぞれ記号で答えなさい。

（1）『砂の女』『壁』　　（2）『檸檬』『城のある町にて』

（3）『和解』『暗夜行路』　　（4）『金閣寺』『潮騒』

ア　三島由紀夫　　イ　安部公房　　ウ　志賀直哉　　エ　梶井基次郎

英語解答

1 (1) is (2) an hour (3) on
(4) park (5) bought
(6) carefully (7) most
(8) rains (9) likes (10) for

2 (1) 3番目…ア 5番目…カ
(2) 3番目…イ 5番目…エ
(3) 3番目…ウ 5番目…オ
(4) 3番目…ア 5番目…オ
(5) 3番目…イ 5番目…オ

3 (1) エ (2) ウ
(3) 1…午前10時 2…武蔵越生高校
3…10 4…現金

4 (1) エ (2) ウ (3) エ (4) ウ
(5) イ (6) イ

5 (1) イ (2) イ (3) イ (4) エ
(5) ウ (6) イ

6 (1) one, oldest cities
(2) Please show〔tell〕me how to go〔get〕to the city hall.

1〔適語(句)選択・語形変化〕

(1)主語が3人称単数のShe なので，is を選ぶ。 「彼女はとても活発な生徒だ」

(2)60分は「1時間」に相当する。この make は「～になる，～を構成する」という意味。 「60秒は1分で，60分は1時間である」

(3)on foot で「徒歩で，歩いて」。 「弟は晴れた日はいつも徒歩で学校に行く」

(4)to play soccer「サッカーをするために」とあるので，サッカーができる場所を選ぶ。 「私は明日，サッカーをするために公園に行く」

(5)文頭の Last Sunday から過去のことを述べた文だとわかるので，過去形にする。 buy－<u>bought</u>－bought 「先週の日曜日，彼女はその店で新しい美しいドレスを買った」

(6)動詞 write を修飾できるのは副詞。よって副詞の carefully を選ぶ。 「これはとても重要なテストだから注意して書いてください」

(7)‘the＋最上級＋名詞(＋that)＋主語＋have/has ever＋過去分詞…’の形で「今まで～した中で最も…な―」という意味を表せる。 「これは私がこれまでに読んだ中で最も興味深い本だ」

(8)‘時’や‘条件’を表す副詞節(if, when, before, after などから始まる副詞のはたらきをする節)の中は，未来の内容でも現在形で表す。主語が it なので，rains と3単現の s をつけること。 「もし明日雨が降るなら，私は家で本を読むつもりだ」

(9)usually「ふだん，たいてい」より，いつも習慣的にしていることを表す文だとわかる。‘現在の習慣’を表すのは動詞の現在形。主語が3人称単数の My father なので，like には3単現の s がつく。 「父はふだん，朝に新聞を読むのを好む」

(10)look for ～ で「～を捜す」。look at ～ なら「～を見る」となる。 「私は鍵を捜しています。この部屋でなくしました！」

2〔整序結合〕

(1)主語の She の後に「7時に起きる」を表す gets up at seven を置いて，「毎週月曜(に)」を表す every Monday を続ける。‘時’を表す副詞は at seven → every Monday のように，小さい単位から順に出すのが原則。 She gets up <u>at</u> seven <u>every</u> Monday.

(2)「走っている」を現在進行形の is running で表す。続けて「大きな公園の近くを」を，near a

big park とする。　near「～の近くに(を)」　His brother is running near a big park in Tokyo.

(3)They を主語にして,「家にいた」を表す stayed at their home を置く。さらに and を使って「映画を観た」を表す watched the movie を続ける。　They stayed at their home and watched the movie last night.

(4)「私は～を終わらせてはいない」は‘完了’を表す現在完了形(‘have/has＋過去分詞’)の否定文で I have not finished ～ で表す。‘～’の部分に当たる「私の宿題の全て」は，all of my homework。‘not ～ all …’は「全ての…を～というわけではない」という部分否定であることに注意。I have not finished all of my homework.

(5)「～してくれませんか」という‘依頼’は Will you ～？で表せる。「〈人〉に〈物事〉を(実際に示して)教える」は‘show＋人＋物事’の語順になることに注意。「～への道」は the way to ～ で表す。Will you show me the way to the library？

3〔長文読解総合―ウェブサイト〕

≪全訳≫

武蔵越生高校 〉イベント

ホーム　私たちについて　フォトギャラリー　お問い合わせ

ムサオゴ・サマーフェス2024！

夏のイベントにご参加ください！

ムサオゴは年に一度のサマーフェスを計画していて，これまで以上によくなりそうです。

イベントの詳細

日にち：　2024年７月７日

時間：　午前10時～午後６時

場所：　武蔵越生高校

含まれる呼びもの：

人気バンドによる生演奏

おいしい食べ物

子どものための楽しいゲームとアクティビティ

美術工芸

チケット価格：

子ども(５～12歳)…10ドル　　ティーン(13～19歳)…20ドル

大人(20～60歳)…30ドル　　高齢者(60歳超)…15ドル

特別優待

３名以上のご家族はチケット代の合計金額から10％引きになります！

行き方：

私たちの学校は武州唐沢駅から徒歩でたったの１分です。

お車でお越しいただいてもかまいません。

重要な注意事項

・全ての店にクレジットカードの機械があるわけではないので現金をお持ちください。

・このイベントではペットの同伴が許可されています。

・学校をきれいに保ってください。楽しんで，なおかつ環境を大切にしましょう！

詳細については，ムサオゴ・イベントチームにご連絡ください。

楽しいこと，食べ物，お祝いの催しでいっぱいの，このエキサイティングな１日をお見逃しなく！

ムサオゴ・サマーフェスに加わることで，あなたの夏がハッピーになります！

ホームに戻る

(1)**＜内容真偽＞**ア.「イベントは午後６時に始まる」…×　Event Details の欄の Time を参照。始まるのは 10:00 A.M. である。　イ.「ペットはイベントでは許可されない」…×　Important Notes の第２文参照。Pets are allowed in the event. とある。　ウ.「イベントは高齢者は無料である」…×　Ticket Prices の欄参照。Seniors は $15 である。　エ.「いくつかの店ではクレジットカードを使ってよい」…○　Important Notes の第1文参照。not all shops will have credit card machines は,「全ての店にクレジットカードの機械があるわけではない」という意味。これは，機械がある店もあり，そこではカードが使えるということ。not all ～ は「全ての～が(…というわけでは)ない」という部分否定。

⑵＜要旨把握＞Ticket Prices の欄参照。16歳の高校生は Teens，46歳の父と44歳の母はどちらも Adults，12歳の弟は Children の項目の価格になるので，全てを合わせると90ドルだが，その下の Special Offer によれば，家族3人以上の場合は合計金額から10%引きになる。

⑶＜内容一致＞1．Event Details の欄の Time に 10:00 AM — 6:00 PM とある。なお，イベントは7月7日の1日だけなので，「～から」に「7月7日」は入れられない。　2．Events Details の欄の Place に Musashi Ogose High School とある。　3．Special Offer の欄参照。get a 10% discount とある。　4．Important Notes の第1文参照。Please bring cash とある。

4〔長文読解総合─要旨把握─チャット〕

≪全訳≫❶ユカ(Y)：こんにちは，トム！　元気？　週末に何かした？❷トム(T)：やあ，ユカ！　僕は元気だよ。きいてくれてありがとう。実は，土曜日に動物園でとても楽しい時間を過ごしたんだ。❸Y：えっ，いいな，私，動物園が大好きなの！　そこにいる間に動物をたくさん見たの？❹T：もちろん！　サル，トラ，ゾウを見たよ！　特にゾウを見るのが楽しかった！❺Y：ライオンはどうだった？　ライオンはあなたの大好きな動物よね？❻T：うん…見たけど，ライオンはほとんど寝てたよ。とにかく，カメラでわくわくする瞬間をたくさん撮ったんだ。❼Y：写真を見るのが本当に楽しみ！　近いうちに会う予定を立てましょうよ。❽T：ああ，いいよ！　明日，放課後に会うのはどう？❾Y：いいわね！　明日は月曜日だから，バスケットボールの練習の後は暇よ。❿T：練習はいつ終わるの？⓫Y：4時半に終わる。だから，校門のそばで5時に会わない？⓬T：いいね！　落ち合った後にハンバーガーショップに行こうよ。そこで写真を見せてあげる。⓭Y：いいわね！　明日あなたに会うのが本当に楽しみだわ。おやすみなさい，トム！⓮T：僕もだよ！　動物園での冒険を君と分かち合うのが待ちきれないな。おやすみ，ユカ！

＜解説＞⑴第2段落最終文参照。　have a fun time「楽しい時を過ごす」　⑵第4段落最終文参照。　especially「特に」　enjoy ～ing「～して楽しむ」　⑶第6段落第1文参照。この文の they は第5段落の lions を指している。　mostly「ほとんど」　⑷第11，12段落参照。Why don't we ～?「～しませんか」は‘提案’を表す表現。　⑸第9段落第2文参照。free は「暇な」。⑹第9段落第2文参照。「明日は月曜日」とある。また，画面右上に21:15と時間が表示されている。

5〔長文読解総合─説明文〕

≪全訳≫❶長年にわたって，人々は驚きとともに空を見上げてきた。宇宙は常に謎と夢の場所であり続けている。ロケットは宇宙に到達するための最初の一歩だった。しかしロケットは高価で，ときには安全でないことがある。私たちがエレベーターに乗るのと同じくらい容易に宇宙に行ける未来を想像してほしい。これが「宇宙エレベーター」の概念だ。❷歴史において，人々は星と宇宙に魅了されてきた。私たちはそれらを見るための多くの物や，遠くへ行くためのロケットをつくった。ロケットには制限がある。それらは多量の燃料を燃焼し，発射のたびにリスクが生じる。こういうわけで科学者たちは別のプロジェクトに取り組んでいるのだ。それが，私たちを宇宙へ連れていってくれるかもしれないエレベーターである。❸宇宙エレベーターのアイデアは空想科学小説のように聞こえる。大きなケーブルの一方の端が地球に取りつけられていて，もう一方の端が遠く宇宙に取りつけられているところを想像してほしい。そのような構造は信じられないほど強く驚くほど軽い素材を必要とする。この素材を見つけたりつくったりすることが最も大きな課題の1つだ。**4**では，宇宙エレベーターはどのように使われるのだろうか。地上では，大きな空港のような巨大な基地ができるだろう。この基地は貨物や乗客の出発地点になる。宇宙のはるか上の方では，重りがケーブルを張った状態にしておく。エレベーターのかごのような特別な箱がある。それらがこのケーブルを上下に移動する。そしてその箱が人や物資を宇宙へと運ぶのだ。**5**宇宙エレベーターをつくるのは大変な仕事だ。最も重要な部分はケーブル自体である。ケーブルは困難な状況やエレベーターのかごの重さに対応する必要がある。現代の素材ではその仕事に不十分だが，技術の革新が将来，解決策をもたらすかもしれない。**6**素材に次いで，考慮すべき他の問題もある。宇宙は宇宙ごみであふれている。これらのごみはエレベーターの構造に対するリスクとなるだろう。地球の方では，基地は嵐や雷などの自然災害を考慮する必要があるだろう。**7**恩恵がもたらされる可能性もある。宇宙エレベーターがうまく機能すれば，宇宙旅行のコストはとても安くなりえる。私たちはより大規模でより興味深い宇宙飛行を計画できる。より多くの人が宇宙の驚異を経験できる。そのような技術革新は私たちが宇宙旅行を成功させるためのカギとなるだろう。**8**宇宙エレベーターの構想は人々にとっての大きな進歩である。それは私たちが初めて月面に足を踏み入れたときのようなものだ。その挑戦は困難だが，潜在的な恩恵はさらに大きい。容易で安価な宇宙旅行は私たちの生活と科学の研究を変えることができる。そしてそれは人々が宇宙の驚異を経験する新たな機会をつくってくれるだろう。文化的，教育的効果を考えてみてほしい。子どもたちは本からだけでなく，宇宙を見ることからも学ぶことができる。そして人々はより安いコストで多くの新しいことをすることができる。とても多くの国がより興味深い技術研究を行うことができる。そしてそれは国際協力を生み出すだろう。**9**最後に，宇宙エレベーターは星々に行くためだけではない。自分たちの視野を広げて，次世代の可能性を見つけるためでもあるのだ。

(1)～(5)<**要旨把握**>(1)第2段落最後の2文参照。最終文の This is why ～ は「こういうわけで～」という意味。この表現に続く「科学者たちが宇宙エレベーターに取り組んでいる」という内容の理由が，その前文で述べられている。　work on ～「～に取り組む」　(2)第3段落第3文参照。'both *A* and *B*'「*A*と*B*の両方」　(3)第4段落第2文参照。base station は「基地(局)」。there would be の would は「～だろう」という'推測'の意味。　(4)第6段落第2，3文参照。第3文の主語 These は前文の debris を指す。　be filled with ～「～でいっぱいである」　structure「構造」　(5)第7段第2，3文参照。宇宙エレベーターが成功すれば，宇宙旅行のコストが安くなり，より大規模な計画が可能になるという流れである。この mission は「宇宙飛行，任務」。

(6)<**主題**>第7，8段落参照。これらの段落では宇宙エレベーターがもたらすさまざまな benefits「恩恵，利点」を取り上げて，宇宙エレベーターの計画を肯定している。

6〔**和文英訳**〕

(1)「最も～なものの1つ」は'one of the＋最上級＋名詞の複数形'の形で表せる。名詞の部分は必ず複数形にすること。city の複数形は cities。　old－older－oldest

(2)「～を教えてください」は Please show〔tell〕me ～ で表せる。それに続く「どうやって行くのか」は，指示に従い how to ～「どうやって～するのか」を使って表す。

2024年度／武蔵越生高等学校（推薦22日）

数学解答

1 (1) -1　(2) 0　(3) $11a-12b$
(4) 1　(5) $3ab$　(6) $\dfrac{x-5y}{4}$
(7) $4ab+8b^2$　(8) $5-\sqrt{5}$

2 (1) $2(x+2)^2$　(2) $\angle x=29°$，$\angle y=62°$
(3) $\dfrac{1}{2}$　(4) 4個　(5) 40

3 (1) $x=5$　(2) $x=\dfrac{7}{2}$，$y=\dfrac{13}{2}$
(3) $x=-1\pm\sqrt{22}$

4 (1) クッキー…8個　アメ…7個
(2) $x=8$　(3) 10個

5 (1) $A(-2,\ 2)$，$k=\dfrac{1}{2}$　(2) 32
(3) $y=4x$，$y=\dfrac{4}{3}x$

6 (1) $45°$
(2) $BE=\sqrt{3}$cm，
△DBA′の面積…$\dfrac{2\sqrt{3}-3}{2}$cm²
(3) $\dfrac{3\sqrt{3}-5}{2}\pi$ cm³

1〔独立小問集合題〕

(1)＜数の計算＞与式 $=8-9=-1$

(2)＜数の計算＞$(-4)^2=(-4)\times(-4)=16$，$-4^2=-4\times4=-16$ より，与式 $=16+(-16)=16-16=0$ となる。

(3)＜式の計算＞与式 $=3a+8a-12b=11a-12b$

(4)＜数の計算＞与式 $=\dfrac{2}{3}\times\dfrac{9}{4}-\dfrac{1}{2}=\dfrac{3}{2}-\dfrac{1}{2}=\dfrac{2}{2}=1$

(5)＜式の計算＞与式 $=9a^2b^2\times5a^3b\div15a^4b^2=\dfrac{9a^2b^2\times5a^3b}{15a^4b^2}=3ab$

(6)＜式の計算＞与式 $=\dfrac{-2(x+2y)+(3x-y)}{4}=\dfrac{-2x-4y+3x-y}{4}=\dfrac{x-5y}{4}$

(7)＜式の計算＞与式 $=a^2+4ab+4b^2-(a^2-4b^2)=a^2+4ab+4b^2-a^2+4b^2=4ab+8b^2$

(8)＜数の計算＞与式 $=15-6\sqrt{5}+5\sqrt{5}-2\times5=15-6\sqrt{5}+5\sqrt{5}-10=5-\sqrt{5}$

2〔独立小問集合題〕

(1)＜式の計算―因数分解＞与式 $=2(x^2+4x+4)=2(x^2+2\times2\times x+2^2)=2(x+2)^2$

(2)＜平面図形―角度＞右図で，ACとBEの交点をFとする。$\overset{\frown}{AB}$ に対する円周角と中心角の関係より，$\angle AOF=2\angle ACB=2\times28°=56°$ である。△AOFで内角と外角の関係より，$\angle x=\angle OFC-\angle AOF=85°-56°=29°$ となる。また，$\angle DOE=\angle AOF=56°$ であり，△ODEは $OD=OE$ の二等辺三角形だから，$\angle y=\angle ODE=(180°-\angle DOE)\div2=(180°-56°)\div2=62°$ となる。

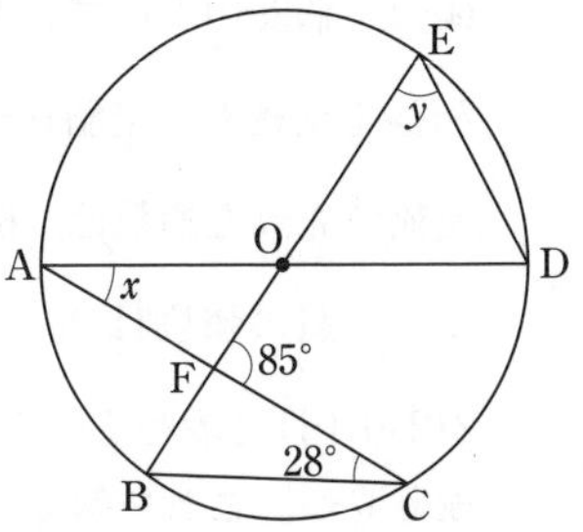

(3)＜確率―さいころ＞2つのさいころを投げるとき，それぞれ6通りの目の出方があるから，目の出方は全部で $6\times6=36$（通り）ある。このうち，出る目の和が偶数となるのは，2つとも奇数の目が出るときか，2つとも偶数の目が出るときである。2つとも奇数の目が出るとき，目の出方は，それぞれ1，3，5の3通りだから，$3\times3=9$（通り）ある。2つとも偶数の目が出るとき，目の出方は，それぞれ2，4，6の3通りだから，$3\times3=9$（通り）ある。よって，出る目の和が偶数となるのは $9+9=18$（通り）あるから，求める確率は $\dfrac{18}{36}=\dfrac{1}{2}$ である。

(4)＜数の性質＞n が自然数より，$2n$ は正の偶数だから，$63-2n$ は63より小さい奇数である。よって，

$\sqrt{63-2n}$ が整数になるとき，$63-2n$ の値は，$1^2=1$，$3^2=9$，$5^2=25$，$7^2=49$ が考えられる。$63-2n=1$ のとき，$-2n=-62$，$n=31$ となり，$63-2n=9$ のとき，$-2n=-54$，$n=27$ となり，$63-2n=25$ のとき，$-2n=-38$，$n=19$ となり，$63-2n=49$ のとき，$-2n=-14$，$n=7$ となる。したがって，求める自然数 n の個数は $n=7$，19，27，31 の4個である。

(5)＜**特殊・新傾向問題―約束記号**＞《3》$=1+2\times3=1+6=7$，《6》$=1+2\times3+4\times5+6=1+6+20+6=33$ となるので，《3》+《6》$=7+33=40$ である。

3〔**独立小問集合題**〕

(1)＜**一次方程式**＞$9x-23=77-11x$，$9x+11x=77+23$，$20x=100$　$\therefore x=5$

(2)＜**連立方程式**＞$y=3x-4$……①，$x+y=10$……②とする。①を②に代入して，$x+3x-4=10$，$4x=14$　$\therefore x=\frac{7}{2}$　これを①に代入して，$y=3\times\frac{7}{2}-4$，$y=\frac{21}{2}-\frac{8}{2}$　$\therefore y=\frac{13}{2}$

(3)＜**二次方程式**＞両辺を2倍して，$(x+1)^2-2(x-3)=28-2x$，$x^2+2x+1-2x+6=28-2x$，$x^2+2x-21=0$ となるので，解の公式より，$x=\frac{-2\pm\sqrt{2^2-4\times1\times(-21)}}{2\times1}=\frac{-2\pm\sqrt{88}}{2}=\frac{-2\pm2\sqrt{22}}{2}=-1\pm\sqrt{22}$ である。

4〔**独立小問集合題**〕

(1)＜**連立方程式の応用**＞クッキーを x 個，アメを y 個買ったとする。クッキーは1個12g，アメは1個8gで，合わせて152gとなったから，$12x+8y=152$ が成り立ち，$3x+2y=38$……①となる。また，クッキーは1個30円，アメは1個27円で，代金の合計が429円となったから，$30x+27y=429$ が成り立ち，$10x+9y=143$……②となる。①×9－②×2より，$27x-20x=342-286$，$7x=56$　$\therefore x=8$　これを①に代入して，$3\times8+2y=38$，$24+2y=38$，$2y=14$　$\therefore y=7$　よって，買ったクッキーの個数は8個，アメの個数は7個である。

(2)＜**二次方程式―解の利用**＞二次方程式 $x^2-px+56=0$ の1つの解が $x=7$ であるから，解を方程式に代入して，$7^2-p\times7+56=0$ より，$49-7p+56=0$，$-7p=-105$，$p=15$ となる。これより，二次方程式は，$x^2-15x+56=0$ であり，$(x-7)(x-8)=0$　$\therefore x=7$，8　よって，もう1つの解は $x=8$ である。

(3)＜**一次方程式の応用**＞600個より x 個多く仕入れたとすると，仕入れた個数は $600+x$ 個となる。原価は1個30円なので，仕入れ総額は $30(600+x)=18000+30x$(円)と表せる。また，原価の20%の利益を見込んで定価をつけたので，定価は $30\times\left(1+\frac{20}{100}\right)=36$(円)であり，20個売れ残ったので，定価で売れた個数は，$600+x-20=580+x$(個)である。売れ残った20個は，定価の半額で売ったので，1個の値段は $36\times\frac{1}{2}=18$(円)である。よって，売り上げ総額は $36(580+x)+18\times20=36x+21240$(円)と表せる。全体で3300円の利益が得られたので，$(36x+21240)-(18000+30x)=3300$ が成り立つ。これを解くと，$6x=60$，$x=10$ となるので，予定より多く仕入れた数は10個である。

5〔**関数―関数 $y=ax^2$ と一次関数のグラフ**〕

≪基本方針の決定≫(3)　面積を3等分するので，直線は2本あり，線分BC，線分BDと交わる。

(1)＜**座標，比例定数**＞次ページの図で，点Aは直線 $y=x+4$ 上にあり，x 座標が -2 だから，$y=-2+4=2$ より，A$(-2,\ 2)$である。放物線 $y=kx^2$ は点Aを通るので，$2=k\times(-2)^2$ より，$k=\frac{1}{2}$ となる。

(2)＜**面積**＞次ページの図で，(1)より，点Bは放物線 $y=\frac{1}{2}x^2$ と直線 $y=x+4$ の交点である。2式から

yを消去して，$\frac{1}{2}x^2=x+4$より，$x^2-2x-8=0$，$(x+2)(x-4)=0$　$\therefore x=-2,\ 4$　よって，点Bのx座標は4であり，$y=4+4=8$だから，B(4，8)となる。また，点Cは直線$y=x+4$とx軸の交点だから，$y=0$を代入して，$0=x+4$より，$x=-4$となり，C(−4，0)である。したがって，$\mathrm{CD}=4-(-4)=8$，$\mathrm{BD}=8$だから，$\triangle\mathrm{BCD}=\frac{1}{2}\times\mathrm{CD}\times\mathrm{BD}=\frac{1}{2}\times8\times8=32$となる。

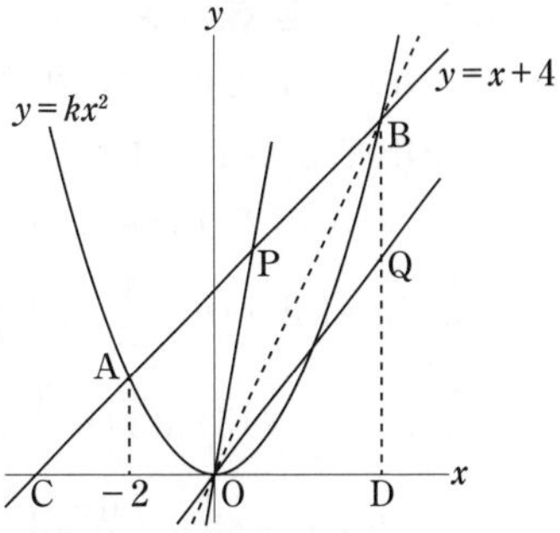

(3)＜**直線の式**＞右図で，C(−4，0)，D(4，0)より，OC＝OD＝4だから，2点O，Bを結ぶと，△OBC＝△OBDとなり，直線OBは△BCDの面積を2等分する。よって，原点Oを通って，△BCDの面積を3等分する2本の直線は，線分BCと交わるものと，線分BDと交わるものがある。線分BCと交わるものと線分BCとの交点をP，線分BDと交わるものと線分BDとの交点をQとすると，$\triangle\mathrm{PCO}=\triangle\mathrm{QDO}=\frac{1}{3}\triangle\mathrm{BCD}=\frac{1}{3}\times32=\frac{32}{3}$となる。△PCOの底辺をOC＝4と見たときの高さをhとすると，$\frac{1}{2}\times4\times h=\frac{32}{3}$が成り立ち，$h=\frac{16}{3}$となる。これより，点Pの$y$座標は$\frac{16}{3}$である。点Pは直線$y=x+4$上の点だから，$\frac{16}{3}=x+4$より，$x=\frac{4}{3}$となり，$\mathrm{P}\left(\frac{4}{3},\ \frac{16}{3}\right)$である。直線OPの傾きは$\frac{16}{3}\div\frac{4}{3}=4$となるので，直線OPの式は$y=4x$である。同様に考えると，点Qの$y$座標も$\frac{16}{3}$となるので，$\mathrm{Q}\left(4,\ \frac{16}{3}\right)$である。直線OQの傾きは$\frac{16}{3}\div4=\frac{4}{3}$となるので，直線OQの式は$y=\frac{4}{3}x$である。以上より，求める直線の式は$y=4x$，$y=\frac{4}{3}x$である。

6 〔平面図形―正三角形〕

(1)＜**角度**＞右図で，△ABCは正三角形であり，点Eは辺ACの中点だから，∠BEA＝90°である。また，DEで折り返しているので，∠AED＝∠A′EDである。線分BEと線分A′Eが重なることより，$\angle\mathrm{AED}=\angle\mathrm{A'ED}=\frac{1}{2}\angle\mathrm{BEA}=\frac{1}{2}\times90^\circ=45^\circ$となる。

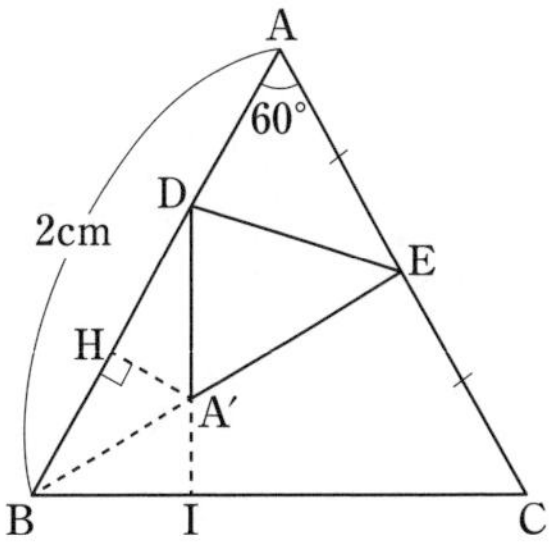

(2)＜**長さ，面積**＞右図で，∠BAE＝60°，∠BEA＝90°より，△ABEは3辺の比が$1:2:\sqrt{3}$の直角三角形だから，$\mathrm{BE}=\frac{\sqrt{3}}{2}\mathrm{AB}=\frac{\sqrt{3}}{2}\times2=\sqrt{3}$(cm)である。次に，∠DBA′＝30°である。また，∠DA′E＝∠DAE＝60°より，∠BA′D＝180°−∠DA′E＝180°−60°＝120°となるから，△DBA′で，∠BDA′＝180°−∠DBA′−∠BA′D＝180°−30°−120°＝30°である。よって，∠DBA′＝∠BDA′＝30°となり，△DBA′はBA′＝DA′の二等辺三角形となるから，点A′からBDに垂線A′Hを引くと，点Hは線分BDの中点となる。$\mathrm{A'E}=\mathrm{AE}=\frac{1}{2}\mathrm{AC}=\frac{1}{2}\times2=1$だから，$\mathrm{BA'}=\mathrm{BE}-\mathrm{A'E}=\sqrt{3}-1$となる。△BA′Hは3辺の比が$1:2:\sqrt{3}$の直角三角形だから，$\mathrm{A'H}=\frac{1}{2}\mathrm{BA'}=\frac{1}{2}\times(\sqrt{3}-1)=\frac{\sqrt{3}-1}{2}$，$\mathrm{BH}=\sqrt{3}\mathrm{A'H}=\sqrt{3}\times\frac{\sqrt{3}-1}{2}=\frac{3-\sqrt{3}}{2}$となり，$\mathrm{BD}=2\mathrm{BH}=2\times\frac{3-\sqrt{3}}{2}=3-\sqrt{3}$である。したがって，$\triangle\mathrm{DBA'}=\frac{1}{2}\times\mathrm{BD}\times\mathrm{A'H}=\frac{1}{2}\times(3-\sqrt{3})\times\frac{\sqrt{3}-1}{2}=\frac{3\sqrt{3}-3-3+\sqrt{3}}{4}=\frac{4\sqrt{3}-6}{4}=\frac{2\sqrt{3}-3}{2}$(cm²)である。

(3)**＜体積—回転体＞**前ページの図で，DA′の延長と辺BCの交点をIとすると，∠BDA′＝30°，∠DBI＝60°より，△DBIは3辺の比が$1:2:\sqrt{3}$の直角三角形であり，∠DIB＝90°である。よって，△DBA′をDA′を軸として1回転させたときにできる立体は，△DBIを1回転させてできる円錐から，△A′BIを1回転させてできる円錐を除いたものとなる。したがって，求める立体の体積は，$\frac{1}{3}\times\pi\times \mathrm{BI}^2\times \mathrm{DI}-\frac{1}{3}\times\pi\times \mathrm{BI}^2\times \mathrm{A'I}=\frac{1}{3}\pi\times \mathrm{BI}^2\times(\mathrm{DI}-\mathrm{A'I})=\frac{1}{3}\pi\times \mathrm{BI}^2\times \mathrm{DA'}$で求められる。$\mathrm{BI}=\frac{1}{2}\mathrm{BD}=\frac{1}{2}\times(3-\sqrt{3})=\frac{3-\sqrt{3}}{2}$，$\mathrm{DA'}=\mathrm{BA'}=\sqrt{3}-1$だから，求める立体の体積は，$\frac{1}{3}\pi\times\left(\frac{3-\sqrt{3}}{2}\right)^2\times(\sqrt{3}-1)=\frac{1}{3}\pi\times\frac{6-3\sqrt{3}}{2}\times(\sqrt{3}-1)=\frac{3\sqrt{3}-5}{2}\pi$ (cm³)となる。

＝読者へのメッセージ＝

関数$y=ax^2$のグラフは放物線です。放物線は，英語でパラボラ(parabola)といいます。パラボラアンテナは放物線の形を利用してつくられています。

国語解答

一 問一 (ア) 指摘 (イ) 昨今 (ウ) 安易 (エ) 網

問二 エ

問三 異質な他者の視点から自身を相対化して眺める力

問四 あえて不都合な他者と出会わなくても生きていけるようになった

問五 ア 問六 イ 問七 エ

問八 イ 問九 ウ

問十 (1)…ウ

(2) リアルな人間関係を充実させてい

二 問一 (ア) かたわ (イ) ゆる (ウ) お (エ) りくつ

問二 イ 問三 ウ

問四 心底から感心してしまう。

問五 母からは，～われていた［から］

問六 ア 問七 ウ

問八 ちゃんと伝～げていた。

問九 ウ 問十 B

三 問一 ①…エ ④…ウ ⑧…イ

問二 ②…ウ ③…エ

問三 かかりむすび 問四 ア

問五 おわして 問六 エ

四 (1) イ (2) エ (3) ウ (4) ア

一〔**論説文の読解―哲学的分野―人間**〕出典：土井隆義『キャラ化する／される子どもたち』。

≪本文の概要≫人間は誰もが，自身でも理解できない不気味で異質な自分を持ち合わせている。そして私たちは，人生を送る中で，つまずきや失敗をしてしまい，不気味な自分と向き合わざるを得ない経験をすることがある。こうした経験を人生の糧にするためには，自分と全く違う性格や考え方を持つ他者と関わり，不気味で異質な自分自身とのつき合い方を学んでおく必要がある。しかし，現代はネット環境の普及により，あえて異質な他者と出会わなくても生きていけるようになったため，人間関係を通じて不気味な自分と向き合う訓練をすることが，難しくなってしまった。自分と似た価値観を持つ人々とだけでなく，あえて異質な他者とも多種多様な関わりを持ち，自己の意外性や自己が変化していくことを受け入れられるように備えることが，重要である。

問一＜漢字＞(ア)「指摘」は，重要なことや問題点を取り上げて示すこと。 (イ)「昨今」は，最近のこと。 (ウ)「安易」は，深く考えないこと。 (エ)音読みは「網羅」などの「モウ」。

問二＜文章内容＞現在の自分を絶対視することは，「いまの自分の姿はそのまま将来も同じに違いない」と信じ込むことである。「中学校で優秀な成績を収めているから，将来も良い職業に就ける」と考えるのは，現在の自分がずっと優秀なままでいられるはずだと信じているからである。

問三＜文章内容＞思わぬ失敗などをしたとき，自分自身の中の，これまで想像もしていなかったような「不気味な自分」に出会うことがある。この「不気味な自分」は，異質な存在であるため受け入れがたいと感じるだろうが，自分とは異なる考えや性格を持つ他者との人間関係を経験し，他者の視点から自分をとらえ直す努力をすることで，「不気味な自分」と向き合えるようになる。

問四＜文章内容＞かつて人々は，「避けたくても避けようのない不都合な人間」とのつき合い方を学ばざるを得なかった。しかし現代の私たちは，ネット環境が普及し，「あえて不都合な他者と出会わなくても生きていける」ような「便利な時代」に生きている。

問五＜文章内容＞「不気味な自分」は自分自身にとって異質であるため，考えや性格の全く異なる他者と同じような存在である。そのため，自分にとって不都合で異質な他者との人間関係を経験することで，私たちは「不気味な自分」との向き合い方も学ぶことができるのである。

問六＜接続語＞A．私たちは，異質な他者とのつき合いを通じ，「不気味な自分」と向き合う力を養うことができるが，同質な類友とのつき合いばかりをしていると，自分が異質な存在だと仲間から見なされてしまった場合に受け入れてもらえなくなってしまう。　B．同質な類友との人間関係ばかりでは，自分がつまずいてしまったときなどに，異質な存在として排除され，受け入れてくれる場がなくなってしまう。これに加え，私たちは，「他者から受け入れられているという実感」を失うと，自分自身を客観的にとらえ直す機会もなくしてしまう。

問七＜文章内容＞同質な他者とばかりつき合いをしていると，仲間から受け入れがたいと判断されてしまった場合，異質な存在として排除されてしまう。そのため，自分がつまずいてしまったときなどに，同質な人間関係だけでは助けにならないのである。

問八＜文章内容＞ネット環境が普及した現代では，異質な他者と関わる機会を自らつくる努力をしないと，「不気味な自分」を内包した自己と向き合うときに「パニックになるのを防いでくれる忍耐力」が育ちにくいのである。

問九＜文章内容＞自分に「生まれもった自分のキャラ」があるかのように信じ，理想の自己イメージを抱いたとしても，実際の自分は「対人関係のなかで構築されていくもの」であり，自分のイメージを超えて変化や成長を重ねていくものである。そのため，自分のキャラや理想を絶対視することなく，多様な人間関係の中で変わりゆく自己のあり方を受け入れて生きることが重要である。

問十＜要旨＞ネット上の人間関係は，「ブロック」機能によって，自分にとって好ましくない他者と関わらないようにすることが容易であるため，多様な人間関係を築くことが難しい。そのため，苦手な相手であってもつき合わざるを得ない「リアルな人間関係を充実」させ，異質な他者との向き合い方を学んでいくことが重要である。

二〔小説の読解〕出典：あさのあつこ『みどり色の記憶』。

問一＜漢字＞(ア)音読みは「傍聴」などの「ボウ」。　(イ)音読みは「緩和」などの「カン」。　(ウ)音読みは「染織」などの「ショク」。　(エ)「理屈」は，無理にこじつけた理由のこと。

問二＜文章内容＞千穂には，有名店の高価なケーキよりも，真奈たちと「笑ったり，おしゃべりしたりしながら」食べる食パンの方が断然おいしいと，感じられたのである。

問三＜文章内容＞真奈は，パン職人になることを目指し，高校卒業後はパンの専門学校に行くという具体的な進路を思い描いていた。母の意向で医者を目指す進路を選ぼうとしていた千穂には，自らの意志で将来を決めようとしている真奈の方が自分より「偉い」と感じられたのである。

問四＜心情＞真奈は，自分の父のようなパン職人を目指し，実際にパンをつくってみたこともあると千穂に打ち明けた。この話を聞いた千穂は，真奈がすでに将来に向かって自分の意志で歩き出していると実感し，「心底から感心」したのである。

問五＜文章内容＞千穂は，内心では絵を描くことに関わる仕事につきたいと考えていた。しかし，自分の意志よりも，「祖父も曽祖父も医者だったから，一人娘の千穂が医者を目ざすのは当然だ」という母の意向を優先し，医者を目指す進路を選択しようとしていたため，真奈に将来について尋ねられたときにはっきりと返答ができなかったのである。

問六＜心情＞千穂は，真奈から進路について尋ねられたとき，曖昧な答え方しかできなかった。そして，画家になるという本当の希望をごまかして将来を選ぼうとしている自分を，悔しく思っていたのである。

問七＜語句＞「奇跡的」は，常識では考えられないような不思議な様子。「必然的」は，何の不思議もなく必ずそうなる様子。「画一的」は，全てが同じようであり，個性や特徴がない様子。「致命的」は，命に関わる様子。「抽象的」は，具体的ではなく曖昧な様子。

問八＜文章内容＞千穂は，画家になるという自分の夢を告げたとしても，母から否定されるに違いないと考えていた。しかし実際のところは，夢を追いかけられないのを母のせいにするばかりで，「あたしの意志であたしの未来を決める」勇気がないことが問題だったのである。

問九＜心情＞かつて千穂が樹から落ちたとき，母は千穂が命に関わるようなけがをしていないかと心底から心配した。だからこそ，必死に千穂のもとに駆けつけ，涙をこぼしながら千穂を抱きしめたのである。

問十＜文脈＞将来を自分自身で選択する意志の重要さを説いた担任は，ふだんの「のんびりした口調」とは打って変わって，「意志をもってもらいたい」と言いきった。そして，千穂が担任の言葉を思い返していると，真奈は，自分の意志でパン職人を目指そうとしていることを伝えてきた。

三〔**古文の読解―説話**〕出典：『十訓抄』六ノ三十六。

≪現代語訳≫横川の恵心僧都の妹，安養の尼上のところに強盗が入って，(強盗が)ある限りの品物を，全て取って出ていったので，尼上は紙衾というものだけを，着て座っていらっしゃったところ，姉である安養の尼上のところに小尼君という名でいた人が，走って参上して見てみると，(強盗が)小袖を一つ落としていたのを，／(小尼君が)「これを落としてございます。お召しになってください」／と言って，(安養の尼上のところに)持ってきたところ，／(安養の尼上は)「それを取った後は，(強盗は)自分の物と思っているだろう。持ち主の思いどおりになっていない物を，どうして着られようか。まだ，まさか遠くには行っていないだろう。早く早く持っていきなさって，お与えになってください」／と言ったので，(小尼君は)門の方へ走り出して，／「もしもし」と呼び返して，「これを落としなさった。確かに差し上げよう」／と言ったので，盗人たちは立ち止まって，しばらく思案している様子で，／「間違って参上してしまった」と言って，取った物などを，全て返して，帰っていった。

問一＜古文の内容理解＞①強盗は，安養の尼上の家の品物を全て取って出ていった。　④小尼君は，強盗が落としていった小袖を見つけ，安養の尼上のところへ持ってきた。　⑧安養の尼上は，小袖はすでに強盗の物であると考え，強盗のところに小袖を与えにいくよう小尼君に告げた。

問二＜古語＞②「ゐられ」の「ゐ」は，動詞「ゐる」の連用形で，ここでは，座る，という意味。「られ」は尊敬の助動詞「らる」の連用形。　③「奉る」は，ここでは，「着る」の尊敬語で，お召しになる，という意味。

問三＜古典文法＞「わが物とこそ思ひつらめ」の「こそ」は係助詞で，文末の表現を已然形にする係り結びを成立させる。文末の「らめ」は，現在推量の助動詞「らむ」の已然形。

問四＜現代語訳＞「心ゆく」は，満足する，思いどおりになる，という意味。「いかが」は，ここでは反語の意味であり，どうして～だろうか，いや，そんなことはできない，などと訳す。安養の尼上は，盗まれてしまった以上，小袖はすでに強盗の所持品であり，持ち主の知らないところで勝手に身につけることはできないと考えた。

問五＜歴史的仮名遣い＞歴史的仮名遣いの語頭以外のハ行は，原則として現代仮名遣いでは「わいうえお」となるため，「おはして」は「おわして」となる。

問六＜古文の内容理解＞落としていった小袖までもわざわざ届けて与えようとする安養の尼上の心配りを知り，強盗は，自分たちの悪行を悔い改め，盗品を全て返却して去ったのである。

四〔**文学史**〕

⑴『砂の女』は，昭和37(1962)年，『壁』は，昭和26(1951)年に発表された安部公房の小説。　⑵『檸檬』と『城のある町にて』は，大正14(1925)年に発表された梶井基次郎の小説。　⑶『和解』は，大正6(1917)年，『暗夜行路』は，大正10～昭和12(1921～37)年にかけて発表された志賀直哉の小説。　⑷『金閣寺』は，昭和31(1956)年，『潮騒』は，昭和29(1954)年に発表された三島由紀夫の小説。

2024年度 武蔵越生高等学校(推薦23日)

【英 語】 (50分) 〈満点：100点〉

1 意味の通る英文になるように，(　　　)内から最も適切な語(句)を1つ選んで書きなさい。

(1) She is searching everywhere but can't find her keys. She thinks she (leave / leaves / left / leaving) them at her office.

(2) My younger brother is good (for / in / at / on) playing the guitar.

(3) I (didn't / don't / doesn't / hasn't) play soccer yesterday because it was raining.

(4) This is the interesting book (which / where / who / when) I told you about.

(5) She has (much / many / more / any) friendly classmates around her.

(6) The cake (made / was made / making / is made) by Mary for the party was delicious.

(7) I went to the (river / stadium / hospital / mountain) to see a doctor.

(8) Tokyo is (the more crowded / most crowded / the most crowded / more crowded) city in Japan.

(9) I've never (see / saw / seen / seeing) his crying face.

(10) *Tom :* Do you know this *Kanji*? The left part is "*day*" and the right part is "*blue*".
Ken : Oh, yes. It means "(sunny / rainy / cloudy / snowy)".

2 日本文の意味になるよう英文の（　　　）にア～カの語（句）を正しい順序に並べて入れたとき，３番目と５番目にくるものをそれぞれ選び，記号で答えなさい。

(1) その少年たちは，庭でゲームをしている。
The boys (　　　) (　　　) (3番目) (　　　) (5番目) (　　　).

ア. in　　イ. are　　ウ. garden
エ. games　　オ. playing　　カ. the

(2) 彼女はこの学校の全ての生徒に愛されている。
She (　　　) (　　　) (3番目) (　　　) (5番目) (　　　) this school.

ア. in　　イ. is　　ウ. students
エ. by　　オ. all　　カ. loved

(3) 祖父は毎週日曜日，健康でいるために散歩へいく。
My grandfather (　　　) (　　　) (3番目) (　　　) (5番目) (　　　) every Sunday.

ア. healthy　　イ. stay　　ウ. a walk
エ. goes　　オ. for　　カ. to

(4) 彼にはアメリカに住んでいる姉妹がいる。
He (　　　) (　　　) (3番目) (　　　) (5番目) (　　　) America.

ア. who　　イ. a sister　　ウ. has
エ. is　　オ. in　　カ. living

(5) 私は，たいてい寝る前に友達にメールを送る。
I (　　　) (　　　) (3番目) (　　　) (5番目) (　　　) before going to bed.

ア. to　　イ. e-mails　　ウ. friends
エ. usually　　オ. send　　カ. my

3 以下のウェブサイトの告知を読み，あとの問いに答えなさい。

FunFair > Annual Fun Fair Event

Home | About Us | Photo Gallery | Contact Us

Welcome to the Fun Fair!

- Date: Sunday, June 9th, 2024
- Time: 10:00 AM to 6:00 PM
- Location: Green Park, Central City
- Entry Fee: Adults - $20, Children (Under 12) - $10, Under 5 - Free

Come and enjoy a day full of fun and excitement at our Fun Fair!
We have a variety of attractions, entertaining games, and delicious food for people of all ages!

Attractions

Sky-High Roller Coaster … Feel the rush with speedy drops!
Merry-Go-Round … A classic ride for all, especially the little kids!
Horror House … Enter if you want! Horror fun inside.

Fun Games

Ring Toss … Try your luck! Get great prizes if you can land the ring.
Duck Pond … Choose the right duck and get a surprise!

Delicious Food Stalls

Tasty Burgers … Juicy burgers for your hunger.
Sweet Candy Store … Variety of candies, sweets, and more!
Ice Cream Paradise … Cool down with different flavors of ice cream.

Ticket Information:

Advance Tickets
Buy before June 5th to get a 10% discount!

Group Tickets
Groups of 10 or more can enjoy a special price!
Adults - ***$12*** Children - ***$5***

Special Programs

Magic Show
11:00 AM - 12:00 PM

Live Music Concert
3:00 PM - 5:00 PM

Remember to bring your friends and family for a day full of joy and laughter! We look forward to seeing you there.

For more information, please contact us!
Email: info@annualfunfair.com Phone: 123-456-7890

Back to Home

(1) 大人がグループチケット割引を利用すると，通常価格と比較して何パーセントの割引になりますか？

ア．20パーセント

イ．30パーセント

ウ．40パーセント

エ．50パーセント

(2) イベントで提供されない食べ物は何ですか？

ア．バーガー

イ．ステーキ

ウ．キャンディ

エ．アイスクリーム

(3) イベントの日程，開始時間，終了時間を書いた以下の文を埋めなさい。

（　　）月（　　）日，午前（　　）時開始，午後（　　）時終了

(4) 開催日の６日前に高校生１人が個人でチケットを購入した場合，代金はいくらになりますか？

4 以下の会話文を読み，あとの問いにそれぞれ記号で答えなさい。

Ken: Hey Annie, have you watched the new movie “*Starlight Adventure*”?

Annie: Oh, Ken! Yes, I saw it last Saturday at a theater. It was *fantastic! How about you?

Ken: I haven't seen it yet. Everyone tells me to watch it. What did you like about it?

Annie: l like the story about the movie. And I think that the special *effects were really good, too. It was a great *experience.

Ken: Sounds interesting. I'm a big fan of movies with strong characters. Did you go with someone or watch it alone?

Annie: I went with my brother, Tom. We both enjoy adventure movies. And he read the book, so he wanted to see how it was made on the big screen.

Ken: There's a book? I didn't know that! I will read it before watching the movie. Do you think it's a good idea?

Annie: Well, Tom said that the book gives you more feelings for the characters. But both *versions have their unique points. You will like them.

Ken: Thanks for your advice, Annie. I'll read the book first. By the way, do you have any ideas for when I should watch the movie?

Annie: If you watch movies during the evening, Central Cinema offers a free cup of popcorn. And, *weekday evenings are not so crowded.

Ken: That's a great idea! I'll watch it on a weekday evening then. I hope to talk about it with you.

Annie: OK, Ken. I'd like to hear your ideas on it. Maybe we can have a movie *discussion next week.

（注）fantastic…すばらしい　effect…効果　experience…体験　version…版
weekday…平日　discussion…議論

(1) Annieが映画で特に気に入った部分はどこですか？
ア．原作再現
イ．ストーリー
ウ．音楽
エ．上映時間

(2) Annieは映画を誰と見ましたか？
ア．Ken
イ．両親
ウ．兄弟
エ．級友

(3) Kenは映画を見る前に何をすることを考えていますか？
ア．続編を見る
イ．映画の音楽を聴く
ウ．Annieと議論をする
エ．原作本を読む

(4) Annieはどこで映画を見るのが良いと言っていますか？
ア．Starlight Cinema
イ．Central Cinema
ウ．At school
エ．At Ken's house

(5) Annieはいつ映画を見に行くと空いていると言っていますか？
ア．平日の朝
イ．週末の朝
ウ．平日の夕方
エ．週末の夕方

(6) AnnieとKenは映画について何をする予定ですか？
ア．一緒に見に行く
イ．一人でもう一度見る
ウ．後で映画について話す
エ．映画をおすすめする友達を探す

5 次の英文を読んで，あとの問いに答えなさい。

プロローグ

遠い遠い国でのお話。山は空に触れ，川は歌を歌い，自然は調和に満ちていた。動物たちは自由に遊び，花は風と踊り，木々は太古の言葉で秘密を語り合った。全ての生き物が，植物が，石たちが自身の物語を語りたがった。この魔法の国では太陽が大地に口づけすると一日が始まり，月が星たちに子守唄を歌っていた。

そこで生まれた種(seed)たちは意志を持ち，小さな鼓動を刻む。大きな木々へと成長し，大地の物語をつむぐ語り部となることを夢見ながら...

Once upon a time, there was a little seed. The seed lived in a large, green forest. It was filled with the sound of birds and the wind. The forest was full of tall trees, colorful flowers, and wonderful life. The seed, though it was very small, had a big and wonderful dream. It wanted to become a beautiful, tall tree with many strong branches and green leaves. Every day, it looked at the trees around it, and it imagined itself to be as big and tall as them.

One beautiful day, a bird came and picked up the seed. Although the seed felt scary, it was filled with *excitement and hope. The bird *flew high into the blue sky, and then it *dropped the seed in the ground, far away from its home. The seed was on the good ground and waited. It hoped for the rain and the sunlight to grow into a strong, beautiful tree. Days and nights passed, but the little seed had its hope. It was dreaming of the days to come.

A few days passed, the rain came, and gave water to the seed. The seed enjoyed and began to grow *roots deep into the ground. The sun was shining warmly, and gave the seed its light, and the seed made a small, green *shoot. Every day, it became big little by little, and it reached higher towards the sky. The seed felt great happiness but also loneliness. It wanted other seeds or trees to share its days and stories. The little seed wished for friends to share laughs and play under the sun.

Then, a kind and old man discovered the little shoot. He had a heart which was filled with love. The man decided to grow it and care for it. He gave it water every day, talked to it with sweet words, and watched its *growth. The little seed didn't feel the loneliness anymore. It found joy in the company of its new friend. The old man shared stories of the very big, wonderful world and told *wisdom to the little seed. The seed listened with passion, and it was given the *knowledge and received the love.

Seasons changed. It brought new colors and life. And the little seed changed into a young tree. It proudly had many branches and leaves. Birds of all colors came to rest on its branches, and animals found joy around its roots. The tree felt happy, and it was surrounded by so many friends. It said "Thanks" to the old man for his kindness and love. Because it had a heart which is filled with love, the tree made a *promise to protect its friends and give them a safe place.

A few seasons continued, the tree became higher. It was bigger and stronger. It was not the small seed with a big dream. It was a very big tree, and it was living with its dream. The tree looked at the huge sky and said thanks to the bird for bringing it to this favorite place. It felt a deep thanks for the rain and the shining sun that were its friends in growth. The tree stood tall and strong. It was ready to spend a lot of years and stories to come.

（注）excitement…興奮　flew…flyの過去形　drop…落とす　root…根っこ　shoot…芽
growth…成長　wisdom…知恵　knowledge…知識　promise…約束

(1) 小さな種の夢をまとめた次の文の空所を埋めなさい。

種の夢は（　①　）くて（　②　）な，たくさんの力強い（　③　）と緑の（　④　）を持つ樹木になることだった。

(2) 本文に関する以下の文の（　　）内の語を，正しい形に直しなさい。

The seed was very small but (have) a big dream.

(3) 次の質問に英語で答えなさい。

Why didn't the seed feel loneliness anymore?

(4) 樹木は成長した後，何に対して感謝を述べたか。日本語で答えなさい。

(5) 以下のア～クの中から，本文の内容に合うものを２つ選び，記号で答えなさい。

ア．小さな種は生まれた場所で成長して木になりたかった。
イ．種が大きな夢を持つことは禁止されていた。
ウ．老人は小さな芽に自分の夢を話して聞かせた。
エ．小さな芽は毎日少しずつ大きくなっていった。
オ．主人公は最終的に小さな種のままだった。
カ．樹木は太陽と雨に成長のための助けを求めた。
キ．樹木は鳥たちに感謝した。
ク．樹木は友達を守ると約束した。

6 次の日本文を[　　　]の指示に従って英文にしなさい。

(1) もし私が鳥だったら，学校に飛んでいけるのになあ。
[空所に適語を入れて英文を完成させること]

If I (　　　　) a bird, I (　　　　) (　　　　) to school.

(2) どこで昼ごはんを食べたら良いか教えてください。
[toを用いること]

【数　学】（50分）〈満点：100点〉

1

次の計算をしなさい。

(1) $8-4\times 3$

(2) $(-3)^3-(-3^3)$

(3) $2(3a-2b)-3(a-4b)$

(4) $\dfrac{3}{7}\div\left(-\dfrac{9}{14}\right)+\dfrac{1}{3}$

(5) $3a^4b^2\div 4a^2b\times\dfrac{2}{3}ab^3$

(6) $\dfrac{2x-4y}{3}-\dfrac{x-y}{4}$

(7) $(a+3b)(a+4b)-(a+3b)^2$

(8) $(2\sqrt{3}-\sqrt{2})(\sqrt{3}+3\sqrt{2})$

2

次の各問いに答えなさい。

(1) $3ax^2-6ax+3a$ を因数分解せよ。

(2) 右の図のように，点 O を中心とする 2 つの円があり，点 A～F はそれぞれの円の円周上にある。このとき，$\angle x$，$\angle y$ の大きさを求めよ。

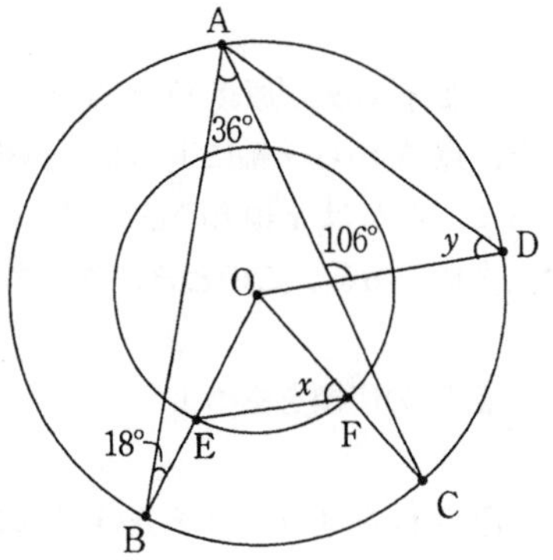

(3) 2 つのさいころを投げるとき，出る目の積が 15 以上になる確率を求めよ。

(4) $1<\sqrt{n+2}<3$ が成り立つような自然数 n は何個あるか求めよ。

(5) 「a，b」は aba の 3 桁の自然数を表すものとする。
例えば，「2，5」は 252 となる。このとき，「n，1」が素数となる最小の自然数 n を求めよ。

3

次の方程式を解きなさい。

(1) $7(x-8)+3(x+2)=-5(x-20)$

(2) $\begin{cases}2x+y=4\\x+3y=10\end{cases}$

(3) $\dfrac{1}{3}\{(x+2)^2-2+x\}=x+8$

4

次の各問いに答えなさい。

(1) A 地点から武蔵越生高校までの道のりは 2000m ある。A 地点から武蔵越生高校まで行くのに，途中の B 地点まで分速 150m で走り，5 分間休んだ後分速 75m で歩いた場合と，B 地点で休まずに A 地点から武蔵越生高校まで分速 100m で走った場合とでは所要時間が等しくなった。このとき，A 地点から B 地点までの道のりを求めよ。

(2) M 町，O 町では毎年中学生人口調査を行っている。昨年は一昨年と比べて M 町が 4 %増加し，O 町が 100 人増加したので，両町の中学生人口の合計は 4200 人であった。今年は昨年と比べて M 町が 40 人減少し，O 町が 2 %増加したので，M 町から O 町の中学生人口を引くと 928 人であった。 M 町，O 町の一昨年の中学生人口をそれぞれ求めよ。

(3) x についての 2 次方程式 $x^2+12x+p=0$ を解くと，1 つの解はもう 1 つの解の 2 倍となったという。このとき，p の値を求めよ。

5

$y=x^2$ と $y=3x$ が原点 O と点 A で交わっている。
また，点 A から x 軸に下ろした垂線の足を B とする。
さらに，点 C は x 軸上の正の部分にあり，四角形ABCD は正方形である。このとき，次の各問いに答えなさい。

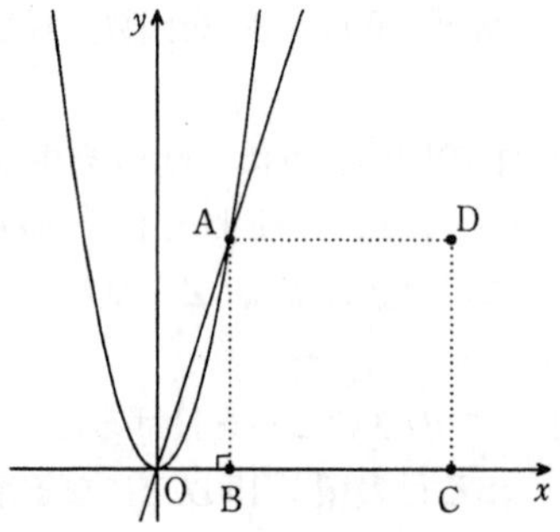

(1) 点 D の座標を求めよ

(2) 原点 O を通り，台形 AOCD の面積を 2 等分する直線の式を求めよ。

(3) 原点 O を通り，正方形 ABCD の面積を 3 等分する直線 $y=tx$ のうち，傾き t が最も小さくなる直線の式を求めよ。

6

図のように，1 辺の長さが 2 cm の正方形 ABCD がある。点 D を ∠ECD=30° となるように折り返した点を D′ とし，点 D′ から線分 AB に下ろした垂線の足を H とする。このとき，次の各問いに答えなさい。ただし，円周率を π とする。

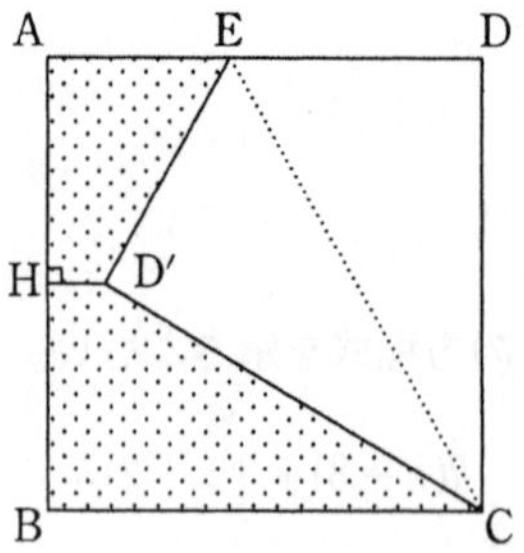

(1) 線分 DE の長さを求めよ。

(2) 網掛部分の面積を求めよ。

(3) 線分 HD′ の長さを求めよ。また，台形 HBCD′ を，線分 HB を軸として 1 回転させてできる立体の体積を求めよ。

【国　語】（五〇分）〈満点：一〇〇点〉

一　次の文章を読んで後の問いに答えなさい。

先ごろ職場しんぶんに、①私たちの銀行の人は大へん良い顔をしている、という一文が載った。

それは比較の問題だから、銀行以外の人、つまり世間一般の人々にくらべてみて良い顔をしている。良い、といっても形だとか色だとか様々な良さがあるから、何が良いのか、といえばこの場合何となく、であり、人が良い、ということなのだ、と受け取った。

ともかく結構な話であった。

しばらくすると、それに次いでまた一文あった。

本当に銀行の人は良い顔をしている、ことにわが子息（しそく）たちはまことに良い顔をしているが、この大層な世間を前にして、この良い顔をした子供たちはどうやって世渡りをしてゆくであろう。という。それは、親ともなればそういう心配もあろうかと、心うたれる文章でもあった。

ふたつの文章を読み終えて、私の※頭鉢（あたまばち）から浮き上がってきた感想は、どうしたわけか、綿アメのようにやわらかく、あじわってみて甘いものだった。

「何という幸福な人たちだろう」

かねて私が、ひそかに深い(ア)ケイイを払っているこの筆者は、勿論そんな甘いことを書いたのではない、それとはまったく反対なことを暗に指摘して、考慮をうながしたものである。それならなぜ、それを共々に不安となし得ないか。

私は勤続二十五年を数えるが、入行当初に、机を並べて仕事をしている男性を眺め、少女の直感で思いあたったのが「②女でよかった」ということだった。

幸福、などという言葉はかなり思考をともなったものだ、と私は思う。直感的には、よかった、とか、うれしい、といった言葉の方が出やすい。私が女でよかった、と思ったとき、私は女であることを幸福だ、と言いかえてもよかった、と思う。それは銀行業務に対する否定、一生の業務としないですむ喜びであった。その喜びは、自分が肯定できる業務に就くことの出来ない最大の不幸について考えおよばなかったのである。

それは私だけの愚かしさに違いないのだけれど、その最大の不幸を忘れさせたものは何か、と言えば生活の困難さ、であったと思う。もしくは困難さへの不安であった。当時もまた非常な就職難で、銀行へはいれた、ということは、それだけでも客観的には幸福、といわなければならない状態だった。

そのころ、女性の地位は極端に低かった。※封建社会になぞらえるなら武士と町人のへだたり、階級がまるで違う扱い。女性は親睦会に入会することも出来なければ、寮の使用もゆるされず職場結婚などもってのほかであった。少し無理な表現かもしれないが、今流の言葉を借用すれば、③女性は完全なアウトサイダーであった。違う立場から男性を見る、という目は、この長い期間に私の身についてしまって、離れない。

今の若い女性はどういう感じ方で、銀行へはいってくるだろう。とにかくアウトサイドの席は全部とり払われ、すべての席がインサイドにとりつけられている。みな同等なのだ、けれどかなしいかな私は、④インサイダーとして物を考える方途を失っているらしいのである。

それが何かの場合につけて、同感とならず、批判となってしまう。（私としては深いなじみの銀行に、何というなじむ心の浅い人間として暮していることだろう）

(イ)リッパな文章を読みながら、その味は甘かった、などというのも、ざっと、右のような心の形成を持つ者のフラチな感慨なのである。

私は、私が言っては※僭越（せんえつ）になる、前記の父親の誠実さと、深いあたたかさから推して、それに輪をかけた御子息の姿を容易に思いえがくことが出来て、(ウ)スナオにその心配に打たれる気持が本当はあったのだ。⑤けれど、……

ある時、銀行員の家族と一緒に旅行をしたことがある。連れられてきた子供さんは皆、かわいらしく、組合で、苦しい苦しいと言っている親たちの庇護を充分に受けた、育ちの良い顔をしていられた。

(A)時がたつにつれ、一人の父親が見せた自分の子供に対する放任ぶりは目にあまるものがあった。女性に対する言葉づかいといい、食事のあとテーブルの上をかけ廻るなどに至っては、たしなめようとしない父親にむしろ憤りさえ感じた。

貧しいとはいえ、日本中が貧しい中で、銀行員の給料は先ず上、と言ってさしつかえないだろう。この子供たちはこんな形で愛され、そしてもっと貧しい者たちが進学も就職も困難な中で、割合からみれば恵まれた(エ)カンキョウで、上級学校も出、それなりによい職場も得、つまりは銀行員の父親のように、次の世代でも上、の位置につくのではないか、というおそれであった。

⑥このような利己的な傍若無人さで、次の中間層が育てられるのか、というやりきれなさであった。

たぶん、これは例外中の例外、と胸を撫でておいた。

けれど貧しい中で、かつかつに食べ、したい勉強も出来ぬいらだちに、顔がかわるほどの苦労をしている人間の多い、そこではたくさんの醜悪な事が行われている世間、でいい顔をしている人間の集りである銀行という村落の幸福、というのは一体どういう性質のものであるのだろう。

旅行でみたことは、たしかに例外であるとしても、利己と保身を拡大すれば、どれもあの姿に見えてくるのは残念である。それこそ人間の本質である、と人はいうだろうか。

私は青い鳥のお話が好きであった。

半ズボンと帽子の似合うチルチルと、ふくらんだスカートを着て髪のちぢれた可愛いミチルが、きれいな鳥籠を持って旅をする。そしてさがし廻った幸福は、さがさないでもよい、ごく身近な所にあった、という。

それは、随分説得力のある、美しい物語に違いなかった。

幸福、といえばすぐ頭に浮かぶほど、私の子供の頃には、幼い心にしみとおり行きわたっていた青い鳥。

⑦私はそういう幸福への考えかたを、しばらく本棚へあずけておくことにしたい、と思う。

現在は、みんなで、たくさんな幸福をさがしまわらなければなるまい、と考えている。

幸福にもいろいろな種類がある。青い鳥に象徴された、どちらかといえば観念的な幸福というものは、時に人間を危険におとし入れるものではないのか。

こんなに大勢の人達が、物質的にも精神的にも困り果てているときに、どうして手もとにあるものの中に幸福を感じなければならないだろう。いつだって、総がかりで求めなければならないものが人間の幸福なのだ。

そんなにも幸福が足りないとき、そのかけらを手にした人間が、すっかり満足してしまう。かけらでしかなくたって、持っていない人より、どんなにましかわかりはしない。

はたに無ければないほど、その喜びが大きくなる。戦争中のさつま芋のうまさを思い出させる。

が、そのかけらは、持っていない者から見れば宝である。持っていない者のうちには奪いとってでも自分の手に入れたい、と願うこともあるだろう。

持っている者の、不安と焦燥が生じる。少ない物の奪い合いとなる。これが現状として私の目にうつってくる。

(B)、かけらならかけらなりに、たくさんさがし、持っていない人たちにも持ってもらうようにしなければ、どうしても困るのだ。その人たちのためばかりでなく、自分たちのためにも。

(石垣りん「よい顔と幸福」)

※ 頭蓋…ここでは自身の頭

封建社会…主従関係に基づく社会

僭越…自分の地位や立場を越えて出過ぎたことをすること

問一 傍線部（ア）～（エ）のカタカナを漢字に直して答えなさい。

問二 空欄（Ａ）と（Ｂ）に入る適当な語句を次から一つ選び、記号で答えなさい。

ア だから　イ つまり　ウ しかし　エ ところで　オ そして

問三 傍線部①「私たち銀行の人は大へん良い顔をしている」とはどういうことか、筆者の考えを二十字以内で抜き出して答えなさい。

問四 傍線部②「女でよかった」とあるがなぜか、内容として適当なものを次から一つ選び、記号で答えなさい。

ア 自分が満足できる業務に就くことが女性の場合は可能であるため、社会的に幸せだから。

イ 女性は銀行の仕事を生涯の業務としないですむため感覚的に幸福であると感じたから。

ウ 机を並べて業務をこなす男性を眺めることが出来る女性は特権的な幸福を感じられるから。

エ 理性を重んじる女性は銀行の業務をしないですむように、幸福を得ることができるから。

問五 傍線部③「女性は完全なアウトサイダーであった」とはどういうことか、内容として適当なものを次から一つ選び、記号で答えなさい。

ア 現在の女性は、地位の向上がはかられ、男性以上に活躍できる機会を有した存在だということ。

イ 当時の女性は、男性との階級の格差があり、職場結婚を強いられた気の毒な存在だということ。

ウ 現在の女性は、男性との階級差がいまだに健在で、平等な権利を獲得できない存在だということ。

エ 当時の女性は、地位が低く、寮の使用や職場結婚などが許されない疎外された存在だということ。

問六 傍線部④「インサイダーとして物を考える方途を失っているらしい」とあるがなぜか、～からに続く形で本文中から四十五字以内で抜き出し最初と最後の五字を答えなさい。

問七 傍線部⑤「けれど……」の後に続く言葉を推測し内容として適当なものを次から一つ選び、記号で答えなさい。

ア 一方で喜びを感じる部分も存在した。

イ 一方で悲哀を感じる部分も存在した。

ウ 一方で怒りを感じる部分も存在した。

エ 一方で恐れを感じる部分も存在した。

問八　傍線部⑥「このような利己的な傍若無人さ」とはどういうことか。内容として適当なものを次から一つ選び、記号で答えなさい。

ア　教育もろくに出来ず、銀行員という職業的立場によって、自身の無教育な子どもをよい就職先に就かせようとする身勝手な態度

イ　年収が一般企業よりもよい銀行員は、貧しい子どもたちに上級学校へと通わすため、自身の給料を寄付するという献身的な態度。

ウ　女性に対する無礼な発言や、かけまわる自身の子どもを注意せずとも特権で許容される、周囲を気にすることがない殊勝な態度。

エ　日本中が貧しい中で職業的に恵まれている銀行員は、経済的に裕福なため誰に対しても無礼が許されるという思い上がった態度。

問九　傍線部⑦「私はそういう幸福への考えかたを、しばらく本棚へあずけておくことにしたい」とあるがなぜか。次の空欄にあてはまる内容を二十字以内で抜き出して答えなさい。

人間の幸福とは（　　　　）だから。

問十　本文の内容として適当なものを次から一つ選び、記号で答えなさい。

ア　筆者はかつて就職難の時代に銀行員になれたこと、また最大の不幸である生活難を忘れさせたという点で現状を客観的に幸福であると感じている。

イ　貧しい世帯の子どもが食料にありつけない劣悪な世間がある一方、利己と保身で成り立つ銀行という共同体がある事実に筆者は喜びを感じている。

ウ　筆者が好んでいる青い鳥は、幸福とは探し求めなくとも、身近にあるという美しい物語であり、そこには説得力のある具体的な幸福が描かれている。

エ　物質的にも精神的にも人間を満たす幸福のかけらを、貧しい人々に所持してもらうことは、裕福な人々の幸福にも結びつくと筆者は主張している。

二 次の文章を読んで後の問いに答えなさい。

列車の中は、※国民服やモンペ姿の人達で混み合っていた。立ったままで座席に倚(よ)りかかっている者がある。通路に荷物を置いてそれに腰を下ろしている者もいる。

暑い。すでに①西陽の時刻でもあった。

二人掛けの座席はいたるところで三人掛けになり、窮屈そうに身を寄せ合った乗客が、霽(は)れない顔付きで扇子(せんす)や団扇(うちわ)を使っている。(ア)網棚の荷物をしきりに気にしている老婆は耳が遠いらしく、隣の男に、この次はどこの駅かと大きな声でたずねていた。

窓際の席で父親と対(む)かい合っているひさし少年は、頑丈そうでもないからだを腰板に押しつけられながら、さっきから歯の痛みをじっと怺(こら)えているのだが、こんな時は、②遠くの席の赤ん坊の泣き声まで耳に立った。

小学校も最後の夏休みに、父親の出席する葬儀について行ったのはいいけれど、帰りの列車に乗ると間もなく、思いがけない歯痛になった。いつ父親に言い出したものかと、周囲の乗客にも気兼ねして、すっかり固くなっている。

父親は、扇子を片手に握りしめたまま、反対の手で、時々、胸のポケットからハンカチーフを取り出して額の汗を押えていた。家にいる限り、暑さを訴えることも、寒さを訴えることも滅多にない父親であるが、その父親がこの車内の暑さを耐え難く思っているのはほかでもない。平素(へいそ)着馴れない国民服というものを着用しているのと、③列車の窓に鎧戸が下ろされているためだった。

列車は、内海に沿って東に走っていた。

しかし、この鉄道の沿線にはずっと※軍需工場が続いているので、乗客はその地域を通る間中、どんなに暑くても当局の命令通り窓に鎧戸を下ろさなければならなかった。

見るからに暑苦しいカーキ色の服の(イ)襟元を詰めて、わざと風通しを悪くした部屋でゆるい目隠しをされているような時間が、さすがの父親にも耐え難く思われた。

戦争をする相手の国が増えて、[A]と倹約の生活を政府がすすめるのと見合うように、近郊へ買い出しに出掛ける人の数も次第に増えている。現にこの車輛(りょう)の網棚の荷物も半ばは大きなリュックサックで占められていた。通路も塞(ふさ)がってるので、互に気軽に洗面所へ立つことも出来ない。

ひさしには、座席にいて見渡せる乗客のどの顔も、一様に不機嫌そうに見えた。自分の痛みが嵩(こう)じると、人々の不機嫌も嵩じるように思われた。

(中略)

ひさしの歯痛は、時間が経ってもいっこうに楽にはならなかった。少し前に続けていた治療の際の詰物がとれて、そこに何かの繊維(せんい)がきつくくい込んだらしい。治療の半ばでほうり出したことも悔まれる痛み方だった。

対いの席で時々額の汗を押えていた父親は、いつの間にか目を閉じていた。隣の老人に倚りかかられて、心持ちからだを斜に倒している。ひさしの周囲で不機嫌そうな顔をしていた大人達も、列車が走り続けるうちに、振動にまかせて一様に首をかしげ、一様に目を閉じていた。

何とか我慢しよう、とひさしは思った。父親に訴えたところで、父親も困るだろう。楊枝(ようじ)もなければ痛み止めの薬があるわけでもない。ところが、改めてあたりを見廻(みまわ)してみて、目覚めているのがどうやら自分一人と分ると、④痛みは耐え難くつのってきた。窓の外の景色に気を紛らせるというわけにもいかないし、嗽(うがい)に立つことも出来ない。

ひさしは、眠っているらしい人達に気を遣って声を立てず、指で父親の膝をつついた。驚いて目を開いた父親に、ひさしは片頬を片手で押えて、しかめっ面をしてみせた。

「歯が？」

と(ウ)即座に父親は反応した。眉の間に皺(しわ)を寄せたままひさしはうなずいた。

父親は、困った、という表情になったが、困った、とは言わなかった。その表情を見た途端、ひさしは、

「⑤何か挟まっているみたいだけど、大丈夫、取れそうだから。」

と言ってしまった。取れそうな気配もなかった。

今度はひさしのほうが目を閉じた。あと一時間半の辛抱だ。そう自分に言いきかせて、自分の手をきつく抓(つね)った。

いっときして目を開くと、父親が思案顔で見詰めている。

「まだ痛むか？」

ひさしは、息を詰めたくなるような痛さにいっそう汗ばんでいたが、

「少しだけ。」

と答えた。

すると父親は、手にしていた扇子を開きかけ、いきなり縦に引き裂いた。そして、その薄い骨の一本を折り取ると、呆気(あっけ)にとられているひさしの前で、更に縦に細く裂き、

「少し大きいが、これを楊枝の代りにして。」

と言って差し出した。

ひさしは、⑥頭から冷水を浴びせられたようだった。その扇子は、亡くなった祖父譲りのもので、父親がいつも持ち歩いているのを知っていたし、扇面には、薄墨で※蘭(らん)が描かれていた。その蘭を、いいと思わないかと言ってわざわざ父親に見せられたこともある。

ひさしは、

「⑦蘭が……」

と言ったきり、あとが続かなくなった。

父親に促されるまま、ひさしは片手で口を蔽(おお)うようにして、細くなった扇子の骨を歯に当てた。

熱が退くように、痛みは和らいでいった。ひさしから痛みが消えたのを見届けると、父親はハンカチーフでゆっくり顔を一と拭きした。それからまた、元のように目を閉じた。

ひさしは自分の意気地なさを後悔した。

父親が惜し気もなく扇子を裂いてくれただけに、責められ方も強かった。うれしさも、ありがたさも通り越して、何となく情なくなっていた。

しかし、ひさしはその一方で、ずっと大切にしていたものを父親に裂かせたのは、自分だけではないかもしれないとも思い出していた。はっきりとは言葉に出来ないのだが、決して望むようにではなく、やむを得ない場所で否応なしの勤めをさせられているように見えるこの頃の父親を、ひさしは気の毒にも(エ)健気にも思い始めていた。

（竹西寛子「蘭」）

※　国民服…太平洋戦争中に使用された、日本国民男子の標準服

軍需工場…軍事に必要な物資を生産し、修理する施設

蘭…らん科植物の総称

問一　傍線部（ア）〜（エ）の漢字の読みをひらがなで答えなさい。

問二　傍線部①「西陽の時刻」とは大体何時頃か、適当なものを次から一つ選び、記号で答えなさい。

ア　十時頃　　イ　十二時頃　　ウ　十四時頃　　エ　十六時頃

問三　傍線部②「遠くの席の赤ん坊の泣き声まで耳に立った」とあるがなぜか、内容として適当なものを次から一つ選び、記号で答えなさい。

ア　列車の中が暑く混み合っており、さらには老婆が大きな声をあげたため、苛立ちを感じ、あらゆる物事に対して鋭敏になっていたから。

イ　暑く混み合った列車内で、頑丈ではない身体を腰板におさえつけながら、歯が痛いことを誰にも言わず、静かに我慢していたから。

ウ　小学校の最後の夏休みに父親の葬儀に出席することになり、せっかくの休みを台無しにされたというやり場のない怒りを感じていたから。

エ　列車内が混雑しており、挙句の果てに荷物に腰を下ろしている人がいるため、行儀作法を知らない乗客の態度が目につきやすくなったから。

問四　傍線部③「列車の窓に鎧戸が下ろされている」とあるがなぜか、内容として適当なものを次から一つ選び、記号で答えなさい。

ア　鎧戸を開けると石炭の粉塵や煙が車内に入ってきて、乗客が多大な迷惑をするから。

イ　西陽がさしているため、車内に入る陽の光を遮り、快適に列車に乗ろうとしたから。

ウ　季節は冬であり、また冷たい海風が車内入り込んでくるため寒さを防ごうとしたから。

エ　線路沿線に軍需工場があるため、国家の命令で鎧戸を下ろさなければいけないから。

問五　［A］に入る適当な言葉を次から一つ選び、記号で答えなさい。

ア　派手　　イ　贅沢　　ウ　質素　　エ　地味

問六　傍線部④「痛みは耐え難くつのってきた」とあるが、このときのひさしの心情をあらわしているものを次から一つ選び、記号で答えなさい。

ア　列車内で歯の痛みを訴えたところでどうすることもできず、さらに起きているのは自分だけという孤独感を抱いている。

イ　歯の痛みを父親に訴えようにも、周囲の乗客が眠っているため相談ができず世の中に対して暗い絶望感を抱いている。

ウ　自身の歯の痛みよりも、周囲の乗客の眠りを妨げてはいけないという、他者へのあたたかい眼差しと緊張感を抱いている。

エ　父親や乗客は眠っているため、歯の痛みを訴えることができず、その自分本位な態度に一種の虚無感を抱いている。

問七　傍線部⑤「何か挟まっているみたいだけど、大丈夫、取れそうだから」とあるが、このときのひさしの心情を次のようにまとめました。［X］は本文中から三字で抜き出し、［Y］には適当なものを次から一つ選び、記号で答えなさい。

列車内では歯の痛みをどうすることもできないという父親の［X］表情に、ひさしは［Y］をかけないように健気に振舞った。

［Y］

ア　疑い　　イ　手塩　　ウ　迷惑　　エ　拍車

問八　傍線部⑥「頭から冷水を浴びせられたようだった」とあるが、このときのひさしの心情として適当なものを次から一つ選び、記号で答えなさい。

ア　父親が祖父譲りの大事にしている蘭の扇子を、自分の歯の痛みを抑えるために裂いている姿を見て驚いている。

イ　父親が蘭の扇子を歯痛を抑える楊枝の代わりとして裂いてくれたことに、これで痛みが和らぐと安心している。

ウ　父親に祖父からもらった蘭の扇子を裂かせてしまい、意気地のない自身の弱さに対して怒りを募らせている。

エ　父親が大切にしている蘭の扇子を裂くことは、予想外の出来事であり、その理由を理解できずに困惑している。

問九　傍線部⑦「蘭が……」とあるが、ここで用いられている表現技法を次から一つ選び、記号で答えなさい。

ア　比喩　　イ　擬人法　　ウ　倒置法　　エ　省略法

問十　本文の表現として適当なものを次から一つ選び、記号で答えなさい。

ア　季節は冬であるが、列車内は満席で窓にも鎧戸が閉めてあるため、小説全体が暖かな雰囲気で描かれている。

イ　「国民服」、「軍需工場」、乗客の「不機嫌さ」は小説全体を基調とする戦争という時代性を象徴して描かれている。

ウ　ひさしの心情だけでなく、父親や乗客の心情も同時に描かれているため、様々な視点で物語が進行している。

エ　列車内の細かな情景や列車の外から聞こえる生活音など「視覚」と「聴覚」に訴えかけるように描かれている。

三 次の文章を読んで後の問いに答えなさい。

ある者座敷を立てて絵を描かする。（ある人が座敷を作って襖に絵を書かせた。）白鷺の一色を望む。絵描き、「心得たり」（「承知しました」）とて、※焼筆をあつる。（下絵を描いた）亭主の①いはく、「いずれも良さそうなれども、この白鷺の飛びあがりたる、羽づかひが②かやう（羽の使い方）では飛ばれまい」といふ。絵描きのいはく、「いやいや③この飛びやうが第一の出来物ぢや」といふうちに、④本の白鷺が四五羽うちつれて飛ぶ。亭主これを見て、「あれ見給へ。あのやうに描きたいものぢや」と⑤いへば、絵描きこれを見て、「いやいやあの羽づかひではあつてこそ、⑥それがしが描いたやうにはえ飛ぶまい」（飛ぶことはとてもできまい）といふた。

（「浮世物語」）

※焼筆…柳などの細長い木の端を焼きこがして作った筆

問一 傍線部①「いはく」、傍線部②「かやう」の読みを現代仮名遣いのひらがなで答えなさい。

問二 傍線部③「この飛びやう」とはどういうことか、本文から七字で抜き出して答えなさい。

問三 傍線部④「本の白鷺」の内容として適当なものを次から一つ選び、記号で答えなさい。

ア 書物に書いてある白鷺
イ 実際に生きている白鷺
ウ わずかしかいない白鷺
エ 以前から存在した白鷺

問四 傍線部⑤「いへば」の主語を答えなさい。

問五 傍線部⑥「それがし」とは何を指すか、答えなさい。

問六 この文章の主題として適当なものを次から一つ選び、記号で答えなさい。

ア 何事も真面目に取り組んでいれば道は開ける。
イ 何事も人との関係性によって成り立っている。
ウ 何事も負け惜しみをする人は未熟な者である。
エ 何事も回り道をすることこそが真理である。

四 次の①～④の作家の作品をそれぞれ次の中から記号で選び答えなさい。

①紫式部　②兼好法師　③樋口一葉　④森鷗外

ア 源氏物語　イ 高瀬舟　ウ たけくらべ　エ 徒然草

英語解答

1 (1) left　(2) at　(3) didn't
(4) which　(5) many　(6) made
(7) hospital　(8) the most crowded
(9) seen　(10) sunny

2 (1) ３番目…エ　５番目…カ
(2) ３番目…エ　５番目…ウ
(3) ３番目…ウ　５番目…イ
(4) ３番目…ア　５番目…カ
(5) ３番目…イ　５番目…カ

3 (1) ウ　(2) イ
(3) 6［月］ 9［日, 午前］ 10［時開始, 午後］ 6［時終了］
(4) 18ドル

4 (1) イ　(2) ウ　(3) エ　(4) イ
(5) ウ　(6) ウ

5 (1) ① 美し　② 大き　③ 枝　④ 葉
(2) had
(3) (例) Because an old man cared for it with love.
(4) (例)（自分を今いる大好きな場所に運んでくれた）鳥／（育ててくれた）老人
(5) エ, ク

6 (1) were, could fly
(2) (例) Please tell me where to have lunch.

数学解答

1 (1) -4　(2) 0　(3) $3a+8b$
(4) $-\frac{1}{3}$　(5) $\frac{1}{2}a^3b^4$
(6) $\frac{5x-13y}{12}$　(7) $ab+3b^2$
(8) $5\sqrt{6}$

2 (1) $3a(x-1)^2$
(2) $\angle x=54°$, $\angle y=46°$　(3) $\frac{13}{36}$
(4) 6個　(5) 3

3 (1) $x=10$　(2) $x=\frac{2}{5}$, $y=\frac{16}{5}$
(3) $x=-1\pm\sqrt{23}$

4 (1) 1750m
(2) M町…2500人　O町…1500人
(3) 32

5 (1) (12, 9)　(2) $y=\frac{21}{32}x$
(3) $y=\frac{2}{5}x$

6 (1) $\frac{2\sqrt{3}}{3}$ cm　(2) $4-\frac{4\sqrt{3}}{3}$ cm^2
(3) $HD'=2-\sqrt{3}$ cm
体積…$(5-2\sqrt{3})\pi$ cm^3

国語解答

一

問一 (ア) 敬意 (イ) 立派 (ウ) 素直
(エ) 環境

問二 A…ウ B…ア

問三 何となく，であり，人が良い，ということ

問四 イ 問五 エ

問六 違う立場か〜，離れない[から。]

問七 ウ 問八 ア

問九 総がかりで求めなければならないもの

問十 エ

二

問一 (ア) あみだな (イ) えりもと
(ウ) そくざ (エ) けなげ

問二 エ 問三 イ 問四 エ

問五 ウ 問六 ア

問七 X 困った Y…ウ 問八 ア

問九 エ 問十 イ

三

問一 ① いわく ② かよう

問二 飛びあがりたる 問三 イ

問四 亭主 問五 絵描き

問六 ウ

四

① ア ② エ ③ ウ ④ イ

2023年度 武蔵越生高等学校(推薦22日)

【英 語】 (50分) 〈満点：100点〉

1 次の文の(　　　)に入れるのに最も適切な語(句)をア～エから1つ選び，記号で答えなさい。

(1) He watched some news (　　　) TV about a traffic accident.
ア. on　イ. in　ウ. at　エ. for

(2) I got up early this morning (　　　) I had to take my dog for a walk.
ア. when　イ. that　ウ. because　エ. while

(3) Mr. Smith speaks (　　　) fast that we can't understand him.
ア. so　イ. as　ウ. very　エ. too

(4) The man took (　　　) his hat when he went into the church.
ア. out　イ. on　ウ. off　エ. after

(5) I didn't know that she (　　　) sick in bed.
ア. is　イ. did　ウ. had　エ. was

(6) A : What (　　　) is it in London now?
B : It's seven in the morning.
ア. number　イ. time　ウ. day　エ. place

(7) She is the only girl in her family. All the other (　　　) are boys.
ア. students　イ. children　ウ. families　エ. passengers

(8) (　　　) is the shortest month of the year.
ア. February　イ. March　ウ. April　エ. May

(9) Boy : Hey, Mom, do you know where my smartphone is?
Mom : Yes, it's on (　　　).
ア. a holiday　イ. the wall　ウ. Sunday　エ. the table

(10) Tom : Do you know this Kanji? The top part is "mountain" and the bottom part is "stone."
Ken : Oh, yes. It means "(　　　)."
ア. river　イ. flower　ウ. sea　エ. rock

2

日本文の意味になるよう英文の(　　)にア～カの語(句)を正しい順序に並べて入れたとき，３番目と５番目にくるものをそれぞれ選び，記号で答えなさい。

(1) 父は私にやさしい英語で書かれた本をくれました。
(　　)(　　)(３番目)(　　)(５番目)(　　).

ア．written　　イ．gave　　ウ．in easy English
エ．a book　　オ．me　　カ．my father

(2) 音楽を聴くことはとても楽しい。
(　　)(　　)(３番目)(　　)(５番目)(　　).

ア．is　　イ．of fun　　ウ．listening to
エ．a　　オ．music　　カ．lot

(3) あなたか彼のどちらかがそこへ行かなければなりません。
Either (　　)(　　)(３番目)(　　)(５番目)(　　) there.

ア．to　　イ．or　　ウ．he
エ．you　　オ．go　　カ．has

(4) 誰もその質問に答えられなかった。
(　　)(　　)(３番目)(　　)(５番目)(　　) the question.

ア．answer　　イ．to　　ウ．no
エ．able　　オ．was　　カ．one

(5) なんと天気の良い日なんでしょう。
(　　)(　　)(３番目)(　　)(５番目)(　　)!

ア．a　　イ．day　　ウ．fine
エ．it　　オ．is　　カ．what

3 次のウェブサイトを見て，あとの問いに答えなさい。

Home | About Us | Photo Gallery | F A Q

ENGLISH SUMMER CAMP 2023

Ogose College will hold English summer camps for one or two weeks for junior high school students who are interested in developing* their English skills. We have five classes, from basic to advanced*. Each class has 14 students. During the camp, teachers will give feedback* and support.

Fees*

One-week Course (Monday, July 24 - Friday, July 28)

- **$310 if we receive full amount by May 15**
- **$360 otherwise***

Two-week Course (Monday, July 24 - Friday, August 4)

- **$620 if we receive full amount by May 15**
- **$670 otherwise**

Dormitory*

★ You can stay in a student dormitory. Breakfast & dinner.
Single room: $250 per* week
Double room: $160 per week
If you want to use a dormitory, you must make a reservation by May 15.

Application*

★ If you want to join the camp, please tell us your name and phone number by email first.
Email address <esc2023@mo.ed>

Come to Ogose-machi this summer and make yourself shine!!

Back to Home

(注) develop 向上させる　advanced 発展　feedback フィードバック　fee 料金
otherwise そうでない場合　dormitory 寮　per ～につき　application 申し込み

問１　次の文章は英語キャンプの概要をまとめたものである。空欄［ア］～［ウ］に適切な語句または数字を入れなさい。

この英語キャンプは［ア］を対象としたイベントである。クラスは基本から応用まで［イ］クラスに分かれており，１クラス［ウ］名の生徒が在籍予定である。

問２　５月１４日に１週間のコースを寮付きで申し込んだ生徒がかかる費用は最安でいくらになるか。最も適切なものを次のア～エから１つ選び，記号で答えなさい。

ア．470 ドル
イ．510 ドル
ウ．520 ドル
エ．560 ドル

問３　このウェブサイトによると，英語キャンプに参加を希望する生徒が最初にすべきことは何か。最も適切なものを次のア～エから１つ選び，記号で答えなさい。

ア．学生寮を予約すること
イ．書類を学校に提出すること
ウ．参加者情報をメールで送信すること
エ．代金を銀行で振り込むこと

4 次の対話文を読んで，あとの問いにそれぞれ記号で答えなさい。

Yuka : Alan, can you give me some advice for camping*?

Alan : Sure, Yuka. Are you going camping?

Yuka : Actually, I'm going next month, but I'm a little worried. What should I do if there are bugs*? What do you do about them?

Alan : I usually just burn some incense* to keep bugs away. I think it's important not to kill living things in nature. Going camping means getting along with nature. Don't you think so?

Yuka : Yes, you're right. And what is the best thing about camping? Could you tell me an example?

Alan : For example, it's lovely to spend the day outside. Being out in the sun makes your mind and body so good.

Yuka : That's true. What do you do in the morning?

Alan : Anything you want. Walk, relax*, watch birds, anything. I like to sit on a log* and read my favorite book.

Yuka : Sounds nice! And what do you do at night?

Alan : Night is the perfect time for a campfire*! When you look at the fire, you will feel the power of nature. It gives you a kind of energy. And also you can enjoy the clear night sky. There are so many stars! On clear nights, you can see the constellations* and the Milky Way*.

Yuka : Sounds beautiful! I can't wait to go! I'll enjoy the night sky when I go.

Alan : Next week, my family is going camping. Why don't we go together?

Yuka : I would love to join you! Thank you, Alan.

(注) camping キャンプ bug 虫 incense お香 relax リラックスする log 丸太
campfire キャンプファイヤー constellations 星座 the Milky Way 天の川

問1 Yuka は何を心配していますか。

ア. キャンプ道具で何を選べばいいのかわからない

イ. 虫が出たらどうすればいいのかわからない

ウ. どこに行けばいいのかわからない

エ. 誰にアドバイスしてもらえばいいのかわからない

問 2　Alan によるとキャンプの良さはどんなことですか。

ア．　キャンプファイヤーができること

イ．　屋外で過ごすこと

ウ．　バードウォッチングができること

エ．　夜空を眺めること

問 3　Yuka が次にキャンプに行くのはいつですか。

ア．　来週

イ．　来月

ウ．　数週間後

エ．　数か月後

問 4　Alan によると「キャンプに行く」とはどういうことですか。

ア．　都会から離れること

イ．　家族と過ごすこと

ウ．　テントでゆっくり過ごすこと

エ．　自然とうまくやっていくこと

問 5　Alan はキャンプに行くと朝どんなことをしますか。

ア．　散歩をする

イ．　バードウォッチングをする

ウ．　好きな本を読む

エ．　ストレッチをして体をほぐす

問 6　Yuka がキャンプで楽しみにしていることはどんなことですか。

ア．　キャンプファイヤーをすること

イ．　夜空を眺めること

ウ．　ハイキングすること

エ．　バードウォッチングをすること

5 次の英文を読んで，あとの問いに答えなさい。

It was a nice Sunday. Tomoki was on the train and looking at the blue sky and beautiful mountains from the window. But he wasn't enjoying them. He was thinking about ①something else.

Tomoki is a third-year high school student and a member of the wind orchestra club* at his school. He plays the trumpet* in the club. He has enjoyed playing it since he entered junior high school. He has also been playing the piano for 10 years. He loves music very much. Last night, Tomoki talked to his father and mother about his dream. He said to them, "I want to go to Tokyo to study music. I want to be a musician." His father thought for some time and said, "It's not easy to become a musician. You need a lot of effort*. If you don't make much effort, you cannot be a good musician. You should think again." Tomoki was very sad to hear his words. "You never understand my feeling*," he shouted and went to his room. He couldn't sleep well that night.

The next morning, his mother asked Tomoki to visit his grandparents in Nagano. A week ago, his mother went to Yokohama and bought some souvenirs* there. [②]

He remembered his father's words again and thought, "This is my life. I don't understand why I can't do what I want." He got off the train and walked to the house.

When Tomoki arrived at his grandparents' house, his grandfather Shigeo was working in the field. His grandmother, Yasue, welcomed him. She was very happy to see Tomoki. They sat down and talked over some tea. Tomoki told her about his friends and his school life. Yasue was listening to him. Then she said, "You don't look happy today. Are you OK?" Tomoki was surprised because he tried to smile and look happy. "(③)" asked Tomoki. Yasue answered, "You sometimes look out the window today. Your father was doing the same* thing when he didn't feel happy. Tell me what happened."

Tomoki told her everything about the talk with his father. Yasue just listened to him and said, "I'll show you something." She left the room and came back with a box. Yasue said, "Please open it!" Tomoki opened the box and found some pictures of a boy. The boy in the pictures looked as old as Tomoki and had a violin in his hands. Yasue said, "Your father wanted to be a musician, just like you. He went to a music college in Tokyo and studied very hard. But it wasn't easy to be a musician. His father became sick then. And he decided to* come back to this town. He stopped playing the violin and gave up his dream." Tomoki was very surprised to hear ④<u>the story about his father</u>. He didn't know his father also loved music. And he had the same dream! Tomoki asked her, "Then why did he say such a thing when I told him about my dream?" Yasue said, "Well, it is true* that you need a lot of effort to make your dream come true*. But he didn't mean that you should not become a musician. He believes that you can't become a good musician if you change your mind easily* after listening to his words. That's the thing he wanted to say."

On the train back home, Tomoki understood why his mother told him to visit his grandparents' house. She wanted Tomoki to know his father's true feeling. Tomoki asked himself, "I know I love music, but do I really want to learn music? Do I really want to be a musician?" He decided to look for the answers to these questions. If he finds the answers and they are "yes," he will talk to his father about his dream again.

(注) wind orchestra club 吹奏楽部　trumpet トランペット　effort 努力
feeling 気持ち　souvenir お土産　same 同じ　decide to ～ ～しようと決心する
true 本当の　come true 実現する　easily 簡単に

問１　下線部①について，Tomoki が考えていた内容として最も適当なものを次のア～ウから１つ選び，記号で答えなさい。

ア．吹奏楽部での活動がうまくいっていないこと
イ．自分が祖父母の家でやりたいこと
ウ．父親が自分の夢に賛同してくれなかったこと

問２　［ ② ］には次のア～ウの英文が入る。本文の流れに合うように正しく並べ替え，記号で答えなさい。

ア．As he didn't want to stay home and see his father, he said OK.
イ．His mother told him to take them to his grandparents.
ウ．While Tomoki was going to his grandparents' house, he was all the way thinking of the talk with his father.

問３　（ ③ ）に入る最も適切な英文を次のア～ウから１つ選び，記号で答えなさい。

ア．What do you think about?
イ．Did I look happy?
ウ．How did you know that?

問4　下線部④について，次のア～ウを起こった順に並べ替え，記号で答えなさい。

ア．He went to a music college and studied hard.

イ．He decided to go back home.

ウ．He heard that his father was sick.

問5　本文の内容から考えて，(　　　　)に適切な英単語を入れて，次の質問に対する答えを完成させなさい。

Question：　What is Tomoki's dream?

Answer　：　His dream is to be a (　　　　).

問6　次のア～オのうち，本文の内容と合っているものを2つ選び，記号で答えなさい。

ア．Tomoki started playing the trumpet at high school.

イ．Tomoki didn't tell his father about his dream.

ウ．Tomoki visited Yasue with souvenirs.

エ．Tomoki looked for his father's pictures with Yasue.

オ．Tomoki decided to think about his dream again.

6　次の日本文を［　　　］の指示に従って英文にしなさい。

(1) 拓也は4年前から彼女のことを知っています。

［空欄に適語を入れて英文を完成させること］

Takuya (　　　　) known her (　　　　) four years.

(2) 時間はお金よりも大切です。［Timeで英文を始めること］

【数　学】（50分）〈満点：100点〉

1

次の計算をしなさい。

(1) $3\times 2-9$

(2) $(-3)^2-2^2$

(3) $2(a+3b)-4a$

(4) $\frac{3}{4}\div\left(-\frac{9}{4}\right)+\frac{4}{3}$

(5) $(-2ab)^2\div a^2b\times 3ab$

(6) $\frac{x+2y}{6}-\frac{2x-3y}{3}$

(7) $(a+b)^2-(a+b)(a-b)$

(8) $(2-\sqrt{3})(2+\sqrt{3})$

2

次の各問いに答えなさい。

(1) $3a^2+18a+24$ を因数分解せよ。

(2) 円周率を π とする。【図１】は半径４のおうぎ形であり，面積が 6π である。中心角 θ の大きさを求めよ。

【図１】

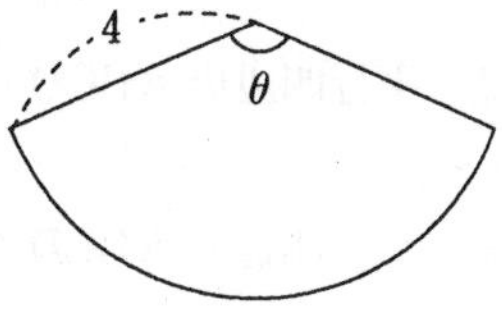

(3) 硬貨２枚を同時に投げるとき，２枚とも表になる確率を求めよ。

(4) a は10以下の自然数とする。$\sqrt{18a}$ が自然数となるような a の値をすべて求めよ。

(5) $a\equiv b(n)$ は a を n で割った余りと，b を n で割ったときの余りが等しいことを表している。例えば，6を3で割った余りは0，12を3で割った余りは0になるので $6\equiv 12(3)$ となる。このとき，$7\equiv 13\equiv 19(n)$ を満たす自然数 n をすべて求めよ。

3

次の方程式を解きなさい。

(1) $3\left(2x+\frac{2-x}{3}\right)-x=1$

(2) $\begin{cases}2x+y=11\\x-4y=-8\end{cases}$

(3) $(x-2)^2-5=0$

4　次の各問いに答えなさい。

(1)　連続する２つの正の整数がある。この２つの数の積に７を加えた値が，２つの数それぞれの２乗の和に等しいという。２つの整数を求めよ。

(2)　果汁濃度の異なる梅ジュースＡ，Ｂを400gずつ用意した。Ａから100gとりＢの中に混ぜると，果汁濃度は5%になった。さらに，混ぜた後の梅ジュースから100gとり残りのＡと混ぜると，果汁濃度は8%になった。Ｂの果汁濃度は何%であったか。

(3)　武蔵越生高校が創立70年を迎えた年，ムサシさんは15歳であった。創立年数がムサシさんの年齢の２倍になるのは，その年から何年後か。

5　放物線 $y=x^2$ と放物線上の３点，A$(-1,\ 1)$，C$(3,\ 9)$，D$(2,\ 4)$ がある。次の各問いに答えなさい。

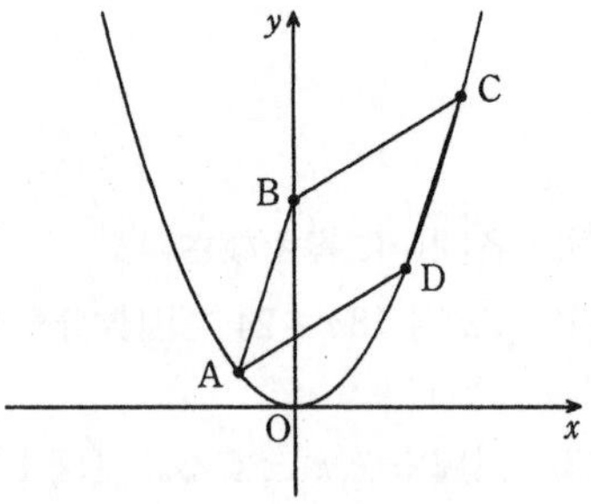

(1)　四角形ABCDが平行四辺形となるような y 軸上の点Bの座標を求めよ。

(2)　平行四辺形ABCDの面積を求めよ。

(3)　平行四辺形ABCDの面積を２等分し，原点を通る直線の式を求めよ。

6　【図２】のように，半径２cmの円Ｏの周上に２点Ａ，Ｂがある。AB=2cmとし，操作①，②を次のように定める。

【図２】

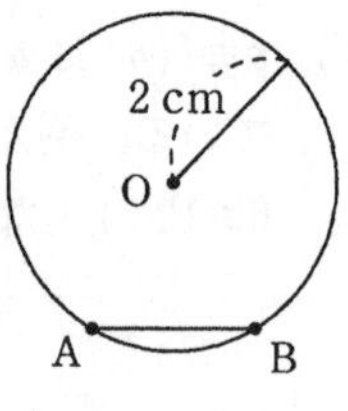

操作①：線分ABを，点Ｂを中心に時計回りに回転し，点Ａが円周上に達したら止める。

操作②：操作①を終えた状態で，線分ABを，点Ａを中心に時計回りに回転し，点Ｂが円周上に達したら止める。

線分ABが再び【図２】の位置に戻るまで操作①，②を交互に行うとき，次の各問いに答えなさい。ただし，円周率を π とする。

【参考図】

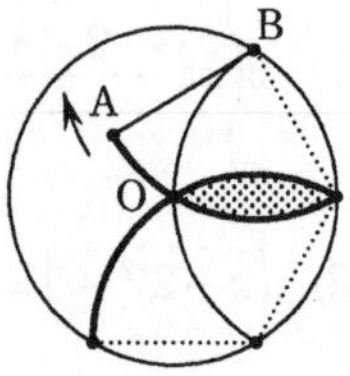

(1)　【図２】において，三角形OABの面積を求めよ。

(2)　点Ａが動いたあとにできる曲線の長さを求めよ。

(3)　点Ａが動いたあとにできる曲線で囲まれた部分の面積を求めよ。

【国　語】（五〇分）〈満点：一〇〇点〉

一　次の文章を読んで、設問に答えなさい。

フリーターやニートの問題が連日のように新聞などで報道されたこともあってか、就職問題に対してこれまで以上に関心を持つ若者が増えているようだ。同時に、景気の回復を受けて採用増を打ち出す企業も多く、会社によっては人手不足に頭を悩ませているところも出てきたと聞いた。

①二〇〇七年春に卒業予定の大学生の就職内定率は、二〇〇六年十二月一日時点で七九・六%と前年同期を二・二ポイント上回った。高校生も同年一一月末時点で七七・三%と前年よりも四・五ポイント高かった（文部科学省、厚生労働省発表）。たしかに、例年に比べれば私が勤める大学でも、就職について尋ねると「内定？　出ましたよ」という返事が多くなった気もする。

とはいえ、「就職する学生が増えた」と［　②　］放しで喜ぶのはちょっと早すぎるのではないか。というのは、「内定が出た」と教えてくれる学生の中には、浮かない顔をしていたり、「まあ、一応」といった［　③　］切れが悪い言い方をしたりする人も少なくないからだ。彼らは大学で心理学やメディア学を勉強しているのだが、それを生かせるような仕事につける学生はほとんどおらず、多くは自分の専門とは直接結びつかない営業や販売、事務などでの採用だ。「本当は人の心を癒す仕事につきたかったけれど……。まあ、今の会社は正社員にしてくれるって言うし、とりあえず洋服を売ってみますよ」と［　④　］ような口調で話す学生を見ていると、学生が職を選ばなくなったことが就職率アップの原因ではないか、とさえ思えてくる。

こうして「とりあえずどこでも」と就職を決めた学生のその後の道は、極端にふたつに分かれることが多い。ひとつは、気が進まないと思っていた職種でも就職してみたら意外に面白みを感じ、人間関係にも恵まれ、［　⑤　］働くようになる、という道。そしてもうひとつは、入社してみたものの、やはり仕事の内容や会社に魅力を感じることができず、何年もしないうちに退職してしまう、という道。後者には次の職場も決めずにやめる人も多く、結局、彼らはフリーターになってしまう。どちらの道に進む人が多いのか、正確なことはわからないが、私の場合は、⑥社会人になりたての卒業生から「やめたい」と相談されることがかなり多い。

そういう相談をしてくる卒業生たちに「どうしてやめたいの？　そんなにツライの？　給料が安すぎる、ってこと？」ときくと、ほとんどの人は「しんどさ、賃金の低さが問題ではない」と答える。彼らが問題に感じているのは、「仕事内容が単調なこと」「自分の意見をきいてもらえないこと」だという。つまり、やりがいのなさ、自分らしさの実感のなさが、職場への不満につながっているようなのだ。

しかし、入社したての若者がいきなり大きな仕事をまかされたり意見が採用されたりするほうが、ふつうに考えれば不自然だ。卒業生のひとりに「最初は誰でもそんなものなんじゃないの？」と言うと、「じゃ、何年くらいたてば(ア)ミトめてもらえるのですか」という答えが返ってきた。「うーん、よくわからないけれど、五年か一〇年もすれば自分の意見もかなり通るようになるんじゃないの？」と曖昧な返答をすると、彼はあきれたような表情になった。「いつかは花が咲く」などと言われ、先も見えないままいつまでともわからない努力を続けるのは、彼にとっては耐えられないほどの苦痛なのだ。

「じゃ、どうなればがんばれるの？」とさらに尋ねると、「今日のがんばりで目標にどれくらい近づいたか、目に見えてわかればいいのですが」という答えだった。どうやら彼の頭の中にあるのは、ネットで公開している自分の日記（ブログ）のアクセス数のカウンターのようなイメージらしい。「先週は平均五〇〇アクセスだったけれど、今週はちょっとおもしろい写真を載せたら平均八〇〇にまで伸びたぞ」と〝進歩〟や〝成長〟が目に見えるものこそやりがいがある、と思っているようなのだ。

とはいえ、そうやってアクセス数が目に見えてアップしたとして、その先はどうなるのだろう。「先週に比べて増えているのがやりがいだとしても、来週は？　毎週、どんどん伸びたとして、いったいどこまで行けば満足できるの？」ときくと、今度は彼のほうが「そうですね、ランキングのベストテンに入ればうれしいかもしれませんけど……」とことばを濁す。

ネットの日記のように、多くの人が注目してくれて、その注目度がアクセス数といった数字で(イ)把握できて、さらにそれが日に日にアップしていくこと。それこそが、若い彼らにとっては「やりがい」「自分らしさ」の手ごたえなのかもしれない。逆の言い方をすれば、インターネットの普及によって「多くの人に関心を持ってもらうこと」がもたらす快感に若者たちが気づいてしまったことも、〝その他、大勢〟として働く新人時代をいっそうつまらなく意味のないものに見せているのかもしれない。

しかし、多くの人に注目され、目立ちさえすればそれだけで本当に人は「生きがい」を手に入れられるか、と言えばそれもまた違う。精神科の診察室にも、「仕事で成功して不特定多数の人に注目されるようにはなったけれど、なんだかむなしい」という悩みを抱えた人がしばしばやって来る。そういう人に、「では、今の時点であなたが考える充実とは何ですか」ときくと、「誰にも知られなくても(A)収入が減ってもいいから、(ウ)キリツ正しい食事や部屋の㋐（　　）理（　　）頓など、落ち着いた生活をしっかり送ること」といった離職相談の若者たちとは正反対の答えが返ってくる。

⑧結局、「やりがい」「自分らしさ」とは、その人がいま置かれている状況によって大きく変わるものでしかなく、「これぞ生きがい」といった究極の答えなどない、ということになるのだろう。このように［ ⑨ ］のような「やりがい」がどこかに実在すると信じて、それを求めて⑩（　）往（　）往したり、手に入ったとたん「これじゃなかった」とむなしさを感じたりするというのは、心の平安にとってはあまりよいものには思えない。「［ ⑪ ］」と就職に踏み切ろうとする学生には、その決意や勇気を評価しほめながらも、「でも、働いてみて〝自分らしい仕事じゃない。やりがいが今ひとつ〟だなんてすぐに思っちゃダメだよ」と言っておく。もちろん、待遇が悪いとか給料が低すぎる、といった(B)具体的な問題がある場合は抗議して、それでもきいてもらえなければ退職を考えればいいし、「こっちの仕事のほうがやりたい」と別の何かが見つかったときは転職もいい。

しかし、幻のような「やりがい」のために、せっかくがんばっている今の自分を否定することはない。おそらく「生きがい」も「自分らしさ」も「よく考えてみたら今がそうかもしれない」とゆるやかに気づくようなものであって、「これだ！」と強烈な実感とともに訪れるような種類の感覚ではないのではないか。ヒリヒリするような実感を(エ)伴う「やりがい」がないからと言って、決してあせることはない。もしかするとそれはもう、とっくの昔に手に入っているかもしれない、という可能性も一度、考えてみてほしい。

（香山リカ『「悩み」の正体』）

問一　傍線部（ア）〜（エ）のカタカナは漢字に直し、漢字には読みがなを書きなさい。

問二　傍線部（A）、（B）の対義語をそれぞれ漢字で答えなさい。

問三　傍線部⑦、⑩の空欄に適語を入れてそれぞれ四字熟語を完成させなさい。

⑦（　）理（　）頓　　⑩（　）往（　）往

問四　空欄②、③に入る適語をそれぞれ選び、記号で答えなさい。

ア 頭　イ 手　ウ 足　エ 爪　オ 歯　カ 腕　キ 顔

問五　空欄④、⑤に入る適語をそれぞれ選び、記号で答えなさい。

④　ア　冷めた　イ　浮かれた　ウ　飽きた　エ　いきり立った

⑤　ア　しぶしぶと　イ　こそこそと　ウ　いきいきと　エ　すごすごと

問六　傍線部①について、「就職内定率向上の理由」を筆者自身はどういうことだと思っているか。文中から十四字で抜き出して答えなさい。

問七　傍線部⑥について、「やめたいという相談が多い」理由として筆者が述べている部分を文中から十九字で抜き出して答えなさい。

問八　傍線部⑧について、「やりがい」「自分らしさ」とはどういうものだと筆者は言っているのか。文中から三十五字以内で抜き出して、最初の五字を書きなさい。

問九　空欄⑨に入る適語を文中から漢字一字で抜き出して答えなさい。

問十　空欄⑪に入る適語を文中から九字の適語を抜き出して答えなさい。

二　次の文章を読んで、設問に答えなさい。

江戸初期の寛永年間、六十を越す品のよい※好々爺である住吉藤兵衛は、本郷四丁目の加賀様の赤門前に住む、三代続くこの界隈きっての豪商であった。加賀と江戸の間の通信金融に当る飛脚問屋を営み、店の裏手にある住居は立派で間数も多く、一丁四方もある庭には深い水を湛えた池があった。弁財天のたいへんな信者であり、自宅の庭にある池には不忍池の弁財天になぞらえた小さなお社が作られ毎朝お参りをする。また十日に一度の割合で不忍池に、また年に一度は江の島の弁財天にお参りをするなど信仰心に厚い人物である。

弁財天に対する信仰は、商人として普通であるが、藤兵衛の場合は、父祖三代に渡っている。その頃の不忍池の弁財天の社は、先代の藤兵衛が建立寄進したものである。

その頃の不忍池は、竣工したばかりの上野寛永寺の外苑のようなもので、お成道寄りの岸には、料理屋や水茶屋が並んで、江戸町人たちの遊園地であった。現在と同じように、蓮の花が季節ごとに美しく咲いていたが、今と違って※蘆荻が生い茂っていて、もしこのまま捨てておいたら、名所の蓮までが、根絶しになるのではあるまいかと思われた。

第一、※風致の上からいっても、よくなかった。将軍が、寛永寺へお成りの時にも、目ざわりになるだろうというので、蘆荻を根絶しにするために、一度池を浚おうということに、寺社奉行が決定していた。そして、池に近い下谷本郷の町人たちに対し、合力の※人夫を出すよう、人夫一人に対し一日米五合ずつ下さる上、池の魚類は手取り勝手次第というお触れであった。

元来、釣魚禁止の池であるだけに、鯉、ふな、なまず、うなぎなどが一杯いた。米五合よりも、この方が人々の興味をそそった。人夫に出るという希望の者が、町年寄の所へ毎日のように届け出た。

池の水量が一番少なくなる七月一日から始められることになっていた。

六月の十日頃、藤兵衛は※丁稚一人連れて、不忍池の弁財天にお参りしたが、中途でこの①お触れの立て札を見て、すっかりゆううつになってしまった。池の蘆荻が刈りとられることは、彼も賛成だったが、そのために彼にとっては、聖地である池が踏み荒らされ、しかも池に住んでいる※うろくずまでが、根絶しにされるということは、神慮のほども怖ろしいと思った。いつも水面のここかしこに、小波が立ったり、水音がしたりするほど、魚が多かった。三尺ばかりの緋鯉が水面近く浮んでいるのを見たこともいく度もあった。亀もすっぽんなどもたくさんいた。(みんな弁財天の※御けん族だ。それをとりつくしてしまうとは……)

と彼は思った。なぜ上野の※ご門主から寺社奉行にご注意がないのだろうかと思うと、彼はくやしいような気がした。

その夜のことである。商家の常として、たいてい※亥の刻には、床につくのである。彼が、ちょうど寝衣に着換えようとしている時に、店の方を隠退して、奥の方の取り締まりをしている吉兵衛という老番頭が、寝室にはいって来た。顔色が、尋常でないので、

「どうした?」

と、藤兵衛の方から声をかけた。

「ご来客でございます」

②声が少しふるえている。

「こんなに遅く、どなた様じゃ」

「見知らないお女中様でございます」

いよいよ※面妖である。

「どちら様の……」

「何とも仰せられません。ご主人にじきじきに会ってからと、仰せられます。加賀様のお奥の方かとも思われます。お供の方も、お籠衆のほかは、お女中衆ばかりでございます」

「ううむ」

夜中の客と言えば、親戚縁者以外は、よほどの※昵懇の人である。それも、たいてい男子である。見知らぬ女性が、しかも深夜にと思うと、不思議でならなかった。しかし、女中ばかりだといえば、強盗でないという安心はあった。

加賀のお奥という番頭の想像も、一応うなずかれる。藤兵衛は、奥方にもお姫様にもお目通りしたことがある。内密の火急の用事で、わざわざお使者が立ったのかも知れない。

「とにかく、対客の間へお通し申しておけ。またどんなことになるかも知れぬほどに、店の若い者を起して、万一に備えるように……」

と、いった。

藤兵衛は、相手がどんな高貴な人かわからぬと思ったので、紋服に着かえ、羽織袴をつけて対客の間へ出ていった。

そして、上座に着いている女性を見たときに、彼はアッと思わず声が出ようとするのを危く制したほどだった。彼は、今までにこんな美しい女性を見たことがないほどだった。

年は、十八、九だろう。美しい目鼻立ちで、眉は、当時のならわし通り、※青陽の霞の隙に、夕張月のいる有様を似せて美しく描かれている。髪は、おすべらかしで、ふさふさと垂れている。紅梅の小袖に濃いみどり色の※かいどりを着ている姿は、※ろうたけて、まるで描いたようである。藤兵衛は、その美しさに打たれて思わず、平伏してしまった。

「これは、これはよくいらせられました。私が当家の主人藤兵衛でございます」

といった。

すると、相手はニッコリ笑って、年の割には、しとやかで落ち着き払った声で、

「深夜を、おさわがせして、すみません」

と、いった。

「どちら様からのお使いか、またどんなご用でございますか、仰せきけられますよう」

と、藤兵衛は、③<u>いよいよ堅くなっていた</u>。

「他聞をはばかることでござりまするゆえ、もう少し近うお寄り下さいませ」

と、相手は声をひそめていった。藤兵衛は、二間ばかり進んだ。

が、まだ、一間ぐらい離れていた。相手は、また※えん然と笑って、

「今少し……」

と、いった。

藤兵衛は、また二、三尺すり寄った。相手は急に④<u>シンケン</u>な顔になったかと思うと、

「藤兵衛どの、妾が、これから申し上げることは、妻子けん族にもご他言無用でござるぞ。ご誓言下さいますか」と、いった。

藤兵衛は、再び平伏した。

「まことは、妾不忍池に鎮座ある弁財天からのお使者でござる。妾が、人間であるか、何者かの化身であるかは、貴殿ご所存にお委せいたします。ただ、妾が申しあぐることは、弁財天女の思し召しであることを、⑤ゆめお疑い遊ばしますな。思し召しの旨は、ほかのことではございません。今度の池浚いのことでございます。たとい、池が干上りましても、神変不思議の天女様の御身には、つつがはございません。ただ、あの池を命のつなとして、生きております八万四千の御けん族のことを、思し召されて、いたくお心を痛めておられます」

「ごもっともで……」

藤兵衛は、自分が心配していた通りであったので、なおさら帰依の心をふかくした。

「ついては、貴殿のことでございます。父祖三代ご信仰のご一家のことを、天女様にも、仇やおろそかに思し召されてはおりません。まして、こうしたご危難の時には、⑥ひとしお心頼みに思し召されます。幸いのことに、お宅の池でございます。あの池のお社にも、天女様はいく度も、おこし遊ばして、池のことはご存じでございます。不忍池の周囲十町の間に、あの池ほどの大きい池はございません。たといありましても、天女様をお祭りしてある社などは、ございません。ついては、このたびのご危難から、御けん族どもをお救い遊ばす思し召しで、近々御けん族どもを、引きつれて、お宅のお池に当分の間おひき移りになることに、決定いたしました」

「ははっ」

⑦藤兵衛は、有頂天であった。

「ついては、それについて打ち合わせがございます。その夜は、神変をもって、雨をおふらせになります。夜中、雨がふりましたら、その夜こそ、お引き移りの日だと、お覚悟下さいませ。人目にふれることは、禁物でござりますゆえ、その夜は、日暮れと共に家人をいましめて、戸外へお出しになってはなりません。何しろ、八万四千の御けん族ゆえ、⑧時ならぬ物音が、いたすでございましょうが、かまえて戸外へは、何人もお出しにならぬよう。それが天女様より貴殿への、お言葉でございます。くれぐれもご違背遊ばさぬように、妾よりもお願いいたします。天女様が、この邸内に鎮座ありましたならば、ご家門の繁昌はどんなでございましょうか。おめでたいことが、次ぎ次ぎに起るでございましょうが、万一ご違背遊ばす……」と、いいかけたが、すぐ、

「⑨ご帰依ふかい貴殿のことゆえ、さようのことは、万一ございますまい」

そういって、口をつぐんだ。

藤兵衛にとっては、夢の中で、夢を見ているような、ありがたさであった。

藤兵衛が、控えさしていた女中たちが酒肴を運んで来たが、お使者は、それをふり向きも

しないで、暇をつげると、帰って行った。

藤兵衛は、その使者については、妻女にも、息子にも語らなかった。越えて、六月二十五日の夜が、夜に入ってから大夕立となった。藤兵衛は、家中を見廻って、今夜は戸外に出ぬよう、たといいかなる物音がしても、怪しんではならぬことを ⑩ と云い渡した。

⑪戌の刻を廻った頃から、雨は小降りとなったが、その頃から、池の水面に、水音がしきりにし出した。藤兵衛は、さては御けん族たちが、飛び込むのだと思って、随喜の涙をこぼしていた。時々、物を叩くような、物がこぼれるような音がした。藤兵衛は、天女の特別の恩寵にあずかる自分が、うれしくてたまらなかった。

翌日は、晴天であった。藤兵衛は、奉公人たちよりも早く起きて、池の渚に出た。さぞかし池は一杯の魚類だと思っていたが、澄んでいる水の中には、鮒一疋泳いでいない。どこにも、水音一つしない。不思議に思って、池の周囲を見渡していると、五つ並んでいる土蔵の壁が、みんな外から切られているのに気がついた。驚いて、家人を呼んで、検べて見ると、⑫金銀を初め、めぼしい重宝は、跡形もなく盗み去られていた。

（菊池寛『新今昔物語―弁財天の使』）

※

好々爺…やさしいおじいさん

蘆荻…蘆（あし）や荻（おぎ）、水辺に生い茂る多年草

風致…自然環境の整合の美

人夫…援助

丁稚…職人・商人の家に年季奉公した少年

うろくず…魚

御けん族…仏に近く仕える者

ご門主…寛永寺の住職

亥の刻…午後十時ごろ

面妖…にわかには信じがたいほど奇妙な様子

昵懇…親しく付き合って遠慮のない様子

青陽…春の異名

かいどり…帯を締めた上にはおる裾の長い小袖

ろうたけて…優美である

えん然…しとやかで美しい様子

問一　傍線部④「シンケン」を漢字に直しなさい。

問二　傍線部⑤「ゆめ」の意味として最も適切なものを選び、記号で書きなさい。

ア　けっして　イ　たぶん　ウ　すべて　エ　おおよそ

問三　傍線部⑥「ひとしお」の意味として最も適切なものを選び、記号で書けきなさい。

ア　おのずから　イ　よりいっそう　ウ　間違いなく　エ　ただひたすら

問四　空欄⑩に入る最も適切なものを選び、記号で答えなさい。

ア　こんこん　イ　だらだら　ウ　ぬるぬる　エ　さめざめ

問五　傍線部⑪「戌の刻」とはいつか。最も適切なものを選び、記号で答えなさい。

ア　十時　イ　十四時　ウ　十六時　エ　二十時

問六　傍線部①について答えなさい。

（一）　藤兵衛がゆううつになった具体的なお触れの内容を本文中から十二字で抜き出しなさい。

（２）　藤兵衛がゆううつになった理由を、「～があったから。」に続く形で本文中から四十四字で抜き出し、最初の五字を書きなさい。

問七　傍線部②「声が少しふるえている」理由として最も適切なものを選び、記号で書きなさい。

ア　遅い時間で取り次ぐかどうか迷ったから。

イ　すでに主人が寝ていると思ったから。

ウ　寒さにどうしても耐えられないから。

エ　見たこともない相手で緊張していたから。

問八　傍線部③「いよいよ堅くなっていた」理由として最も適切なものを選び、記号で書きなさい。

ア　池さらいによって不忍池に住む生きものが被害をこうむると心配していただけに、そのことに対する要件ではないかと直感したから。

イ　弁財天への信仰を支えに商売一筋に覚悟を決めて生きてきたはずなのに、今になって若くて美しい女性に心を動かされてしまったから。

ウ　来客があまりに美しい女性であったうえに、深夜にわざわざ訪ねてくるからにはよほどの事情があるに違いないと察せられたから。

エ　弁財天に対する信仰がようやく実を結んで、若くて美しい弁財天の使いが現れたのではないかと思われたから。

問九　傍線部⑦「藤兵衛は、有頂天であった」理由として最も適切なものを選び、記号で書きなさい。

ア　お触れ書きを目にして以来弁財天だけではなく池に住む生きものたちのことも毎日心配していただけに、自分の協力いかんで助かることを知って、自らの財力を改めて誇らしく感じたから。

イ　大きな池を構える家は数々あっても、弁財天を信仰して池に社まで設けている家は一軒たりともないことを知らされて、弁財天に対する自身の信仰が他を抜きんでていることに満足感を覚えたから。

ウ　弁財天からの使者に池さらい程度では弁財天自身には何の被害も及ばないと知らされたうえに、自分が協力しさえすれば池に住む生きものたちも無事であることを知り、安堵の思いに満たされたから。

エ　弁財天からの使者が現れたうえに、弁財天の心配な思いが自分と同じで不忍池の生きものについての心配事であると知り、そのことで弁財天に頼りにされていることを告げられて感極まったから。

問十　傍線部⑧「時ならぬ物音」とは具体的にどのような音だったのか。文中から十八字で抜き出して答えなさい。

問十一　傍線部⑨「ご帰依ふかい貴殿のことゆえ、さようのことは万一ございますまい。」と言う使者についての説明として最も適切なものを選び、記号で答えなさい。

ア　弁財天にかこつけてありそうにもないことを話してしまったので、盗みに入る計画に藤兵衛が気づいていないかどうか気がかりでそれを確かめたいと思っている。

イ　弁財天の使者だと偽って訪れた自分たちの正体がばれてしまいそうだと感じ、藤兵衛の信仰心や自尊心を刺激することで自分たちへの疑いを打ち消そうとしている。

ウ　不忍池の生きものたちを一挙に移動させるという弁財天の奇跡を藤兵衛が本当に信じているかどうかを見極め、弁財天に対する信仰心の深さを探ろうとしている。

エ　弁財天に対する藤兵衛の信仰心の深さをうまく利用して家人が表に出ることがないように念押しし、誰にも見られないままに盗みを成し遂げようともくろんでいる。

問十二　傍線部⑫「金銀を初め、めぼしい重宝は、跡形もなく盗み去られていた。」とあるが、ここからわかる藤兵衛の人物像として最も適切なものを選び、記号で答えなさい。

ア　富や権威を手に入れながらも、信心深く謙虚で純朴な心をうしなっていない人物。

イ　商売一筋に生きてきたので、美しい女性に気をひかれだまされるような人物。

ウ　豪商であるだけに利にさとく、商売のためには信仰に身をささげかねない人物。

エ　自らに過剰な自信をもっているため、逆に簡単に人にだまされてしまう人物。

三　次の『沙石集』の文章を読んで、設問に答えなさい。

南都※に智運房（ちうんぼう）といふ寺僧ありけり。あまりに物騒（ぶつさう）なりければ（落ち着きがなかったので）、ひた騒ぎの智運房とぞ人申しける。

ある時に向かひの僧房に焼失※（火事が）ありけるに、騒ぎ出でて、手水桶※（てうずおけ）の水を捧（ささ）げて、かたはらなる法師の首（頭に）にかけければ、「①これはいかに」といへば、「御坊（ごばう）の顔に、火のつきたると思ひて」②とぞいひける。火の光、顔にうつりて見えけるを、火のつきたると思ひけるにこそ。

ある時に、若き者ども寄り合ひて酒宴しけるに、続瓶子※（つぎへいし）せむとて、瓶子を持ちて酒屋へ行きて、ほどもなく帰りたり。人々興に入りて（愉快になって）、瓶子なる酒を（瓶子に入っている酒を）提子※（ひさげ）に入れて見れば、浮き草あり。(A)あやしと思ひて飲みてみれば（　③　）なりけり。「これはいかに、一向（いつかう）（全く）に水にてあるは」と問へば、「よも候（さうら）はじ（まさかそんなことはないでしょう）。(B)やがて汲みて候ひつるものを」といふ。「こはいかにといふことぞ」と問へば、「月はおぼろなり。雨に道すべりて、猿沢※（さるさわ）の池の端（はた）にてすべりて、瓶子を池に打ちこぼしつるを、④やがて時を移さず、そこを汲みたりつる」とぞいひける。

※ 南都…奈良の興福寺
僧房…寺の中にある、僧が住むところ
手水桶…手や顔を洗うための水が入った桶
続瓶子…からになった瓶子（とっくり）に酒をつぐこと
提子…注ぎ口がついた小さな鍋。酒を注ぐのに使う。
猿沢の池…興福寺の南にある池

問一　傍線部（A）、（B）の意味をそれぞれ選び、記号で書きなさい。

（A）　ア　おもしろい　　イ　美しい　　ウ　不思議だ
　　　エ　見事だ　　オ　粗末だ

（B）　ア　すぐに　　イ　あわてて　　ウ　少し
　　　エ　すべて　　オ　ゆっくり

問二　傍線部①について

（1）誰が何をしたことを指しているか。次の文の空欄に条件に合うようにそれぞれ適語を入れなさい。

（　三字　）　が法師の頭に　（　四字　）　たこと

（2）そのような行動をした理由を本文中から一文で抜き出し、最初の三字を書きなさい。

問三　傍線部②で使われている古文独特の技法を、ひらがな六字で書きなさい。

問四　（　③　）に当てはまる言葉を、漢字一字で書きなさい。

問五　傍線部④について、智運房はどうするつもりだったのか、最も適切なものを選び、記号で答えなさい。

ア　池の底に沈んでしまった瓶子を拾うつもりだった。
イ　転んだために汚れた瓶子をきれいにするつもりだった。
ウ　酒の量を増やすために池の水を足すつもりだった。
エ　転んで池にこぼした酒をそのまますくい取るつもりだった。

問六　この文章には智運房のどのような姿が描かれていたか。最も適切なものを選び、記号で答えなさい。

ア　自ら「ひた騒ぎの智運房」と名乗るほど、そそっかしい姿。
イ　ものの道理に全く通じず、思い込みだけで行動する姿。
ウ　酒宴の時、酒を補充するという気配りができる姿。
エ　おぼろ月に夢中になるほど粋で風流を好む姿。

四

次の１～５の作家の作品をそれぞれ後から選び、記号で答えなさい。

１　夏目漱石　２　紫式部　３　太宰治　４　清少納言　５　芥川龍之介

ア　斜陽　イ　枕草子　ウ　地獄変
エ　三四郎　オ　源氏物語

英語解答

1 (1) ア (2) ウ (3) ア (4) ウ
(5) エ (6) イ (7) イ (8) ア
(9) エ (10) エ

2 (1) ３番目…オ ５番目…ア
(2) ３番目…ア ５番目…カ
(3) ３番目…ウ ５番目…ア
(4) ３番目…オ ５番目…イ
(5) ３番目…ウ ５番目…エ

3 問１ ア…中学生 イ…5 ウ…14
問２ ア 問３ ウ

4 問１ イ 問２ イ 問３ ア
問４ エ 問５ ウ 問６ イ

5 問１ ウ 問２ イ→ア→ウ
問３ ウ 問４ ア→ウ→イ
問５ musician 問６ ウ，オ

6 (1) has, for
(2) Time is more important than money.

1〔適語（句）選択〕

(1) on TV で「テレビで」の意味。 「彼はテレビで交通事故に関するニュースを見た」

(2) 空所以下の内容が早起きをした理由になっている。because は「～なので」という‘理由’を表す接続詞。 「私は今朝，犬の散歩をしなければならなかったので早く起きた」

(3) ‘so ～ that …’「とても～なので…」の構文。 「スミス先生はとても速く話すので私たちは彼の言うことがわからない」

(4) take off ～ で「～を脱ぐ」。「～を着る〔身につける〕」は put on ～。 「その男は教会に入るとき帽子を脱いだ」

(5) sick は形容詞なので，be動詞が必要。I didn't know … と過去形が使われているので，that に続く文の動詞も過去形にする（時制の一致）。be sick in bed で「病気で寝ている」という意味。「私は彼女が病気で寝ているとは知らなかった」

(6) A：今ロンドンは何時ですか？／B：午前７時です。／／Bが「午前７時」と‘時刻’を答えている。

(7) 「他の子どもはみんな～」とすると文意が通る。child の複数形の children が適切。エの passenger は「乗客」の意味。 「彼女は家族でたった１人の女の子だ。他の子どもはみんな男の子だ」

(8) 一番短い月は February「２月」。 「２月は１年で最も短い月だ」

(9) 少年：ねえ，お母さん，僕のスマホがどこにあるか知ってる？／母親：ええ，それはテーブルの上にあるわよ。／／少年は「場所」について尋ねているので，エの the table を選ぶ。イの the wall にすると「壁にかかっている」の意味になり不自然。

(10) トム：この漢字を知ってる？ 上の部分は「山」で下の部分は「石」なんだ。／ケン：ああ，うん。それは「岩」の意味だよ。／／「岩」は rock。

2〔整序結合〕

(1) ‘give＋人＋物’「〈人〉に〈物〉を与える」の形をつくる。「やさしい英語で書かれた本」は，過去分詞の形容詞的用法を用いて a book written in easy English とする。過去分詞の written が，他の語句 in easy English を伴い，前の名詞 a book を修飾する形。 My father gave <u>me</u> a book <u>written</u> in easy English.

(2) 主語の「音楽を聴くこと」は，動名詞（～ing）を使い Listening to music とする。その後に動詞の is を置き，a lot of fun「とても楽しい」を続ける。 Listening to music <u>is</u> a <u>lot</u> of fun.

(3) 主語の「あなたか彼のどちらか」は‘either *A* or *B*’「*A* か *B* のどちらか」で表す。「行かなければならない」は‘have/has to＋動詞の原形’「～しなければならない」の形を使い，has to goとする。‘either *A* or *B*’が主語になる場合，動詞の形は*B*に合わせることも押さえておきたい。Either you or he has to go there.

(4) no one「誰も～ない」を主語にし，‘be able to＋動詞の原形’「～できる」の形を続ける。　No one was able to answer the question.

(5)感嘆文。語群にwhatがあるので‘What＋a/an＋形容詞＋名詞＋主語＋動詞！’の形で表す。主語，動詞のit isは名詞dayの後に置く。　What a fine day it is！

3〔長文読解総合―ウェブサイト〕

≪全訳≫

[ホーム] [私たちについて] [フォトギャラリー] [よくある質問]

イングリッシュ・サマーキャンプ2023

越生大学では，英語力を向上させることに興味のある中学生のために，1，2週間のイングリッシュ・サマーキャンプを開催します。基本から応用まで5つのクラスがあります。各クラスの生徒数は14人です。キャンプ中，教師はフィードバックとサポートをします。

料金

1週間コース（7月24日(月)～7月28日(金)）

・5月15日までに全額を受け取った場合は310ドル

・それ以外の場合は360ドル

2週間コース（7月24日(月)～8月4日(金)）

・5月15日までに全額を受け取った場合は620ドル

・それ以外の場合は670ドル

寮

★学生寮に宿泊できます。朝食と夕食つきです。

シングルルーム：週250ドル

ダブルルーム：週160ドル

寮を利用したい場合は，5月15日までに予約をしなければなりません。

申し込み

★キャンプに参加したい方は，まずメールで私たちに名前と電話番号を教えてください。

メールアドレス <esc2023@mo.ed>

この夏は越生町に来て，自分自身を輝かせましょう!!

[ホームにもどる]

問1＜内容一致＞見出しのENGLISH SUMMER CAMP 2023の下にある概要説明を参照。　ア．概要説明の1文目に，... for junior high school studentsとある。　イ．概要説明の2文目にWe have five classes ...とある。　ウ．概要説明の3文目にEach class has 14 students.とある。

問2＜要旨把握＞FeesのOne-week Courseから，1週間コースの料金は，5月15日までに全額支払った場合，310ドル。またDormitoryから，ダブルルームを利用すると，週160ドル。この2つを合わせた料金が最安となる。

問3＜要旨把握＞Applicationに，..., please tell us your name and phone number by email firstとある。ウの選択肢では，名前や電話番号を「参加者情報」と言い換えている。

4〔長文読解―要旨把握―対話文〕

≪全訳≫❶ユカ(Y)：アラン，キャンプのアドバイスをくれない？❷アラン(A)：もちろんだよ，ユカ。キャンプに行く予定なの？❸Y：実は，来月に行くんだけど，ちょっと心配なの。虫がいたらどうすればいいの？　あなたはそれらについてどうしているの？❹A：ふだんは，虫を寄せつけないようにお香をたくだけだね。自然にいる生き物を殺さないことが大切だと思うな。キャンプに行くということは，自然とうまくやるということだよ。そう思わない？❺Y：ええ，そうね。それから，キャンプの一番良いところは何？　一例を挙げてくれない？6 A：例えば，昼を外で過ごすのはすばらしいよ。外で太陽の光を浴びると心も体も元気になるんだ。7 Y：そのとおりね。朝は何をするの？8 A：したいことを何でもすればいいんだよ。散歩をするとか，リラックスするとか，鳥を観察するとか，何でもね。僕は丸太に座って，お気に入りの本を読むのが好きなんだ。9 Y：いいわね！　それから，夜は何をするの？10 A：夜はキャンプファイヤーに最適な時間さ！　火を見ると，自然の力を感じるよ。ある種のエネルギーを与えてくれるんだ。それに澄んだ夜空も楽しめる。星がとてもたくさんあるんだ！　晴れた夜なら，星座や天の川が見られるよ。11 Y：きれいそうね！　行くのが待ちきれない！　行ったら夜空を楽しむわ。12 A：来週，僕の家族はキャンプに行くんだ。一緒に行くのはどう？13 Y：ぜひ一緒に行きたいわ！　ありがとう，アラン。

<解説>問１．第３段落第１，２文参照。ユカは「少し心配だ」と言った後，アランに虫の対処法を尋ねている。　問２．第５，６段落参照。'it is ～ to …'「…することは～だ」 lovely「すばらしい，すてきな」　問３．第３段落でユカは「来月行く」と言っているが，その後，第12，13段落で，アランに来週の家族のキャンプに誘われて，それに同意している。　問４．第４段落第３文参照。get along with ～は「～とうまくつき合う，仲良くする」という意味。　問５．第８段落第３文参照。favorite「お気に入りの」　問６．第11段落第３文参照。この前の文の can't wait to ～は「～するのが待ちきれない」という意味。

5〔長文読解総合―物語〕

≪全訳≫1天気の良い日曜日だった。トモキは電車に乗っていて，窓から青い空と美しい山々を見ていた。しかし，彼はそれらを楽しんでいたわけではなかった。彼は別のことを考えていた。2トモキは高校３年生で，学校の吹奏楽部の部員だ。彼は部でトランペットを吹いている。彼は中学に入ってからずっとそれを吹いて楽しんでいる。彼はまた，ピアノも10年間弾いている。彼は音楽が大好きだ。昨夜，トモキは父親と母親に自分の夢について話した。彼は彼らに「音楽を勉強するために東京に行きたい。音楽家になりたいんだ」と言った。彼の父親はしばらく考えて，「音楽家になるのは簡単じゃない。たくさん努力する必要がある。あまり努力しなければ，良い音楽家にはなれないよ。もう一度考えるべきだ」と言った。トモキは彼の言葉を聞いてとても悲しかった。「お父さんは僕の気持ちをわかってないんだ」と彼は叫び，自分の部屋に行った。彼はその夜，よく眠れなかった。3翌朝，母親はトモキに長野の祖父母を訪ねるよう頼んだ。１週間前，母親は横浜に行き，そこでお土産を買った。／→イ．母親は，彼にそれらを祖父母のところに持っていくように言った。／→ア．彼は家にいて父親に会いたくなかったので，OKと言った。／→ウ．トモキは祖父母の家に向かう間，父親と話したことをずっと考えていた。／彼は再び父親の言葉を思い出し，「これは僕の人生だ。なぜ自分がやりたいことができないのかわからない」と思った。彼は電車を降り，家まで歩いた。4トモキが祖父母の家に着くと，祖父のシゲオが畑で働いていた。祖母のヤスエが歓迎してくれた。彼女はトモキに会えてとても喜んだ。彼らは座ってお茶を飲みながら話した。トモキは彼女に友達や学校生活について話した。ヤスエは彼の言うことを聞いていた。その後彼女は「今日は楽しそうじゃないね。大丈夫かい？」と言った。トモキは笑って楽しそうにしようとしていたので驚いた。「③どうしてそれがわかったの？」とトモキは尋ねた。ヤスエは「今日はときどき，窓の外を見ているわ。あなたのお父さんも，楽しくないときに同じことをしていたのよ。何があったのか私に話してごらん」と答えた。5トモキは父親と話したことを全て彼女に伝えた。ヤスエはただ彼の話を聞き，「見せるものがあるわ」と言った。彼女は部屋を出て，箱を持って戻ってきた。ヤスエは「開けてみて！」と言った。トモキが箱を開けると，ある男の子の写真が数枚あった。写真の少年はトモキと同じくらいの年齢に見え，バイオリンを手に抱えていた。ヤスエは「あなたのお父さんは，あなたと同じように音楽家になりたかったんだよ。東京の音楽大学に通い，一生懸命勉強したわ。でも，音楽家になるのは簡単ではなかった。そのとき彼の父親が病気になったの。そして彼はこの町に戻ろうと決心した。彼はバイオリンを弾くのをやめて，夢を諦めたの」と言った。トモキは父親の話を聞いてとても驚いた。彼は父親も音楽が大好きだとは知らなかった。そして彼は同じ夢を見ていたのだ！　トモキは彼女に「それじゃあ，父はなぜ僕が夢について話したときにあんなことを言ったのかな？」と尋ねた。ヤスエは「そうね，夢をかなえるのにたくさんの努力が必要だというのは本当のことよ。でも，彼はあなたが音楽家になるべきではないと言ったわけではないわね。彼は，あなたが彼の言葉を聞いて，簡単に考えを変えてしまうようでは，良い音楽家にはなれないと思っているのよ。それが彼の言いたかったことね」と言った。❻家に戻る電車の中で，トモキはなぜ母親が彼に祖父母の家に行くように言ったのかがわかった。彼女はトモキに父親の本当の気持ちを知ってほしかったのだ。トモキは「僕は自分が音楽を大好きなのはわかっているけど，本当に音楽を学びたいのだろうか？　本当に音楽家になりたいのだろうか？」と自問した。彼はこれらの質問に対する答えを探そうと決心した。もし彼が答えを見つけて，それが「イエス」なら，彼は父親に自分の夢についてもう一度話すつもりだ。

問１＜語句解釈＞第１段落は，トモキが電車に乗って長野に住む祖父母の家に向かう場面。同じく祖父母の家に向かう車中の様子を表す第３段落の後半から，彼が前日の夜の父親の言葉について考えていたことがわかる。

問２＜文整序＞アの he said OK が何に対して OK と言ったかを考えれば，「母親が祖父母のところにそれらを持っていくよう指示する」→「彼(トモキ)が了解する」→「祖父母の家に向かう」という流れだとわかる。イの代名詞 them は，前に出た複数の名詞を指す。ここでは第３段落第２文の some souvenirs を指している。

問３＜適文選択＞この前でヤスエに楽しそうではないと言われ，トモキは驚いていることから，どうしてわかったのかをきいたのだと考えられる。また，直後のヤスエの発言が，トモキが楽しそうではないと気づいた理由になっていることからもわかる。

問４＜要旨把握＞the story ～と the が使われていることから，前に述べられている内容だとわかる。直前のヤスエの発言の第２，４，５文参照。

問５＜英問英答―適語補充＞質問：「トモキの夢は何か」―答え：「彼の夢は<u>音楽家</u>になることだ」第２段落中盤参照。I want to be a musician. と述べている。

問６＜内容真偽＞ア．「トモキは高校でトランペットを吹き始めた」…×　第２段落第３文参照。トモキがトランペットを吹き始めたのは中学校に入学してから。　イ．「トモキは父親に自分の夢について話さなかった」…×　第２段落第６文参照。トモキは両親に自分の夢について話した。　ウ．「トモキはお土産を持ってヤスエを訪ねた」…○　第３段落第２～４文の内容に一致する。トモキは母親が横浜で買ったお土産を持って祖父母を訪ねた。　エ．「トモキはヤスエと父親の写真を探した」…×　第５段落第２～７文参照。ヤスエはトモキを部屋に残し，彼の父親の写真が入った箱を持ってきた。　オ．「トモキは彼の夢についてもう一度考えようと決心した」…○　第６段落第３～５文参照。トモキは自分が本当に音楽家になりたいのか考えることにした。

6〔和文英訳〕

(1)「４年間ずっと知っている」と読み換え，‘have/has＋過去分詞’の現在完了形(‘継続’用法)で表す。「～間」は for ～ で表せる。

(2)「～より…だ」なので‘比較級＋than ～’を使って表す。important「大切な」はつづりの長い形容詞なので，前に more を置いて比較級にする。

2023年度／武蔵越生高等学校（推薦22日）

数学解答

1 (1) -3　(2) 5　(3) $-2a+6b$
(4) 1　(5) $12ab^2$
(6) $\dfrac{-3x+8y}{6}$　(7) $2ab+2b^2$
(8) 1

2 (1) $3(a+2)(a+4)$　(2) $135°$
(3) $\dfrac{1}{4}$　(4) 2, 8
(5) 1, 2, 3, 6

3 (1) $x=-\dfrac{1}{4}$　(2) $x=4$, $y=3$
(3) $x=2\pm\sqrt{5}$

4 (1) 2, 3　(2) 4%　(3) 40年後

5 (1) (0, 6)　(2) 12　(3) $y=5x$

6 (1) $\sqrt{3}$ cm²　(2) 4π cm
(3) $4\pi-6\sqrt{3}$ cm²

1 〔独立小問集合題〕

(1)＜数の計算＞与式$=6-9=-3$

(2)＜数の計算＞$(-3)^2=(-3)\times(-3)=9$ より，与式$=9-4=5$ となる。

(3)＜式の計算＞与式$=2a+6b-4a=-2a+6b$

(4)＜数の計算＞与式$=\dfrac{3}{4}\times\left(-\dfrac{4}{9}\right)+\dfrac{4}{3}=-\dfrac{1}{3}+\dfrac{4}{3}=\dfrac{3}{3}=1$

(5)＜式の計算＞$(-2ab)^2=(-2ab)\times(-2ab)=4a^2b^2$ より，与式$=4a^2b^2\div a^2b\times3ab=\dfrac{4a^2b^2\times3ab}{a^2b}=12ab^2$ となる。

(6)＜式の計算＞与式$=\dfrac{x+2y-2(2x-3y)}{6}=\dfrac{x+2y-4x+6y}{6}=\dfrac{-3x+8y}{6}$

(7)＜式の計算＞与式$=a^2+2ab+b^2-(a^2-b^2)=a^2+2ab+b^2-a^2+b^2=2ab+2b^2$

(8)＜数の計算＞与式$=2^2-(\sqrt{3})^2=4-3=1$

2 〔独立小問集合題〕

(1)＜式の計算—因数分解＞与式$=3(a^2+6a+8)=3(a+2)(a+4)$

(2)＜平面図形—角度＞図1のおうぎ形は，半径4，中心角θであるから，その面積は$\pi\times4^2\times\dfrac{\theta}{360°}$と表せ，これが$6\pi$であることから，$\pi\times4^2\times\dfrac{\theta}{360°}=6\pi$が成り立つ。これを解くと，$\dfrac{\theta}{360°}=\dfrac{3}{8}$，$\theta=360°\times\dfrac{3}{8}$より，$\theta=135°$である。

(3)＜確率—硬貨＞硬貨2枚を同時に投げるとき，硬貨は表と裏の2通りの出方があるので，全部で$2\times2=4$(通り)の裏表の出方がある。このうち，2枚とも表になるのは1通りだから，求める確率は$\dfrac{1}{4}$である。

(4)＜数の性質＞$\sqrt{18a}=\sqrt{2\times3^2\times a}$ より，$\sqrt{18a}$ が自然数となるとき，a は10以下の自然数だから，a の値は，2×1^2，2×2^2 が考えられる。よって，$a=2\times1^2=2$，$a=2\times2^2=8$ の2通りある。

(5)＜数の性質＞自然数 n が $7\equiv13\equiv19(n)$ を満たすとき，7，13，19 をそれぞれ n でわった余りを t とすると，$0\leqq t<n$ で，$7-t$，$13-t$，$19-t$ はいずれも n の倍数である。これらのうち，どの2数の差も n の倍数となるから，$(13-t)-(7-t)=6$，$(19-t)-(7-t)=12$，$(19-t)-(13-t)=6$ より，6と12はどちらも n の倍数である。よって，n は6の約数となるから，求める自然数 n は1，2，3，6である。

3 〔独立小問集合題〕

(1)＜一次方程式＞$6x+(2-x)-x=1$，$6x+2-x-x=1$，$6x-x-x=1-2$，$4x=-1$　$\therefore x=-\dfrac{1}{4}$

(2)＜連立方程式＞$2x+y=11$……①，$x-4y=-8$……②とする。①×4＋②より，$8x+x=44+(-8)$，$9x=36$　∴$x=4$　これを①に代入すると，$2\times4+y=11$，$8+y=11$　∴$y=3$

(3)＜二次方程式＞$(x-2)^2=5$，$x-2=\pm\sqrt{5}$　∴$x=2\pm\sqrt{5}$

≪別解≫$x^2-4x+4-5=0$，$x^2-4x-1=0$　解の公式より，$x=\dfrac{-(-4)\pm\sqrt{(-4)^2-4\times1\times(-1)}}{2\times1}=\dfrac{4\pm\sqrt{20}}{2}=\dfrac{4\pm2\sqrt{5}}{2}=2\pm\sqrt{5}$ となる。

4 〔独立小問集合題〕

(1)＜二次方程式の応用＞n を自然数とすると，連続する2つの正の整数は，n，$n+1$ とおける。この2つの数の積に7を加えた値が2つの数それぞれの2乗の和に等しいことから，$n(n+1)+7=n^2+(n+1)^2$ が成り立つ。これを解くと，$n^2+n+7=n^2+n^2+2n+1$，$-n^2-n+6=0$，$n^2+n-6=0$，$(n+3)(n-2)=0$ より，$n=-3$，2となるが，n は自然数だから，$n=2$ である。このとき，$n+1=2+1=3$ より，連続する2つの正の整数は2と3である。

(2)＜連立方程式の応用＞梅ジュースA，Bの果汁濃度をそれぞれ x%，y%とおくと，Aから x%のジュース100gをBの y%のジュース400gに混ぜると，果汁濃度5%のジュースが $100+400=500$(g)できることから，含まれている果汁の量について，$100\times\dfrac{x}{100}+400\times\dfrac{y}{100}=500\times\dfrac{5}{100}$ が成り立ち，これを整理すると，$x+4y=25$……①となる。また，この5%のジュース100gを，x%のAの残り $400-100=300$(g)に混ぜると，果汁濃度8%のジュースが $100+300=400$(g)できることから，$100\times\dfrac{5}{100}+300\times\dfrac{x}{100}=400\times\dfrac{8}{100}$ が成り立ち，これを解くと，$5+3x=32$，$3x=27$，$x=9$ となる。これを①に代入して，$9+4y=25$，$4y=16$，$y=4$ となる。よって，Bの果汁濃度は4%である。

(3)＜一次方程式の応用＞武蔵越生高校が創立70年を迎えた年から x 年後の創立年数は $70+x$ 年，ムサシさんの年齢は $15+x$ 歳と表せる。これより，創立年数がムサシさんの年齢の2倍になるとき，$70+x=2(15+x)$ が成り立つ。これを解くと，$70+x=30+2x$，$x=40$ となる。よって，創立年数がムサシさんの年齢の2倍となるのは，40年後である。

5 〔関数―関数 $y=ax^2$ と一次関数のグラフ〕

≪基本方針の決定≫(2)　平行四辺形は，1本の対角線で面積が2等分される。　(3)　平行四辺形の面積を2等分する直線は，2本の対角線の交点を通る。

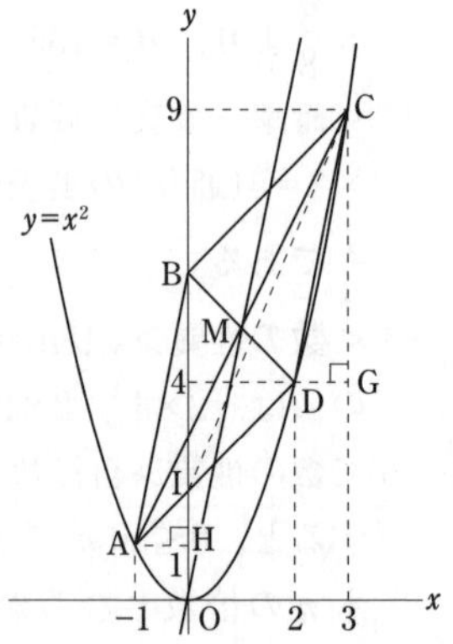

(1)＜座標＞右図で，四角形ABCDが平行四辺形となるとき，AD∥BCより，2直線AD，BCの傾きは等しく，直線ADの傾きは，2点A$(-1,\ 1)$，D$(2,\ 4)$を通るので，$\dfrac{4-1}{2-(-1)}=\dfrac{3}{3}=1$ となる。これより，y 軸上の点Bの座標を$(0,\ b)$とおくと，直線BCの式は $y=x+b$ とおけ，C$(3,\ 9)$を通るので，$y=x+b$ に $x=3$，$y=9$ を代入すると，$9=3+b$，$b=6$ となる。よって，点Bの座標は$(0,\ 6)$である。

≪別解≫右図のように，点Aから y 軸に垂線AHを，点Dから，点Cを通り y 軸に平行な直線に垂線DGを引く。△ABHと△DCGにおいて，∠AHB＝∠DGC＝90°，$\mathrm{AH}=0-(-1)=1$，$\mathrm{DG}=3-2=1$ よりAH＝DG，平行四辺形の対辺の長さは等しいのでAB＝DCとなる。これより，直角三角形の斜辺と他の1辺がそれぞれ等しいから，△ABH≡△DCGとなり，BH＝CGである。よって，$\mathrm{CG}=9-4=5$ より，BH＝5となり，$\mathrm{BO}=\mathrm{BH}+\mathrm{HO}=5+1=6$ となるので，B$(0,\ 6)$である。

(2)＜面積＞右上図のように，▱ABCDの対角線BDを引くと，▱ABCD＝2△BCDである。辺ADと y 軸との交点をI$(0,\ i)$として，△BCDと△BCIの底辺をBCと見ると，BC∥IDより，高さが等しいから，△BCD＝△BCIとなる。ここで，(1)より，直線ADの式は$y=x+i$とおけ，D(2, 4)を通るので，$y=x+i$に$x=2$，$y=4$を代入すると，$4=2+i$，$i=2$となり，BI＝BO－IO＝6－2＝4となる。△BCIは辺BIを底辺と見ると，高さは点Cのx座標より3であるから，$\triangle BCI=\frac{1}{2}\times4\times3=6$となる。よって，△BCD＝6より，▱ABCD＝2×6＝12である。

(3)＜直線の式＞前ページの図のように，▱ABCDの2本の対角線の交点をMとすると，▱ABCDの面積を2等分する直線は点Mを通るので，求める直線は，直線OMである。平行四辺形の対角線はそれぞれの中点で交わることより，点Mは線分BDの中点であるから，B(0, 6)，D(2, 4)より，点Mのx座標は$\frac{0+2}{2}=1$，y座標は$\frac{6+4}{2}=5$より，M(1, 5)となる。よって，直線OMの傾きは$\frac{5}{1}=5$となるから，求める直線の式は$y=5x$である。

6〔平面図形―円，正三角形〕

(1)＜面積＞右図1で，OA＝OB＝AB＝2より，△OABは正三角形だから，∠OAB＝60°である。点Oから辺ABに垂線OHを引くと，∠OAH＝60°，∠OHA＝90°より，△OAHは3辺の比が$1:2:\sqrt{3}$の直角三角形だから，$OH=\frac{\sqrt{3}}{2}OA=\frac{\sqrt{3}}{2}\times2=\sqrt{3}$となる。よって，$\triangle OAB=\frac{1}{2}\times AB\times OH=\frac{1}{2}\times2\times\sqrt{3}=\sqrt{3}$(cm²)である。

図1
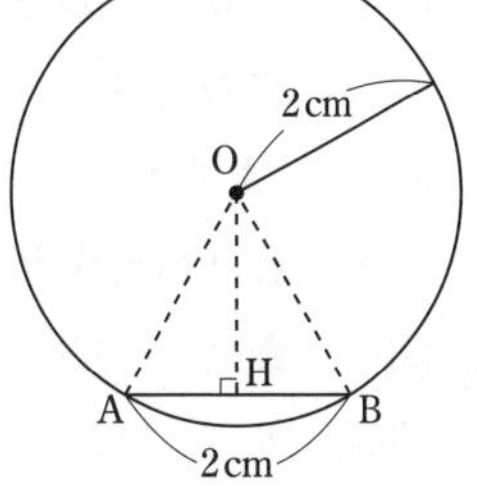

(2)＜長さ＞右下図2のように，1回目の操作①で点Aが移った点をA_1，操作②で点Bが移った点をB_1，2回目の操作①で点A_1が移った点をA_2，操作②で点B_1が移った点をB_2とすると，△OAB，$\triangle OBA_1$，$\triangle OA_1B_1$，$\triangle OB_1A_2$，$\triangle OA_2B_2$はいずれも正三角形だから，$\angle B_2OA=360°-60°\times5=60°$となる。$\triangle OB_2A$は$OB_2=OA$の二等辺三角形で，頂角$\angle B_2OA=60°$であるから，$\triangle OB_2A$も正三角形となり，3回目の操作①で点$A_2$が移る点はA，操作②で点$B_2$が移る点はBとなる。これで線分ABが初めの位置に戻る。このとき，点Aが動いた曲線は，図2の$\overset{\frown}{AA_1}$と$\overset{\frown}{A_1A_2}$と$\overset{\frown}{A_2A}$であり，この3つの弧はいずれも半径2cm，中心角60°×2＝120°のおうぎ形の弧である。よって，求める長さは，$2\pi\times2\times\frac{120°}{360°}\times3=4\pi$(cm)である。

図2
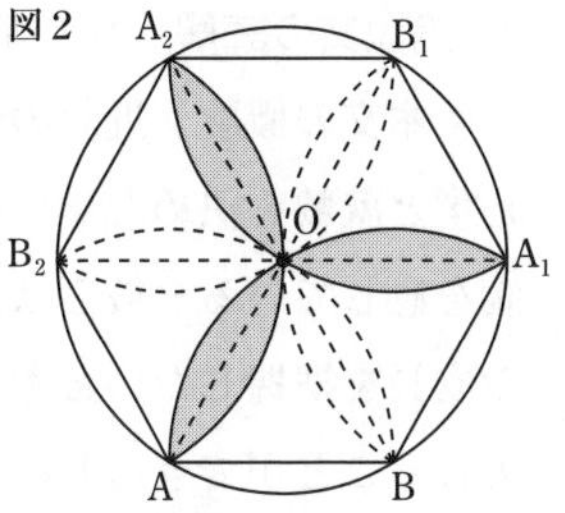

(3)＜面積＞右上図2で，点Aが動いたあとにできる曲線は$\overset{\frown}{AA_1}$，$\overset{\frown}{A_1A_2}$，$\overset{\frown}{A_2A}$で，それらで囲まれた部分は，図2の影をつけた部分となる。中心Oと点A，A_1，A_2をそれぞれ結ぶと，図形の対称性より，影をつけた部分の面積は，$\overset{\frown}{OA}$と線分OAで囲まれた部分の6倍になる。$\overset{\frown}{OA}$と線分OAで囲まれた部分は，おうぎ形BOAから△OABを除いたものだから，その面積は，$\pi\times2^2\times\frac{60°}{360°}-\sqrt{3}=\frac{2}{3}\pi-\sqrt{3}$となる。よって，求める面積は，$\left(\frac{2}{3}\pi-\sqrt{3}\right)\times6=4\pi-6\sqrt{3}$(cm²)である。

国語解答

一 問一 ㈠ 認 ㈡ はあく ㈢ 規則 ㈣ ともな

問二 (A) 支出 (B) 抽象

問三 ⑦ 整[理]整[頓] ⑩ 右[往]左[往]

問四 ②…イ ③…オ

問五 ④…ア ⑤…ウ

問六 学生が職を選ばなくなったこと

問七 やりがいのなさ，自分らしさの実感のなさ

問八 「よく考え 問九 幻

問十 とりあえずどこでも

二 問一 真剣 問二 ア 問三 イ

問四 ア 問五 エ

問六 (1) 池の魚類は手取り勝手次第 (2) 聖地である

問七 エ 問八 ウ 問九 エ

問十 物を叩くような，物がこぼれるような音

問十一 エ 問十二 ア

三 問一 (A)…ウ (B)…ア

問二 (1) 智運房[が法師の頭に]水をかけ[たこと。] (2) 火の光

問三 かかりむすび 問四 水

問五 エ 問六 イ

四 1 エ 2 オ 3 ア 4 イ 5 ウ

一〔論説文の読解─社会学的分野─現代社会〕出典；香山リカ『「悩み」の正体』。

≪本文の概要≫近年の学生は，職種を選ばずにとりあえず就職をする傾向がある。しかし，とりあえずと就職を決めた学生のうち，すぐに仕事を辞めてしまう者の多くが，やりがいのなさからくる不満を感じている。彼らは，ブログのアクセス数のように，目に見える形で他人から注目を集め，進歩や成長を把握したいと考えているのである。だが，多くの人から注目されるだけで，やりがいを手に入れることができるわけではない。そもそもやりがいとは，その人が置かれている状況によって大きく変わるため，決まった形はない。どこかにやりがいがあるはずだという幻想を強く持ちすぎると，仮に仕事で成功したり，大勢の人から注目されたりしても，むなしさを感じてしまうこともある。やりがいや生きがいは，日々の生活を送る中で緩やかに気づいていくものであり，やりがいが感じられないからといって，決してあせる必要はないのである。

問一＜漢字＞㈠音読みは「認識」などの「ニン」。　㈡「把握」は，しっかりと理解すること。　㈢「規則」は，物事の決まりのこと。「規則正しい」は，一定の決まりに従って，物事がきちんと行われるさま。　㈣音読みは「伴奏」などの「バン」。

問二＜語句＞(A)「収入」は，金銭などを手に入れること。対義語は，金銭を支払う，という意味の「支出」。　(B)「具体」は，物事がはっきりとした実体を持っていること。対義語は，物事から要素や性質を抜き出し，大まかにとらえる，という意味の「抽象」。

問三＜四字熟語＞⑦「整理整頓」は，物をきれいに片づけること。　⑩「右往左往」は，状況を把握できずに混乱すること。

問四＜慣用句＞②「手放しで喜ぶ」は，素直に喜びを表す，という意味。　③「歯切れが悪い」は，言い方がはっきりしないさま。

問五＜表現＞④大学で学んだ専門分野とは無関係の職業につく学生は，自分の就職先について感情のこもっていない口調で話す。　⑤とりあえず就職先を決めた学生の中にも，仕事におもしろみを感じ，人間関係にも恵まれ，活気にあふれた様子で働く人がいる。

問六＜文章内容＞近年の学生は，大学で学んだ専門分野とは関係なく，とにかく就職できることを優先するため，就職内定率が向上したと考えられる。

問七＜文章内容＞仕事を辞めたがる卒業生は，仕事が大変であるとか，賃金が低いということよりも，仕事にやりがいや自分らしさを感じられないということに悩みを抱えている場合が多いのである。

問八＜文章内容＞やりがいや自分らしさは，どこかに実在するようなものではなく，自分が身を置いている環境で日々を過ごしていく中で，「ゆるやかに気づくようなもの」なのである。

問九＜文章内容＞やりがいや自分らしさは，その人の置かれた状況に応じて変わるものであり，「どこかに実在する」わけではないため，「幻」のようなものと考えることができる。

問十＜文章内容＞職種を選ばずに，就職できるところに就職しようとする学生には，やりがいや自分らしさに固執しないよう促すことが重要だと，「私」は考えている。

二〔小説の読解〕出典；菊池寛『弁財天の使』（『新今昔物語』所収）。

問一＜漢字＞「真剣」は，いい加減な気持ちではなく，本気であること。

問二＜語句＞「ゆめ」は，下に禁止の語を伴う陳述の副詞で，決して（～するな），という意味。

問三＜語句＞「ひとしお」は，他の物事に比べ，一段と程度が増すさま。

問四＜表現＞藤兵衛は，家中の者に，今夜は何があっても戸外に出ないように熱心に伝えた。「こんこん」は，相手が理解できるようにていねいに言い聞かせるさま。

問五＜古典の知識＞昔の日本では，一日を二時間ごとに分け，十二支に応じた呼び方をしていた。二十三時から一時を表す子（ね）の刻に始まり，戌の刻は，十九時から二十一時となる。

問六＜文章内容＞⑴藤兵衛は，不忍池の蘆荻を刈り取ることには賛成していた。しかし，その作業に従事する人夫に対し，池の魚を好きに取っても問題ないとするお触れについては，好ましく思っていなかったのである。　⑵藤兵衛にとって，不忍池は，父祖三代にわたり信仰を寄せる「聖地」である。そのため，藤兵衛は，不忍池の魚が好き勝手に取られることで，弁財天の怒りを買うのではないかとおそれたのである。

問七＜心情＞吉兵衛は，加賀様の家中の者と思われる，「見知らない」女中らしき人物が夜中に突然訪ねてきたので，驚きと緊張で声が震えたのである。

問八＜文章内容＞藤兵衛には，来客の女性がこれまでに見たことがないほど美しく，高貴な人物に思われた。しかも夜中の来訪であったため，緊急の用事に違いないと考え，藤兵衛はますます緊張したのである。

問九＜心情＞女性は，弁財天が不忍池の魚たちを救いたいと考えており，そのために藤兵衛の力を借り，藤兵衛の家の池に引き移る意向であることを伝えた。その話を聞いた藤兵衛は，弁財天が自分と同じく魚たちを心配していることを知り，さらに，自分が弁財天に頼りにされているのだと思い，感激したのである。

問十＜文章内容＞雨の夜に，戸外から「物を叩くような，物がこぼれるような音」が聞こえてきたが，藤兵衛は，不忍池の魚たちが弁財天とともにやってきたのだと考え，喜びを感じていた。

問十一＜文章内容＞女性は，藤兵衛の信仰心につけ込み，池に移るときは人目に見られてはならないため，家の者を外に出すなという弁財天の意向を念入りに伝えた。これにより，藤兵衛の家の誰にも気づかれないうちに盗みをはたらけると，女性はたくらんだのである。

問十二＜文章内容＞藤兵衛は，豪商でありながらも，父祖三代にわたる弁財天への信仰を大事にし，弁財天と魚たちが自宅にやってくると聞かされて素直に喜んでしまうような，純粋な人物である。

三〔古文の読解―説話〕出典；無住法師『沙石集』。

≪現代語訳≫奈良の興福寺に智運房という寺僧がいた。あまりに落ち着きがなかったので，慌て者の智運房と人々は言っていた。

あるときに向かいの僧房に火事があったときに，(智運房が)騒ぎ出して，手水桶の水を高く持ち上げて，隣にいる法師の頭にかけたので，(法師が)「これはどうして」と言うと，「法師さまの顔に，火がついたと思いまして」と言った。火の光が，顔に映って見えたのを，火がついていると思ったのである。

あるときに，若者たちが集まって酒宴をしたところ，(智運房は)瓶子に酒をつごうとして，瓶子を持って酒屋に行き，ほどなくして帰ってきた。人々は愉快になって，瓶子に入っている酒を提子に入れてから見ると，浮き草がある。不思議だと思って飲んでみると〈水〉であった。「これはどうして，全くの水ではないか」と問うと，(智運房は)「まさかそんなことはないでしょう。すぐにくんできましたのに」と言う。「それはどういうことだというのだ」と問うと，「月がおぼろげ(で暗い状況)です。雨で道が滑るので，猿沢の池のそばで滑ってしまい，瓶子を池にこぼしてしまったのを，すぐ時間がたたないうちに，そこをくんだのです」と言った。

問一＜古語＞(A)「あやし」は，不思議だ，という意味。　(B)「やがて」は，すぐに，ただちに，という意味。

問二＜古文の内容理解＞(1)僧房で火事があったとき，智運房が，隣にいた法師の頭に手水桶の水をかけた。　(2)智運房は，隣にいた法師の顔が火に照らされているのを見て，法師に火が燃え移ったのだと勘違いしたのである。

問三＜古典文法＞係助詞「ぞ」があると，係り結びの法則により，文末表現が連体形となる。

問四＜古文の内容理解＞人々が，提子に入れた酒を見てみると草が浮いており，不思議に思って飲んでみると，全くの水であった。

問五＜古文の内容理解＞智運房は，猿沢の池のそばで足を滑らせて転び，酒を池にこぼしてしまった。しかし智運房は，すぐにくめば酒をすくい取れると思い，瓶子に池の水を入れたのである。

問六＜古文の内容理解＞顔に火がついたと勘違いして法師の顔に水をかけたり，池にこぼした酒をすぐにすくい取ろうと池の水をくんだりする智運房は，自分の思い込みで慌てて行動してしまう人物として語られている。

四〔文学史〕

ア．『斜陽』は，昭和22(1947)年に発表された太宰治の小説(…３)。　イ．『枕草子』は，平安時代に成立した清少納言の随筆(…４)。　ウ．『地獄変』は，大正７(1918)年に発表された芥川龍之介の小説(…５)。　エ．『三四郎』は，明治41(1908)年に発表された夏目漱石の小説(…１)。　オ．『源氏物語』は，平安時代に成立した紫式部の物語(…２)。

2023年度 武蔵越生高等学校（推薦23日）

【英　語】（50分）〈満点：100点〉

1 次の文の（　　）に入れるのに最も適切な語（句）をア～エから1つ選び，記号で答えなさい。

(1) A：(　　　) Toshio play soccer?
B：Yes.　He is a good soccer player.
ア. Is　　イ. Does　　ウ. Was　　エ. Do

(2) Nagoya is (　　　) Tokyo and Osaka.
ア. in　　イ. between　　ウ. around　　エ. without

(3) We must be quick.　There is (　　　) time.
ア. little　　イ. few　　ウ. a little　　エ. a few

(4) (　　　) is part of body which sends blood around the body.
ア. Nose　　イ. Mouth　　ウ. Head　　エ. Heart

(5) A lot of (　　　) can be seen in the clear sky at night.
ア. stars　　イ. clouds　　ウ. moons　　エ. birds

(6) A：Can I speak to Mr. Taylor, please?
B：Sure.　(　　　) on, please.
ア. Hold　　イ. Come　　ウ. Keep　　エ. Take

(7) Mom　：Steve, dinner is ready.
Steve：OK.　I'm (　　　).
ア. eating　　イ. coming　　ウ. thinking　　エ. making

(8) A：How (　　　) is that building?
B：It was built two hundred years ago.
ア. many　　イ. much　　ウ. old　　エ. often

(9) A：How many balls are there in the box?
B：(　　　).
ア. Seven is　　イ. It's seven　　ウ. They're seven　　エ. There're seven

(10) (　　　) of the boys is doing his homework.
ア. Many　　イ. Some　　ウ. Each　　エ. Every

2 **日本文の意味になるよう英文の（　　）にア～カの語（句）を正しい順序に並べて入れたとき，３番目と５番目にくるものをそれぞれ選び，記号で答えなさい。**

(1) マイクは私のより大きなカメラを持っています。
Mike (　　)(　　)(３番目)(　　)(５番目)(　　) mine.

ア．which　　イ．a camera　　ウ．larger
エ．has　　オ．is　　カ．than

(2) 父は私に医者になってもらいたいと思っている。
(　　)(　　)(３番目)(　　)(５番目)(　　).

ア．a doctor　　イ．wants　　ウ．be
エ．me　　オ．my father　　カ．to

(3) あなただけでなく私も間違っています。
Not (　　)(　　)(３番目)(　　)(５番目)(　　).

ア．I　　イ．but　　ウ．am
エ．wrong　　オ．you　　カ．only

(4) 砂糖はあの店で売っていますか。
(　　)(　　)(３番目)(　　)(５番目)(　　)?

ア．sugar　　イ．is　　ウ．at
エ．store　　オ．that　　カ．sold

(5) 私たちは 30 分以上歩かなければならなかった。
We (　　)(　　)(３番目)(　　)(５番目)(　　).

ア．walk　　イ．than　　ウ．to
エ．thirty minutes　　オ．had　　カ．more

3 次のウェブサイトを見て，あとの問いに答えなさい。

Home	About Us	Photo Gallery	F A Q

Online English Lesson

Develop* your English skills with native teachers online!

You can take English lessons anytime when you are free! All teachers are native English speakers and they are looking forward to seeing you.

Before taking lessons, you have to prepare textbooks. But you don't need to buy any books! You are able to download all you need to prepare before lessons. Please get ready for NEW STYLE LESSON!!

Price

Time	Price per* hour	
	Monday — Friday	Saturday & Sunday
9:00-12:00	$10	$20
12:00-19:00	$20	$30
19:00-24:00	$30	$40

Student Discount*

★ If you are a student, you are lucky. You can get 10% discount. We can also give you advice about how to get the discount. It's so easy. When you choose your lesson time, please don't forget to choose special course for students.

Special Option

★ We offer* our guests* a special option. You can buy many kinds of free pass : one day for $50, one week for $100, and one month for $150. With one of these free passes, you are able to take lessons many times.

Back to Top

(注) develop 向上させる　per ～につき　discount 割引　offer 提供する　guest お客さん

問１　ある会社員が，今週の木曜から土曜の１８時から２０時までレッスンを受けるつもりでいる。そのとき，最も安い料金はいくらになるか。最も適切なものを次のア～エから１つ選び，記号で答えなさい。

ア．　100 ドル

イ．　150 ドル

ウ．　170 ドル

エ．　210 ドル

問２　ある中学生が，月曜から金曜の１７時から２０時までレッスンを受ける。フリーパスを使わない場合，かかる料金はいくらになるか。最も適切なものを次のア～エから１つ選び，記号で答えなさい。

ア．315 ドル

イ．350 ドル

ウ．405 ドル

エ．450 ドル

問３　ウェブサイトから読み取れることとして正しいものを３つ選び，番号で答えなさい。

１．英語を教わる先生を，日本人とネイティブから選ぶことができる

２．レッスンに必要なテキストは，自分で用意しなくてはならない

３．平日の午前中が最も安くレッスンを受けられる

４．学生が日曜９時から２時間レッスンを受けると，４ドル割引される

５．１か月レッスンを受けるなら，週ごとにフリーパスを買うとお得である

６．フリーパスを買えば，家族全員がレッスンを受けられる

4 次の対話文を読んで，本文の内容と合っているものを，１～１５の中から６つ番号で答えなさい。

Annie : Hey, Kenshi. Today, my teacher told me my Japanese has improved* a lot. It's because I talk with your family every day in Japanese. Thank you. In fact, I enjoy talking in Japanese very much.

Kenshi : You're welcome, Annie. I want to be better at speaking English, too. If I speak English well, everyone may think I'm cool.

Annie : Oh, is that why you're studying English?

Kenshi : That's not all but it's a good reason. And now, I think there is a difference between the way English speaking people think and the way Japanese speaking people think.

Annie : Wow, it's something like philosophy*.

Kenshi : Yes, it sounds difficult, but it is interesting. By the way, what made you interested in studying Japanese?

Annie : Well, I've been interested in Japanese culture and language since I saw the movie *Spirited Away**. I decided to study Japanese then.

Kenshi : It's interesting to know why people study foreign languages. Anyway, let's study and enjoy. So, how should we do?

Annie : We can practice together. There's no better way to improve your language skills than to speak a lot.

Kenshi : I agree. What's a fun way to improve your language skills?

Annie : I watch Japanese movies and online videos. First, I watch them with subtitles*. Then, I watch them without subtitles.

Kenshi : Got it. What else do you do?

Annie : Well, I record myself saying some of my favorite lines. Then, I compare it to the original sound. I pretend* I'm that character!

Kenshi : That's interesting! Well, I love music, so I'll try to remember all the lyrics* of my favorite English songs. Then, I can sing them in the bath.

(注) improve 改善する　philosophy 哲学　*Spirited Away* 千と千尋の神隠し
subtitles 字幕　pretend ふりをする　lyrics 歌詞

1． Annieは今日，先生に日本語が上達したとほめられた
2． Annieは寮で暮らしている
3． Kenshiは英語をうまく話してかっこよく思われたい
4． Kenshiは，英語を話す人と日本語を話す人のものの考え方に違いはないと思っている
5． Annieは哲学が好きである
6． Annieが日本に興味を持つようになったのは，日本人の友だちがいたからである
7． Kenshiは，人が外国語を勉強する理由を知るのは面白いと思っている
8． AnnieもKenshiも，本を読むのが好きである
9． たくさん話すことが，言語を習得するのに最良の方法である
10． Annieは映画だけを見て日本語を勉強している
11． Annieは好きなセリフを言って自分の声を録音し，オリジナルと聞き比べる
12． Annieは何度も字幕とセリフを比べながら映画を見る
13． Kenshiは映画が好きである
14． Kenshiは登場人物になりきってセリフを言う
15． Kenshiは，風呂に入りながら好きな英語の歌を歌おうと思っている

5 次の英文は高校生の Kenta が英語の授業で発表した内容です。英文を読んで，あとの問いに答えなさい。

Are you interested in foreign countries? I visited two foreign countries, the US and the UK, to learn English and cultures there. They are really wonderful places. I had so many new experiences in these countries. ①<u>I also learned something new and important</u>.

I went to California* when I was a junior high school student. It was my first trip abroad. Everything in California looked new to me. Wide roads, huge hamburgers, and even orange juice. I stayed there for eight days around Christmas with the Brown family. The host family members were so kind that they tried to understand my English, and that they gave me a present for Christmas. However, I couldn't tell them what I really wanted to say because I had no confidence* in speaking English then. On the final day, my host mother, Mrs. Brown said to me, "You are too shy!" And I couldn't say anything back. I am usually a talkative* person when in Japan, but I just couldn't speak English because of lack of confidence. This experience made me study English harder.

Last year, I went abroad again. I studied in (②) as an exchange student*. I went to school there and studied with a lot of students from other countries. I made friends with students from around the world. One of them was Alex, from Australia, and another was Liang, from China. We were all sixteen years old. I enjoyed talking with them in English every day.

One day, Alex said, "I want to know more about your countries. Shall we bring some pictures of our countries to school?" Liang and I answered, "That's a good idea." The next day, we brought some pictures to school. After lunch, we looked at those pictures together. When I showed them some pictures of a Japanese-style* room, *washitsu*, Alex said, "What a beautiful room! I have heard about the Japanese tea ceremony*. Japanese people make tea at such a beautiful room, right? Do you know how to make tea in a traditional way?" Liang saw some pictures of Mt. Fuji, and asked me questions about it. "I have never seen such a beautiful mountain! How high is the mountain? Do you know how long it takes to climb up to the top of the mountain?" I answered some of their questions, but I could not answer many questions.

Alex showed us some pictures and said, "Do you know this animal? It's a koala*." He told us about life in Australia. "We do not have much rain, so water is very important for us." I was very surprised to hear Alex's story. People in Australia cannot use much water, but Japanese people can.

"China is a huge country," Liang said to us. "Also, China has a very long history. Its history began more than three thousand years ago." Then, she showed us some pictures of the Great Wall of China*. "It was built about two thousand years ago. It is more than twenty thousand kilometers long." "Twenty thousand kilometers?" Alex and I were very surprised. Liang told us more about the history of China.

Alex and Liang knew their countries very well. I had a good time talking with them about their countries. However, I was a little disappointed* because I could not answer a lot of their questions about my country.

That night, I thought myself, "Alex and Liang know their countries well. How about me? I have studied English and I can speak English well. I have also learned foreign cultures. However, (③). It is important to know about my own country!"

Since then, I have read many books about Japan. I also belong to a tea ceremony club to understand Japanese culture better. I learned a lot of new things and became more interested in my country. Now I feel that Japan is also a good country. Going to foreign countries gave me the chance to understand their cultures and my own culture as well. If you have a chance, you should go abroad, too. You will learn many new things about the world and about yourself.

(注) California カリフォルニア州（アメリカ合衆国の州） confidence 自信
talkative おしゃべりな exchange student 交換留学生 Japanese-style 和風の
tea ceremony 茶道 koala コアラ the Great Wall of China 万里の長城
disappointed がっかりした

問１ 下線部①の内容として最も適切なものをア～ウから１つ選び，記号で答えなさい。
ア． 海外の食事などの文化は日本よりも優れているということ
イ． 日本が誇る富士山は世界でもっとも美しい山だということ
ウ． 自分が自分の国のことについてよく理解していないということ

問２ （ ② ）に入る最も適切なものをア～ウから１つ選び，記号で答えなさい。
ア． Beijing, China
イ． Sydney, Australia
ウ． London, England

問３　（　③　）に入る最も適切なものをア～ウから１つ選び，記号で答えなさい。

ア．that is not enough for me

イ．that is not interesting for me

ウ．that is useful for me

問４　次のア～エの英文を，本文の流れに従って並べ替え，記号で答えなさい。

ア．Liang and Kenta agreed with Alex's idea and decided to bring pictures of their countries.

イ．Kenta felt a little sad because he couldn't talk about his culture well.

ウ．Alex showed his friends some pictures and talked about his country.

エ．Liang and Alex asked many questions about Japan.

問５　本文の内容から考えて，（　　　　）に適切な英単語を入れて，次の質問に対する答えを完成させなさい。

Question：　In which month did Kenta go to the US?

Answer　：　He went there in (　　　　).

問６　次のア～オのうち，本文の内容と合っているものを２つ選び，記号で答えなさい。

ア．The Brown family gave Kenta a present for Christmas.

イ．Kenta made many Japanese friends in the UK.

ウ．After Kenta showed some pictures of Mt. Fuji, Alex asked him some questions about it.

エ．People in Australia were surprised to know that water was very important in Japan.

オ．Liang told her friends that the Great Wall of China was built about two thousand years ago.

6　次の日本文を［　　　］の指示に従って英文にしなさい。

(1)　彼の誕生日に何を買ったらよいか教えてください。

［空欄に適語を入れて英文を完成させること］

Please (　　　　) me what (　　　　) buy for his birthday.

(2)　私は昨日，学校を休みました。［yesterday で英文を終えること］

【数　学】 (50分) 〈満点：100点〉

1

次の計算をしなさい。

(1) $7-3\times3$

(2) $4\times(-1)^2-3^2\times2$

(3) $4(-3a-2b)-6(-2a+b)$

(4) $\frac{6}{5}\div\left(-\frac{2}{5}\right)+\frac{1}{2}$

(5) $6a^3b\times\frac{1}{4}a^6b^3\div3a^4b$

(6) $\frac{2x+3y}{5}-\frac{4x-3y}{3}$

(7) $(a+b)^2-(a-b)^2$

(8) $(3\sqrt{2}+\sqrt{6})(3\sqrt{2}-\sqrt{6})$

2

次の各問いに答えなさい。

【図１】

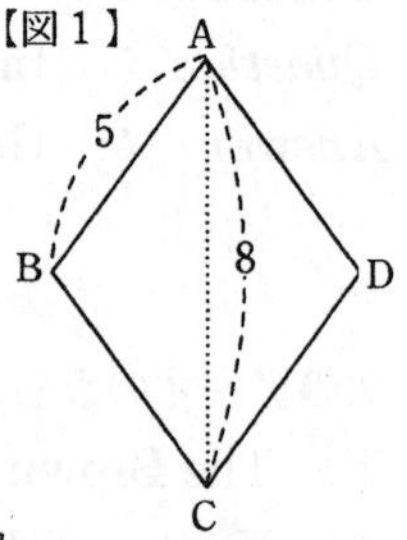

(1) $\frac{1}{2}a^2+5a+12$ を因数分解せよ。

(2) 【図１】はAB=5，AC=8 の ひし形 ABCD である。
このひし形の面積を求めよ。

(3) A，Bの２人がじゃんけんをするとき，あいこになる確率を求めよ。

(4) a は20以下の自然数とする。$\frac{\sqrt{27a}}{2}$ が自然数となるような a の値を求めよ。

(5) k，n を自然数とする。$\prod_{k}(n)$ は k を n 回掛けることを表す。例えば $\prod_{3}(5)$ は $3\times3\times3\times3\times3$ である。このとき，$\prod_{7}(30)$ の一の位の数を求めよ。

3

次の方程式を解きなさい。

(1) $3x+2\left(\frac{x}{4}+9\right)=\frac{1}{2}$

(2) $\begin{cases}x-3y=-10\\2x+y=1\end{cases}$

(3) $(x+3)^2+2(x-5)=0$

4

次の各問いに答えなさい。

(1) ある正の数 x を2倍してから5を足すべきところを，誤って2乗してから5を引いた結果38大きくなった。ある正の数 x を求めよ。

(2) ムサシさんは学校から2.5km離れた家に住んでいる。8時15分に家を出発し，初めは分速50mで歩いていたが，途中から分速150mで走り，8時43分に学校に着いた。ムサシさんが学校に行くまでに歩いた時間と走った時間はそれぞれ何分か求めよ。

(3) ある映画館では，ドリンクが1杯200円，ポップコーンが1箱700円，ドリンク1杯とポップコーン1箱のセットが800円で販売されている。ある日のドリンクの販売数は，セットで販売された分も含めて47杯であった。また，ポップコーンの販売数は，単品のみの販売数がセットでの販売数の2倍であり，この日の売上金額は，63400円であった。このとき，ポップコーンは何箱販売されたか。

5

放物線 $y=\frac{1}{2}x^2$ 上に2点 A(2, 2)，$B\left(-1,\ \frac{1}{2}\right)$ がある。点Bを通り直線OAと平行な直線を引き，放物線との交点をCとする。次の各問いに答えなさい。

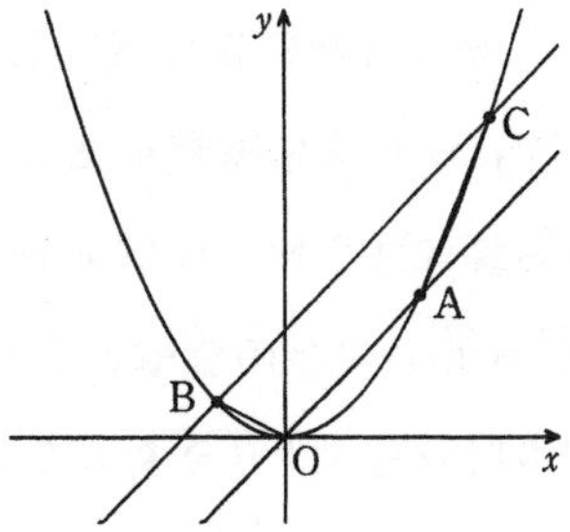

(1) 点Cの座標を求めよ。

(2) 四角形OACBの面積を求めよ。

(3) 放物線上に点Pをとる。三角形OABの面積と三角形OPBの面積が等しくなるような点Pの座標を求めよ。ただし，点Aは除くものとする。

6

【図2】のように，1辺の長さが2cmの正三角形ABCの頂点Bに点P，辺BCの中点に点Qがある。また，操作①，②を次のように定める。

【図2】

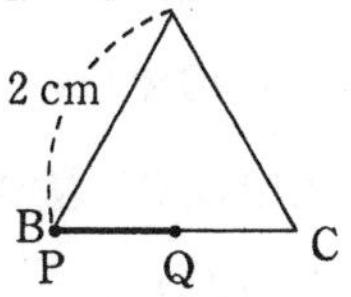

操作①：線分PQを，点Qを中心に反時計回りに回転し，点Pが三角形の辺上に達したら止める。

操作②：操作①を終えた状態で，線分PQを，点Pを中心に反時計回りに回転し，点Qが三角形の辺上に達したら止める。

線分PQが再び【図2】の位置に戻るまで操作①，②を交互に行うとき，次の各問いに答えなさい。ただし，円周率を π とする。

【参考図】

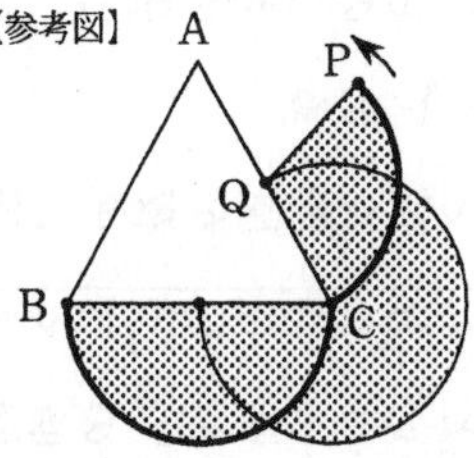

(1) 三角形ABCの面積を求めよ。

(2) 点Pが動いたあとにできる曲線の長さを求めよ。

(3) 線分PQが動いたあとにできる図形の面積を求めよ。

【国語】（五〇分）〈満点：一〇〇点〉

一　次の文章はアメリカで生まれ、少年時代を台湾、香港で過ごしたリービ英雄が、「日本語で書く」ことについて論じた文章である。これを読んで後の問いに答えなさい。

今、ぼくが毎日、日本語を書いている部屋を確保するまで、かなりの時間がかかった。二十年近くはジャパノロジスト、（　A　）海外の「日本文学研究家」という①奇妙な身分の下で生きていた。その長い間、日本語を研究する部屋とか、日本語を英訳する部屋とか、日本語の「美しさ」および「あいまいさ」を遠くから鑑賞する部屋として、かなりゆったりとした、ときには豪華なスペースを与えられもした。しかし、それらの空間は、なかなか日本語を書く部屋にはならなかった。

「海外」の部屋を引き払って、ようやく、自分自身の、日本語を書く部屋に引越すことができた。その部屋の中には、日本語を読み、英訳し、遠くから鑑賞していた長年の間にたまった、たくさんの書物も持ち込んだが、②それまでの部屋とは違って、四〇〇字詰めの原稿用紙が散らばっている机が中心となり、かつては「海外」のことばに書き直していた、③三種類の文字からなる縦書きのことばを、今は自分でその原稿用紙につづることが、この部屋にいるぼくの（ア）ニッカとなった。

おくればせながら確保した「日本語を書く部屋」は、とても古い部屋である。少なくとも、東京の基準からすれば年代ものに入るらしい。最初案内されたとき、「本格的な江戸間サイズの八畳」であること、（　B　）、こんなところは新宿区の外れにある大学町からは今はほとんど消えてしまったことを不動産屋のおばさんから言われた。

「江戸間サイズの八畳」は「本格的」に古い部屋なのだが、決して「伝統的」な部屋ではない。そこが外部から見た※エキゾチシズムとか、内部から主張した※ジャポニズムとは違った趣きであることは、その部屋の中で日本語を書けば書くほど、分かるのだ。戦前に建てられた屋敷の、戦後になってアパートに（イ）変貌した木造二階屋の二階の部分からなるその部屋の「古さ」は、むしろ近代、日本独自の近代が息づいている空間なのである。しかもその近代性は、※モダニズムという※イデオロギーではなく、むしろ二十世紀の日本の都市にあった地味な生活の質感を残しているような、かざり気のないしっくいの壁と色あせたみどり色のふちの畳と、となりの「洋間」とのボーダーをなしているガラス戸からなっているのである。

日本語を書く部屋が夜中に静かになったとき、（ウ）ジッサイにそこで日本語を書く。④そのとき、まわりから伝わってくるのは、決して「伝統的」な声ではない。むしろこの家が建てられたという「戦前」の時間にさかのぼって、近代の大都市に生きた作家たち（そしてわずかだが何人かの批評家たち）が創った、近代日本語が響いているのである。襖を二枚ともはずして、題字が箔押しされた「全集」と「作品集」と、ばらばらに読みあさった小説を山積みした、本格的な一間もある大きな押し入れの暗い奥を眺めていると、ぼくがそれらの書物の中でいつか読んだ、古い、だが二十一世紀になった今でも十分文章の※インスピレーションを与えてくれるような、二十世紀初頭の日本語を思い出すことが、たびたびあるのだ。

島国の大都会の真只中にある古い部屋は、何よりも日本語を書く部屋なのである。そのことを最近、特に意識させられるのは、八畳の部屋から日本語の作家として海外へ出かけるようになったからである。ぼくの場合、「海外」とは、主に、国籍上は「本国」であり、言語学者がいうような「母国語」の国家でもあるが、島国の大都会の部屋にいればいるほど「故国」のように思えてきたアメリカと、少年時代を過ごした台湾で「母国語」のような自然さで耳を満たした北京語の（エ）本拠地である中国を指している。話しことばの次元では十分なつながりがある二つの、「多民族」を自称する大陸国へ出かけては、書きことばの舞台となった、もともとぼくがその一員ではない「単一民族」を自称する島国にかならず帰ってきて、⑤「向う」のことを「こちら」のことばで書く。自文化の「普遍性」を信じてやまない二つの大陸国へ出かけては、自文化の「独自性」をひたすら意識し主張する島国の部屋にもどり、百年の書き手たちが「向う」の「普遍性」に対抗しつつ作りあげてきた「こちら」の近代語を逆に意識しながら、大陸について、ぼくは日本語で書く。

日本語で書くということは、ぼくにとって⑥そんな動きのなかで書くことを意味してきたのである。「日本語を書く部屋」を一度確保してからそんな「往来」をしはじめたことによって、大陸の言語にはない、「こちら」のことばの、ただ遠くから眺めていた時代には分からなかった⑦もうひとつの特性が、すこし見えるようになった、という気がする。ひとことでいうと、「多民族」を自称する大陸の書きことば――アルファベット一色の英語や簡体字一色の中国語――のほうが「単一」的に見え、逆に「単一民族」にしか分からないと自他ともに信じられてきた島国のことばのほうが、実は「単一」性からよほど遠い複合的な豊かさを内蔵しているという「発見」である。

そのような「発見」はもしかしたら、一人の日本語の書き手による、大きな真実の小さな「再発見」なのかもしれない。（　C　）アジア大陸の出身者たちが自ら日本語を書きだした『万葉集』の時代、つまり大陸との往来という文脈のなかで島国が「言霊の幸ふ国」であると山上憶良によって歌われた時代には、大陸文化と対比をなす形で日本語の魅惑がはじめて浮き彫りにされたのではないか。

大陸へ出かけては島国にもどる。大陸へ出かけては「日本語を書く部屋」にもどる。そんな往来を体験した者なら誰しも、「伝統」だけでは片づけられないその魅惑を今、感じるのではないか。

（リービ英雄『日本語を書く部屋』）

※エキゾチシズム…異国趣味
　ジャポニズム…日本趣味
　モダニズム…近代主義
　イデオロギー…政治的・社会的なものの考え方
　インスピレーション…（神の啓示に導かれたような）ひらめき、思いつき

問一　傍線部（ア）～（エ）のカタカナは漢字に直し、漢字には読みがなを書きなさい。

問二　空欄（A）～（C）に入る適切な接続詞を選び、記号で答えなさい。

　ア　たとえば　　イ　つまり　　ウ　そして　　エ　しかし　　オ　さて

問三　傍線部①「奇妙な身分」とはどういうことか。内容として最も適切なものを選び、記号で答えなさい。

　ア　日本人が日本文学を研究するのではなく、海外にルーツを持つ筆者が日本文学のよき「伝統」を学ぶという裕福な身分。

　イ　日本人が日本文学を研究する営みと同じように、筆者も日本語の「美しさ」や「あいまいさ」を鑑賞するという共通した身分。

　ウ　日本人が日本文学を研究する営みと同じように、筆者も「日本文学研究家」として二十年近く研究していたという当然の身分。

　エ　日本人が日本文学を研究するのではなく、海外にルーツを持つ筆者が「日本文学研究家」として学ぶという特異な身分。

問四　傍線部②「それまでの部屋」とはどのような部屋か。具体的に述べられている一文を抜き出し、最初の三字を答えなさい。

問五　傍線部③「三種類の文字」とは何か。全て答えなさい。

問六　傍線部④「そのとき、まわりから伝わってくるのは、決して『伝統的』な声ではない」とあるが、「まわりから伝わってくる」ものとは何か。十字で抜き出して答えなさい。

問七　傍線部⑤「『向う』のことを『こちら』のことばで書く」とあるが、「向う」が指しているものを三字で、「こちら」が指しているものを二字でそれぞれ抜き出して答えなさい。

問八　傍線部⑥「そんな動き」とあるが、どこで、何を意識することか。七十五字以内で抜き出し、はじめの六字を答えなさい。

問九　傍線部⑦「もうひとつの特性」とは何か。内容として最も適切なものを選び、記号で答えなさい。

ア　英語や中国語という「多民族」の国が「単一」的で、反対に日本語という「単一民族」の方が複合的であるということ。

イ　英語や中国語という「単一民族」の国が「単一」的で、反対に日本語という「多民族」の方が複合的であるということ。

ウ　英語や中国語という「多民族」の国が複合的で、また日本語という「単一民族」の方が「単一」的であるということ。

エ　英語や中国語という「多民族」の国が複合的で、かつ日本語という「単一民族」の方もより複合的であるということ。

問十　本文における筆者の主張として最も適切なものを選び、記号で答えなさい。

ア　日本語を書く部屋として見つけた「江戸間サイズの八畳」は外部からはエキゾチシズムに見え、内部からはジャポニズムとしての趣きがある。

イ　筆者にとって「海外」とは自身の「故国」のように思えるアメリカや少年時代を過ごした台湾ではなく、島国の大都会である日本である。

ウ　アメリカや台湾などの「独自性」を信じる二つの大陸国へ出かけては、日本の「普遍性」を意識して島国に戻り大陸について日本語で書く。

エ　アメリカや台湾という大陸へ出かけて「日本語を書く部屋」にもどる、この往来を体験した人は、「伝統」だけでは収まりきらない魅力を感じる。

二　次の文を読んで、後の問いに答えなさい。

助役の家の離れに、東京から「凄い女」が疎開して来たと云うので、僕等は早速見物に出掛けた。助役の家は、村の西端の部落にある。何しろ、山だらけの地方だから、その部落に行くとなると山の中腹迄登らねばならない。僕等は暑い陽射を浴びて汗を掻きながら、白く乾いた石塊だらけの小径を登って行った。僕等——僕と①友人のセンベイの二人で。

僕は助役の家を見たことが無かった。センベイに訊いたら、大臣の家ぐらい大きいと云う。鼻の頭に皺を寄せて、

——ほんとだぞ。

と念を押した。

センベイは顔が平べったくて、おまけに雀斑が附いていて、胡麻のくっついた煎餅にたいへんよく似ている。センベイの(ア)ハイゴから小径を登って行くと、センベイのズボンの尻の下の所が破れていて、センベイの腿が見えた。僕は眼を凝して視た。しかし、腿の所には胡麻は附いていなかった。

助役の家に辿り着いたとき、しかし、僕等は(イ)当惑しない訳には行かなかった。大臣の家ほどかどうかは判らぬが、村で一番大きな家かもしれなかった。石垣の上に土塀が巡らしてあって、とても覗く訳には行かない。と云って、［　X　］門を這入って行く訳にも行かないのである。

——何だ、見られないのか。

②僕は大いに落胆した。センベイは鼻の頭に手を当てて眼を瞑った。それは、センベイの沈思黙考する姿勢であった。そのセンベイの顔は、煎餅と云うよりは鼻の欠けたお地蔵さんに似ているように思われた。

突然、センベイは眼を開くと、ぽんと首筋を叩いた。これは線路工夫をしているセンベイの父親がよくやる癖である。センベイに云わせると、線路工夫がいなければ汽車は動かない、線路工夫ほど偉い者は無い、と云うことになる。首筋を叩いたセンベイは叫んだ。

——杏の樹に登るだ。

同時に、小径の傍に立っている巨きな杏の樹の方に走り出した。僕は、狼狽ててその後を追った。一度［　Y　］しかけた僕等の裡なる冒険家が、再び眼を醒した。生憎、僕はセンベイほど、冒険家の資格に恵まれていなかった。尠くとも樹登りにかけては。廻か頭上の大きな枝に跨って小手を翳しているセンベイに、僕は訊ねた。

——見えるかい?

——ああ、絶景絶景。

とセンベイは云った。

やっとセンベイと同じ枝に跨ったとき、僕はがっかりした。助役の家の樹立越しに、離れの屋根が洩(も)れ見えるに過ぎなかった。しかし、センベイは③鹿爪らしい顔をして、あの屋根の下にいるのだから狼狽てるには及ばないと云った。ちょうどそのとき、

——誰だ、杏を取る奴は？

と怒鳴る声がした。

センベイはひどく狼狽(ろうばい)して、噛(かじ)り掛けの実をズボンのポケットに押込んだ。僕等は下を見た。そして④笑い出した。上を向いて歩いて来るのは、僕等のよく知っている自称「詩人」であった。センベイが本名を持ちながらセンベイであるように、彼は詩人であった。尤(もっと)も、シジンは詩人でも死人で差支(さしつか)えない。しかし、センベイは煎餅以外では具合が悪い。

ところで、笑い出した僕等は、忽(たちま)ち⑤息を呑んだ。詩人の直(す)ぐハイゴから、見慣れぬ二人の女が歩いて来て、詩人と三人並んで立つと杏の樹を見上げたからである。僕は東京でも、また疎開して来たこの村でも、モンペやズボンを穿(は)かない女を見たことが無かった。ところが、下の二人はスカアトを穿いている。「凄い女」に違いなかった。すると、その一人が言った。

——怕(こわ)くないの？

僕等は顔を見合わせ、くすりと笑って、その質問が如何(いか)に頓馬(とんま)なものであるかを悟らせようとした。おまけにセンベイは大声で、故意と上を向いて云った。

——⑥おいら、毎晩樹の上で寝るだ。

下の三人は呆(あき)れたらしく、並んでゆっくり歩き出した。詩人はどうやら僕等のことを、女二人に説明しているらしかった。僕等は愉快な気持で笑った。しかし、三人の姿が助役の家の門の方に遠ざかるのを見済(みすま)すと、急(いそ)いで樹から滑り降りた。それから、乾いた小径を一散に駈下(かけくだ)った。無論、ポケットには杏の実を詰め込んで。清水の所に来ると、僕等は草の上に腹這(はらばい)になって水を飲み、足を投出して杏の実を噛った。頭上には大きな白楊の葉が戦(そよ)いでいた。

——凄い女だなあ。

センベイが云った。

——うん、凄いなあ。

と僕は応じた。僕等は僕等の冒険に至極満足していた。ただ一つ、納得の行かぬことがあった。——詩人は一体、いつあの二人と知合(しりあい)になったのだろう？

（中略）

――あの凄い女は友達かや？

センベイが訊いた。

――凄い女？　ああ、吉野さんの姉妹のことかい？　うん、友達だよ。でも、何故凄い女なんて云うんだい？

何故そう云うのか、と云われると僕等には返答の仕様が無かった。疎開して来た姉妹は、狭い村に忽ち知れ渡っていた。だから僕等は、昔、助役が亡くなった姉妹の父親にたいへん世話になったこととか、家を売って疎開して来たこととか、その頃母親が死んだこととか、また、姉の方は戦争で夫を失ったこととか、を知っていた。しかし、こんなことは僕等にとって何の興味も無かった。モンペもズボンも穿かない女は、僕等にとって新鮮な驚異に他ならなかった。⑦この村には他に何も無かった。何も――僕等を驚かせて呉れるものは。

詩人と話しながら歩いている裡に、僕等は詩人が(ウ)ドウキョしている親戚の家迄来た。ところが詩人は、助役の家に届けるものがある、と云って家に這入らずその儘歩き続けるのである。僕等は顔を見合せ、互に点頭き合った。僕等が一緒に行くのを見て、詩人が云った。

――どこ迄行くんだい？

――散歩と洒落てるだ。

センベイが澄して云った。

僕等は詩人の住む部落を抜け、石塊だらけの小径を登って行った。やがて助役の家が見えて来た頃、山の中腹を汽車が走って行った。中腹の左手には、緑のなかに赤い屋根が一つぽつんと見える。それが停車場であった。それは可愛らしく、お菓子の家を想わせる。その停車場を出た汽車は、右隣の駅への下り坂を早く降って、(エ)キテキを鳴らすと、トンネルに消えた。

汽車の音が消えてしまった后も、⑧その音がまだ耳に残っているような気がした。少し怪訝しい気がした。と云うのは、その音は消える替りに少しずつ高くなり、而も、何か音楽的旋律に変って来たから。

――あれ、何だや？

センベイが云った。僕等はもう助役の家に近附いていた。詩人は笑って、

――何だと思う？

と云った。

そして僕は気が附いた。助役の家で誰かがマンドリンを鳴らしているのだ、と。センペイに云うと、センペイはひどく感心したらしかった。尤も、マンドリンにはお眼に掛ったことが無い、と白状したけれども。思い掛けないマンドリンの旋律は、僕等を大いに愉快な気持にした。だから、僕等に別れた詩人が跛（びっこ）を引きながら助役の家に消え、やがてマンドリンの音が突然止んだとき、⑨僕等は詩人を憎らしく思わずにはいられなかった。

（小沼丹『村のエトランジェ』）

問一　傍線部（ア）～（エ）のカタカナは漢字に直し、漢字には読みがなを書きなさい。

問二　［X］と［Y］に入る最も適切なものを選び、それぞれ記号で答えなさい。

ア　そよそよ　　イ　ひそひそ　　ウ　のこのこ
エ　うとうと　　オ　ひらひら

問三　傍線部①「友人のセンペイ」は本名ではない。なぜこのような名前で呼ばれているのか、その理由が書かれた一文を抜き出し、最初の六字を答えなさい。

問四　傍線部②「僕は大いに落胆した」とあるがそれはなぜか、最も適切なものを選び、記号で答えなさい。

ア　助役の家にたどり着いたものの、土塀で囲まれていたため、うわさの「凄い女」を見ることができないから。
イ　助役の家にたどり着いたものの、土塀で囲まれていたため、村で一番大きな家に入ることができないから。
ウ　助役の家にたどり着いたものの、土塀で囲まれていたため、そこに住んでいる助役に会うことができないから。
エ　助役の家にたどり着いたものの、土塀で囲まれていたため、木に登るしかないと理解したから。

問五　傍線部③「鹿爪らしい」と傍線部⑤「息を呑んだ」の意味を次の中から記号で選び答えなさい。

③鹿爪らしい

ア　もったいぶっている　　イ　困り果てている

ウ　希望に満ちている　　エ　ためらっている

⑤息を呑んだ

ア　驚いた　　イ　恐れた　　ウ　歓喜した　　エ　悲しんだ

問六　傍線部④「笑い出した」とあるが、その時の心情として最も適切なものを次から選び、記号で答えなさい。

ア　緊張　　イ　安心　　ウ　喜び　　エ　悲しみ

問七　傍線部⑥「おいら、毎晩樹の上で寝るだ」とセンベイが言ったのはなぜか、次の文の空欄に条件に合うように本文中から二十一字で抜き出して答えなさい。

「凄い女」の「怕くないの?」という質問に対して（二十一字）から。

問八　傍線部⑦「この村には他に何も無かった。何も――僕等を驚かせて呉れるものは」に用いられている修辞法は何か、適切なものを選び、記号で答えなさい。

ア　擬人法　　イ　省略法　　ウ　体言止め　　エ　倒置法

問九　傍線部⑧「その音がまだ耳に残っているような気がした」とあるが「その音」とは何の音であったか。本文中から五字で抜き出して答えなさい。

問十　傍線部⑨「僕等は詩人を憎らしく思わずにはいられなかった」のはなぜか、次の中から記号で選び答えなさい。

ア　助役の家から聞こえるマンドリンの音を僕とセンベイは聞いて愉快な気持ちになっていたが、詩人が助役の家に入ったことでその音が不意に消え、楽しい一時が終わってしまったから。

イ　助役の家から聞こえるマンドリンの音を僕とセンベイは聞いて懐古的な気持ちになっていたが、詩人が助役の家に入ったことでその音が消え、楽しい一時が終わってしまったから。

ウ　助役の家から聞こえるマンドリンの音を僕とセンベイは聞いて愉快な気持ちになっていたが、詩人が助役の家に入ったことでその音は変化し、楽しい一時が終わってしまったから。

エ　助役の家から聞こえるマンドリンの音を僕とセンベイは聞いて快活な気持ちになっていたが、詩人が助役の家に入ったことでその音は徐々に小さくなり、楽しい一時が終わってしまったから。

三　次の文を読んで、後の問いに答えなさい。

あるとき、狐、餌食(えじき)を求めかねて（食べ物を探し求めることができなくて）、ここかしこ(ア)さまよふところに、烏、※肉(ししむら)をくはへて木の上に居(を)れり。狐、心に(イ)思ふやう、我この肉を取らまほしく（横取りしたい）おぼえて、烏の居(ゐ)ける木のもとに立ち寄り、「いかに※御辺(ごへん)、御身(おんみ)はよろづの鳥の中にすぐれてうつくしく見えさせおはします。①しかりといへども、少しこと足り給はぬこととては、御声の鼻声に②こそ侍れ。ただし、このほど※世上(せじやう)に申せしは、御声もことのほかよくわたらせ給ふ（格別にすばらしくていらっしゃる）など申してこそ候へ。あはれ一節聞かまほしうこそ侍れ。」と申しければ、烏、③この儀をげにとや心得て（本当かと思い込んで）、「さらば声を出ださん。」とて、口をはたけるひまに（開けたとたんに）、つひに肉を落としぬ。狐これを取つて逃げ去りぬ。

（『伊曽保物語』）

※肉…肉のかたまり。
御辺…「あなた・貴殿」の意を表す対象の人称代名詞。
世上…世の中。世間。

問一　傍線部（ア）「さまよふ」（イ）「思ふやう」の読みを現代仮名遣いのひらがなで答えなさい。

問二　傍線部①「しかり」のここでの適切な意味として最も適切なものを選び、記号で答えなさい。
ア　そうでない　　イ　そうである　　ウ　そうであろうか　　エ　そうに違いない

問三　傍線部②「こそ侍れ」で用いられている古典特有の文法事項を四字で答えなさい。

問四　傍線部③「この儀」とは狐が何を、どうしてほしいということか。答案用紙にそって答えなさい。

問五　狐は烏に巧みに話しかけるが、狐は烏がどのような動作・行動をすることをもくろんでいるか。その目的を五字以内で答えなさい。

問六　この話の教訓として最も適切なものを選び、記号で答えなさい。
ア　人にほめられて、いい気になってはいけない。
イ　人のものをカずくで奪ってはいけない。
ウ　人をうらやんで、高望みしてはいけない。
エ　人の評判を気にして、自分を見失ってはいけない。

四

次の①～⑤の作家の作品をそれぞれ次の中から記号で選び答えなさい。
①島崎藤村　②小林多喜二　③太宰治　④三島由紀夫　⑤村上春樹
ア　海辺のカフカ　イ　仮面の告白　ウ　人間失格
エ　夜明け前　オ　蟹工船

英語解答

1 (1) イ　(2) イ　(3) ア　(4) エ
(5) ア　(6) ア　(7) イ　(8) ウ
(9) エ　(10) ウ

2 (1) 3番目…ア　5番目…ウ
(2) 3番目…エ　5番目…ウ
(3) 3番目…イ　5番目…ウ
(4) 3番目…カ　5番目…オ
(5) 3番目…ア　5番目…イ

3 問1 ア　問2 ア
問3 2，3，4

4 1，3，7，9，11，15

5 問1 ウ　問2 ウ　問3 ア
問4 ア→エ→ウ→イ
問5 December　問6 ア，オ

6 (1) tell, to
(2) （例）I was absent from school yesterday.

数学解答

1 (1) -2　(2) -14　(3) $-14b$
(4) $-\frac{5}{2}$　(5) $\frac{1}{2}a^5b^3$
(6) $\frac{-14x+24y}{15}$　(7) $4ab$
(8) 12

2 (1) $\frac{1}{2}(a+4)(a+6)$　(2) 24
(3) $\frac{1}{3}$　(4) 12　(5) 9

3 (1) $x=-5$　(2) $x=-1,\ y=3$
(3) $x=-4\pm\sqrt{17}$

4 (1) 8
(2) 歩いた時間…17分
走った時間…11分
(3) 81箱

5 (1) $\left(3,\ \frac{9}{2}\right)$　(2) $\frac{9}{2}$
(3) $\left(-3,\ \frac{9}{2}\right)$

6 (1) $\sqrt{3}\,\mathrm{cm}^2$　(2) $3\pi\,\mathrm{cm}$
(3) $2\pi+\frac{3\sqrt{3}}{2}\,\mathrm{cm}^2$

国語解答

一 問一 (ア) 日課 (イ) へんぼう
(ウ) 実際 (エ) ほんきょち
問二 A…イ B…ウ C…ア
問三 エ 問四 その長
問五 ひらがな／かたかな／漢字
問六 二十世紀初頭の日本語
問七 向う 大陸国
こちら 日本〔島国〕
問八 自文化の「独 問九 ア
問十 エ

二 問一 (ア) 背後 (イ) とうわく
(ウ) 同居 (エ) 汽笛
問二 X…ウ Y…エ
問三 センベイは顔 問四 ア
問五 ③…ア ⑤…ア 問六 イ
問七 如何に頓馬なものであるかを悟らせようとした
問八 エ 問九 マンドリン
問十 ア

三 問一 (ア) さまよう (イ) おもうよう
問二 イ 問三 係り結び
問四 美しい声を聞かせて［ほしい］
問五 口をはたく〔あける／開ける〕
問六 ア

四 ① エ ② オ ③ ウ ④ イ
⑤ ア

2022年度 武蔵越生高等学校（推薦22日）

【英　語】（50分）〈満点：100点〉

1　次の文の（　　）に入れるのに最も適切な語（句）をア～エから１つずつ選び，記号で答えなさい。

(1) The sister of your father or mother is your (　　　).
ア. daughter　イ. aunt　ウ. uncle　エ. cousin

(2) A: I don't know the meaning of the word.
B: You can use the (　　　).
ア. book　イ. novel　ウ. dictionary　エ. magazine

(3) She is going to (　　　) money to buy a new bike.
ア. lose　イ. save　ウ. break　エ. choose

(4) A: Whose umbrella is this?
B: (　　　).
ア. It's I　イ. It's my　ウ. It's me　エ. It's mine

(5) Mary (　　　) breakfast for her family every day.
ア. make　イ. makes　ウ. is made　エ. making

(6) Would you like a (　　　) of cake?
ア. cup　イ. many　ウ. cream　エ. piece

(7) A big cat is sleeping (　　　) the table.
ア. on　イ. with　ウ. for　エ. to

(8) He spoke too fast, so I said to him, "Please speak (　　　)."
ア. too slowly　イ. more slowly　ウ. so fast　エ. faster

(9) Is Ken (　　　) in pop music?
ア. interests　イ. to interest　ウ. interested　エ. interesting

⑽ Stop (　　　).　We can't hear her.

ア. talk　　イ. to talk　　ウ. talking　　エ. talked

2 日本文の意味になるよう英文の(　　)にア～カの語(句)を正しい順序に並べて入れたとき，３番目と５番目にくるものをそれぞれ選び，記号で答えなさい。

⑴ 私は先生からいくつか質問をされた。

I (　　) (　　) (３番目) (　　) (５番目) (　　).

ア. some　　イ. the teacher　　ウ. asked

エ. was　　オ. by　　カ. questions

⑵ 彼には住む家がありませんでした。

He (　　) (　　) (３番目) (　　) (５番目) (　　).

ア. in　　イ. live　　ウ. had

エ. house　　オ. to　　カ. no

⑶ 会いに来てくれてありがとう。

(　　) (　　) (３番目) (　　) (５番目) (　　) me.

ア. see　　イ. coming　　ウ. to

エ. you　　オ. for　　カ. thank

⑷ ピアノを弾いていた女の子が私の妹です。

(　　) (　　) (３番目) (　　) (５番目) (　　) my sister.

ア. is　　イ. the piano　　ウ. the girl

エ. playing　　オ. who　　カ. was

⑸ 今年は何回カナダに行きましたか。

(　　) (　　) (３番目) (　　) (５番目) (　　) to Canada this year?

ア. many　　イ. times　　ウ. have

エ. been　　オ. you　　カ. how

3 次のホテルのホームページを見て，あとの問いに答えなさい。

Home | About Us | Photo Gallery | F A Q

Ryan's Plaza Hotel

Be our *guests at Ryan's Plaza Hotel!

Our hotel is near *downtown and its *location is perfect for sightseeing and shopping. Of course, we have a *souvenir shop inside the hotel. You can enjoy shopping anytime from 8 a.m. to 10 p.m.

Each room has beautiful 18th century European *furniture. You can use cable TV and the Internet *for free.

Rooms

Type of room	Price *per Night	
	Monday — Friday	Saturday & Sunday
Single Room (one person)	$80	$140
Double Room (two people)	$120	$180
Special Suite (two people)	$160	$240

Shopping and Sightseeing

★ Please ask us for a city map. We can also give you advice about what to see and what to do; there are many shops and restaurants, and the famous art museum in the city.

Special Option

★ We *offer our guests a tour to the Tucker Museum of Art. $40 per person *includes the bus tickets, the *entrance ticket, and lunch at the café next to the museum.

Back to Top

（注）guest 宿泊客　downtown 繁華街　location 位置　souvenir お土産　furniture 家具
for free 無料で　per ~ ～につき　offer 提供する　include 含む　entrance 入場

問１　ロバートは今度の休みを，妻と２人でRyan's Plaza Hotelで過ごそうと考えている。日曜日からSpecial Suiteに３泊すると，合計金額はいくらになるか。

ア．480ドル
イ．560ドル
ウ．640ドル
エ．720ドル

問２　Ryan's Plaza Hotelで宿泊客ができないことは何か。

ア．無料でインターネットを使用する
イ．朝７時にお土産を買う
ウ．市内の地図をもらう
エ．市内観光のアドバイスをもらう

問３　ホームページから読み取れることとして正しいものにはＴを，誤っているものにはＦを書きなさい。

１．Ryan's Plaza Hotelは繁華街の近くにある。
２．Ryan's Plaza Hotelは18世紀に建てられた。
３．Ryan's Plaza Hotelがある市内には美術館がある。
４．宿泊する日によっては，Double Roomの方がSingle Roomより安い。
５．Double Roomに一番安く２泊すると，合計金額は300ドルである。
６．40ドル払えば，だれでも美術館へのツアーに参加できる。

4　次の対話文を読んで，あとの問いにそれぞれ記号で答えなさい。

Aiko：　Tom, there's a concert next Saturday.　Would you like to come with me?
Tom：　Whose concert is it?
Aiko：　It's the concert of a college music club.　My sister is a member of the club.
Tom：　Oh, is she?　Of course I'd like to go.　Where are they going to have the concert?
Aiko：　At the City Music Hall.
Tom：　What time will the concert start?
Aiko：　At six o'clock in the evening.

Tom : That's good. I want to watch a movie on TV on Saturday afternoon, but it will finish at four o'clock.

Aiko : O.K. Please come to my house after that, and let's go to the hall together.

Tom : Well…., but I want to borrow a book from the City Library before it closes that day. I think the library is not so far from the music hall.

Aiko : I see. Then, do you know the flower shop near the music hall?

Tom : Oh, yes.

Aiko : Let's meet there. I want to buy some flowers for my sister. My mother told me that she would be happy if I brought some flowers to my sister.

Tom : That's a good idea. I'll go there after borrowing the book. What time shall we meet?

Aiko : Is five o'clock too early? We can get there in about ten minutes because the music hall is near the shop.

Tom : It's O.K. If we go early, we can get good seats.

Aiko : That's right.

Tom : So, I should eat lunch before watching a movie. See you in two days.

Aiko : See you.

問 1 Aiko と Tom は誰が出演するコンサートに行く予定か。

ア. Aiko の姉

イ. Aiko の母

ウ. Tom の姉

エ. Tom の母

問 2 Aiko と Tom は何時にホールに着く予定か。

ア. 4:50

イ. 5:00

ウ. 5:10

エ. 5:50

問 3 Tom は Aiko と会う日に，次のうち何を最初にする予定か。

ア. 映画を見る

イ. 図書館に行く

ウ. 花屋に行く

エ. 昼食をとる

問 4　花を買うことになったのはなぜか。

ア．　ホールの近くに花屋があるから

イ．　花を買うように助言されたから

ウ．　待ち合わせ場所が花屋だから

エ．　花を買うと母が喜ぶから

問 5　この対話が行われているのはいつか。

ア．　木曜日

イ．　金曜日

ウ．　土曜日

エ．　日曜日

問 6　ホールに着いたら 2 人は何をする予定か。

ア．　花を買う

イ．　本を借りる

ウ．　食事をする

エ．　席をとる

5　次の英文を読んで，あとの問いに答えなさい。

Takuya was a student who studied history at university in Tokyo. He liked to visit old temples. At the end of the year, he planned to go to Kyoto. He worked from December to February to make money, and visited Kyoto the next month.

Takuya arrived in Kyoto in the morning. First, he *checked in at the hotel. There were big clouds in the sky. It looked like rain, but Takuya left his umbrella in the hotel. In the afternoon, he visited a lot of famous old temples.

It started to rain in the evening. He was standing under the roof of a bookstore. He wanted to return to his hotel, but ①<u>he could not move</u>.

"Excuse me." Takuya heard a voice. "Do you have an umbrella with you?" He turned around and saw a girl. She looked as old as Takuya.

Takuya said, "No, I don't. I've left mine in the hotel."

"(　②　)"

"But you don't have another umbrella."

"I'm all right. I live near here. I don't need it. Good-bye!"

She went away soon. He used the umbrella and walked to his hotel. Takuya thought, "I want to return this umbrella to her, but what is her name? Where does she live?"

On the second day, Takuya went to Arashiyama. It was still raining and he took his umbrella with him. He enjoyed visiting the old temples there. After walking for a long time, he felt very tired and hungry. When he was near Arashiyama Station, he saw a small restaurant and went into it.

③

Takuya said, "You! I met you yesterday!" She was the girl who gave Takuya her umbrella.

They talked with each other and Takuya learned a lot about her. Her name was Mari. She was a university student living in Yokohama. During the spring vacation, she was at home to help her parents at their restaurant.

Takuya said, "I wanted to return your umbrella to you, but I don't have it with me now."

Mari smiled and said, "I gave it to you. It's yours."

Takuya enjoyed talking with Mari. When he left the restaurant, Takuya said to Mari, "Thank you and good-bye."

That night, he could not sleep. He was thinking about Mari. He wanted to talk with her again but ④it was *impossible because he had to go back to Tokyo the next day.

The next morning, Takuya was standing on *Track No.11 at Kyoto Station. His train was Nozomi 216. It was ten thirty and he had ten minutes before his train left. He saw his ticket and it said, "*Car No.12, *Seat 8A." He thought about the good *memories which he had in Kyoto. But when he thought about Mari, he felt sad. She was his best memory, but he knew that he could never see her again. He looked at his watch. It was ten thirty-five.

Just then, Mari was running in Kyoto Station. She had to go back to Yokohama that day, but she did not know where her train was. She asked a *station attendant.

"Excuse me. Where can I take Nozomi 216?"

The station attendant said, "It leaves from Track No.11. You have to go soon. The train leaves in five minutes."

Mari said, "Thank you". And before she started to run again, she saw her ticket. It said, "Car No.12, Seat 8B."

(注) check in…チェックインする　impossible…不可能な　Track No.11…11 番ホーム
Car No.12…12 号車　seat…座席　memory…思い出　station attendant…駅員

問 1　下線部①の理由として最も適切なものをア～ウから 1 つ選び，記号で答えなさい。
ア．寺院に関する本を買うために，本屋が開くのを待っていたから
イ．道に迷ってしまい，どうしたらいいか分からなかったから
ウ．雨が降っているにもかかわらず，傘を持っていなかったから

問 2　(　②　)に入る最も適切な英文をア～ウから 1 つ選び，記号で答えなさい。
ア．I can buy an umbrella for you.
イ．Then you can use mine.
ウ．I don't have another umbrella.

問 3　[　③　]には次のア～ウの英文が入る。本文の流れに合うように正しく並べかえ，記号で答えなさい。
ア．He was so surprised when he saw her.
イ．A few minutes later, a girl came to Takuya to bring the meal.
ウ．He sat at the table and said, "One pizza and a tea, please."

問 4　下線部④が指す具体的な内容をア～ウから 1 つ選び，記号で答えなさい。
ア．もう一度 Mari と会って話をすること
イ．大学に行くために東京に戻ること
ウ．次の日に備えて早く眠ること

問 5　本文の内容から考えて，(　　　　)に適切な英単語を入れて，次の質問に対する答えを完成させなさい。
Question : In which month did Takuya visit Kyoto?
Answer : He visited Kyoto in (　　　　).

問 6　次のア～オのうち，本文の内容と合っているものを 2 つ選び，記号で答えなさい。
ア．Takuya は京都旅行のお金を稼ぐために 4 か月働いた。
イ．嵐山を訪れたとき，Takuya は Mari にもらった傘を使わなかった。
ウ．嵐山のレストランを出た後で，Takuya はまた Mari と会うことになると

分かっていた。

エ．11番ホームで電車を待っている間，TakuyaはMariのことしか考えられなかった。

オ．のぞみ216号の発車時刻は，10:40だった。

6 次の日本文を[　　　]の指示に従って英文にしなさい。

⑴ もし私たちがたくさんお金を持っていれば，車を買うことができるのに。
[空欄に適語を入れて英文を完成させること]
If we (　　　　) a lot of money, we (　　　　) buy a car.

⑵ この機械の使い方がわかりません。[toを用いること]

【数　学】 (50分)〈満点：100点〉

1 次の計算をしなさい。

(1) $7\times3-8$

(2) $(-2)^3+(-3^2)\times5$

(3) $2(35a+9b)-7(a+2b)$

(4) $\frac{2}{3}\div\left(-\frac{8}{3}\right)+\frac{1}{4}$

(5) $(-4ab)^2\div8ab^2\times7a^2b$

(6) $\frac{3x-y}{2}-\frac{2x+y}{3}$

(7) $(a+1)(a+6)-4$

(8) $(\sqrt{3}+2)(\sqrt{3}-2)$

2 次の各問いに答えなさい。

(1) $9a^2-12ab+4b^2$ を因数分解せよ。

(2) 図1は，半径1の円が4つ集まってできた図形である。この4つの円の内側ですべての円に接する小さい円の半径 x を求めよ。

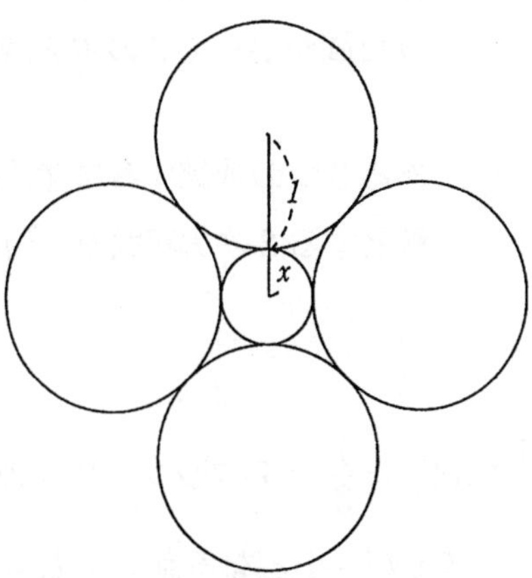

図1

(3) 2つのさいころを投げるとき，出る目の積が偶数になる確率を求めよ。

(4) $\frac{6}{n^2-3}$ が自然数となる整数 n をすべて求めよ。

(5) $D(n)$ は n を自然数の和の形で表す方法の総数とする。ただし，和の順序は区別しないものとする。例えば，$D(3)$ は $1+1+1$，$2+1$ の2通りであるから $D(3)=2$ である。このとき，$D(5)$ を求めよ。

3 次の方程式を解きなさい。

(1) $2\left(x-\dfrac{x-1}{4}\right)+\dfrac{4+x}{2}=1$

(2) $\begin{cases}\dfrac{7+x}{3}-y=-6\\ x+2y=0\end{cases}$

(3) $(x+4)^2+2(x^2-16)=0$

4 次の各問いに答えなさい。

(1) 1周400 mのトラックをAさんとBさんは同じ地点Pから，同じ方向に向かい，同時に走り始めた。1周を走るのに，Aさんは80秒，Bさんは90秒かかるという。Aさんが，Bさんを追い抜くのは，スタートしてから何秒後であるか求めよ。ただし，AさんとBさんの速さは常に一定である。

(2) 300ページある本を1日目にxページ，2日目に20ページ，3日目以降は1日目の1.5倍のペースで読み進めたところ，3日目までに全体の15％を読み終え，全部でy日間かかってこの本を読み終えた。xおよびyの値を求めよ。

(3) ある2つの連続する自然数の2乗の差が13である。これらの2つの自然数を解とする2次方程式を$x^2+bx+c=0$とするとき，定数b，cの値を求めよ。

5 関数$y=\dfrac{1}{3}x^2$のグラフ上にx座標が3となる点Aと，x座標が-1となる点Bをとる。関数$y=ax^2$のグラフ上にx座標が-1となる点Cをとり，x軸上の点(3，0)を点Dとすると，四角形ABCDが平行四辺形となった。$a<0$とするとき，次の各問いに答えなさい。

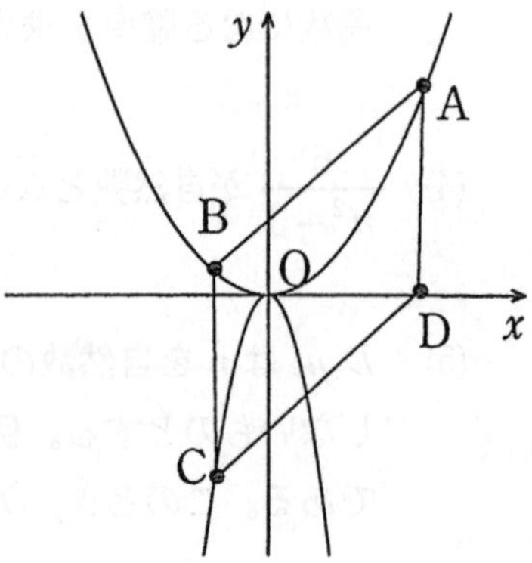

(1) aの値を求めよ。

(2) 直線CDの式を求めよ。

(3) 関数$y=ax^2$と直線CDとの交点のうち，Cではない点をEとするとき，三角形ABEの面積を求めよ。

6 三角形ABCはAB = ACの二等辺三角形である。四角形DEFGは長方形で，点D，Gはそれぞれ辺AB，辺ACの中点とし，点E，Fは辺BC上にある。AB = 6㎝，BE = 1㎝とする。このとき，次の各問いに答えなさい。ただし，円周率はπとする。

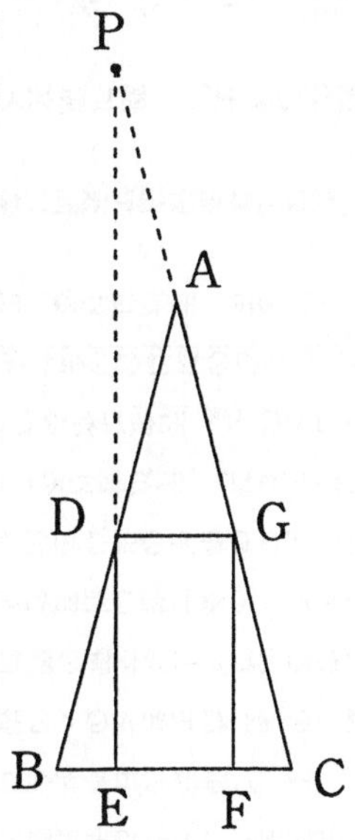

(1) 四角形DEFGの面積を求めよ。

(2) 直線DEと辺ACの延長線上の交点を点Pとする。線分PEの長さを求めよ。

(3) 三角形ABCを線分DEを軸として回転させてできる図形の体積を求めよ。

【国　語】（五〇分）〈満点：一〇〇点〉

※問題の都合上、一部に原文と異なる部分があります。

一　次の文章を読んで設問に答えなさい。

速くできる、手が抜ける、思い通りにできる。日常生活の中ではとてもありがたいことですが、困ったことに、これはいずれも①生きものには合いません。生きるということは時間を紡（つむ）ぐことであり、時間を飛ばすことはまったく無意味。むしろ生きることの（ａ）否定になるからです。

同じように、「手が抜ける」も気になります。②手塩に（　　　）という言葉があるように、生きものに向き合う時は、それをよく見つめ相手の思いを汲みとり、求めていると思うことをやってあげられる時にこそ喜びを感じます。野菜作りを趣味にしている、ある会社の社長さんが、「肥料や水じゃないんだよ。毎朝ご（ア）機嫌はどうかと声をかけてやればおいしいトマトができるんだ」と話す時の顔は、経営について語る時のそれとは違い、なんとも（イ）柔和です。日常は厳しいけれど、その底にはこのような生きものへの眼があるのだと思うと安心します。

（　Ⅰ　）戦後の日本社会は、そうした生きものへのまなざしをむしろ切り捨て、圧倒的に、便利さ、効率、自然離れした人工環境をよしとする価値観のもとに③「進歩」してきました。そうした価値観のもたらした最たるものの一つが、「東京圏への一極集中」だと思います。この異常とも言える一極集中社会は、生物が生きる場としては、大きな問題を抱えています。生物とは本来「多様」なものであるのに、この社会は均一性を求めるからです。

生物多様性という言葉は環境問題との関連で語られることが多く、人間が環境を「保護する」ために守らなければならないこと、というニュアンスで受けとめられていますが、生物は本質的に多様であり、人間もその中の一つだということはこれまでに何度も指摘してきました。④生きものの多様性は、それが暮らす場所との関わりで生まれているわけで、あるところに集中して暮らしたら一様になるのは当然です。東京への一極集中は、生きものとして生きるという生き方を許しません。しかも、多くの発信が東京からなので、社会としての価値観や生き方の選択が東京で決められてしまうことになります。北海道から沖縄までさまざまな自然の中でそれを生かした暮らしを作っていくことが、「ヒト」として豊かな暮らしにつながるのに、です。

地球儀の中での日本列島を眺めると、なんと自然に恵まれ、可能性に満ちた場所に私は生まれたのだろうと思います。是非一度眺めてください。北緯四五度から二六度まで、北海道から沖縄までの自然は多様で美しく、資源に満ちています。世界六位の長さと言われる海岸線は、観光資源であると同時に豊かな海産物を提供してくれます。中央には森林で（ウ）覆われた山脈が並び、富士山は三七七六メートルの高さ、一方日本海溝は最も深い所で八〇二〇メートルの深さ。南北だけでなく高低でも多様な自然を楽しめます。独立した島としての特徴を生かした国づくりを考えると、次々とアイディアが浮かぶ場です。

そんな呑気（のんき）なことを言っていては、現代の国際社会において立ち後れてしまうと言われるでしょう。もちろん、国際社会の一員であることは重要ですが、グローバルであれと言って、そこで動いている政治や経済のみから生き方を決めていくことのほうが、（　Ⅱ　）、後れた考え方だと思います。そうでなく、この列島の「自然」にふさわしい生き方を考えたうえで、そこから世界に発信し、世界と交渉し、世界に学び、尊敬される国として存在していくことを考えられる、私たちの国は⑤そんな豊かな地盤を持った国だと思うのです。

とくに東日本大震災を体験し、今後も太平洋プレートの動きは大型の地震の発生を予測させると言われる今、日本列島で（ｂ）上手に暮らしていく方策を考えるなら、生きものであることを実感できる、新しい豊かさを求めていくことが不可欠でしょう。

私は東京で生まれ東京で育ったのですが、この二〇年間大阪に職場を持ち、そこで活動をしてきました。その中で、一極集中のマイナスを実感したのですが、もっとも強く感じたことは、東京という場の特殊性です。大阪には大阪の人々の暮らしがあり、文化があります。けれどもそこで起きていることはほとんど東京には伝わりません。大阪に異動になった新聞記者の友人は独自の活動を発信すると張り切っていましたが、数ヵ月後には東京へ戻りたいと言い始めました。大事と思うことを書いても、全国版にはほとんど採用されないからです。札幌や名古屋や福岡などでも恐らく同じ思いをしている人々がいるのでしよう。日本のどこに暮らしていても東京の情報はテレビなどで知らされます。地方にいれば東京と自分の暮らす地域とを見る複眼が持てます。一方、東京の人は東京しか知りません。しかも、それがすべてだと思っています。政治、経済、官庁、マスコミなどの中心がすべて東京にありますから、事はどうしても東京の眼で動きます。

生きものの基本は多様性であり、さまざまな視点があることです。「人間は生きもの」という考え方は、多様性を大事にしますので、さまざまな場にある自然、暮らし、文化が織りなす社会を求めます。その方が一極集中型より柔軟性があり、その結果強い社会になると思います。

日本の近代化は西欧からの科学を主とする知や社会制度の導入で始まったのですが、ヨーロッパなどいわゆる先進国とされる国は実は分散型であり、食べ物の自給もしています。世界のどこであれ、安全で美味しく、良質の食べものを口にしようとするなら、身近で生産するという答になるはずなのです。今後、土地、水などの不足と人口増加、経済成長が重なって食糧不足が心配される中での食べ物づくりの選択を考える時です。少なくともこのままでは、⑥日本は先進国ではないと言わざるを得ません。社会制度や経済の専門家ではないのでこれ以上のことはわかりませんが、生命誌の立場から、一極集中は改めなければならないと言えます。

『科学者が人間であること』中村桂子

※ グローバル…世界的な規模であること。
※ 太平洋プレート…太平洋の底の大部分を占める海洋プレート。
※ 生命誌…生きもの全ての歴史と多様な関係を知り、そこから「どう生きるか」を探す、新しい知のこと。

問一　傍線部（ア）～（ウ）の漢字の読みをそれぞれ答えなさい。

（ア）機嫌　　（イ）柔和　　（ウ）覆われた

問二　傍線部（a）、（b）の対義語（反対語）をそれぞれ漢字で答えなさい。

問三　文中の（Ⅰ）、（Ⅱ）に入る適当な言葉を後から選び記号で答えなさい。

ア　もちろん　　イ　とても　　ウ　もはや　　エ　すでに　　オ　しかし　　カ　やはり

問四　傍線部①「生きものには合いません。」という理由として適当でないものを一つ選び記号で答えなさい。

ア　便利さを求める価値観が生み出したもので、社会に均一化を求めるから。
イ　生きるということは、時間をかけて何事かをつくりだすことであるから。
ウ　生きものに向き合って喜びを感じ取るには相手への気配りが必要だから。
エ　生きものの生活から、無駄とされる時間を省き、多様性を保護するから。

問五　傍線部②「手塩に（　　　）」の（　　　）に入れるのに適当なひらがな三字を答えなさい。

問六　傍線部③「進歩」に「　　　」がついている理由として最も適当でないものを一つ選び記号で答えなさい。

ア　大きな問題を抱えた進歩であるから。
イ　望ましい社会展開ではないから。
ウ　まさに進歩であると強調するため。
エ　本来の進歩だとは考えていないため。

問七　傍線部④「生きものの多様性は、それが暮らす場所との関わりで生まれている」ことを人間に当てはめるとどういうことか。最も適当なものを選び記号で答えなさい。

ア　豊かな資源から紡ぎ出された新商品が、人間の多様性を支えること。
イ　日本のそれぞれの自然に応じた生き方が、人間の多様性を生むこと。
ウ　グローバルな国際社会に準じた政策が人間の多様性に結びつくこと。
エ　東京一極集中社会により、人間の多様性が豊かに保障されること。

問八　傍線部⑤「そんな」が指示する部分を文中から七十字以内で探し、はじめと終わりの五字をそれぞれ抜き出して答えなさい。

問九　傍線部⑥「日本は先進国ではないと言わざるを得ません」の理由として適当でないものを一つ選び記号で答えなさい。

ア　多様な自然を生かした国づくりを考え、柔軟性のある強い社会を作ろうとするから。
イ　便利さや効率を求めすぎたため、東京圏への一極集中を招き、多様性を失ったから。
ウ　西欧の先進国は分散型であるのに、日本は食料自給率が世界でも低い国であるから。
エ　国際社会を動かす政治や経済がもたらす豊かさを求める国づくりをしているから。

二　次の文章を読んで設問に答えなさい。

内向的で自分に自信を持てずにいた高校生の「私」（由里絵）は、入学時に片道一時間三十分を超える道のりを徒歩で通学することを決意した。三年間、カナダ通りと名づけた商店街を毎日通って通学しているうちに、多くの人たちと顔見知りになった。その中に沙織さんという美人の女の人が夫の厚志さんと営む「ソフィー」というケーキとショコラを売る店があった。ショーケースの向こうはガラスを隔ててケーキ作りの工房になっていて、ご夫婦が白ずくめの格好で真剣にケーキを作っている姿をよく見かけた。私は毎日のようにソフィーのウィンドーで足を止めた。沙織さんはケーキやショコラを作っていても接客していても、どんなときでもすぐに私に気づいて笑顔にうなずいてくれた。そのたびに私は小さく会釈して立ち去った。無言の挨拶であったが、うれしい帰りの挨拶だった。

前半は、私が三年生になって、初めて沙織さんと会話を交わした日の場面である。また後半は、「私」にとって思い出深い、ある別の日の出来事を描いた場面である。

初夏。清々（すがすが）しいある午後のことだった。私はいつものようにカナダ通りを歩いて家路についていた。

よく晴れた日で、街路樹の緑の葉がきらめいてまぶしかった。街灯の支柱の小さなカナダ国旗を見上げ、前を向いたとたん、ソフィーの前に白ずくめの沙織さんが立っているのに気づいた。私を見つめて微笑んでいた。

「お帰りなさい。」

沙織さんは少し笑顔を（ア）カタムけて声をかけた。

「ただいま。」

私も笑って通りすぎようとした。

「ちょっとお店に寄っていかない？」

「はい？」

沙織さんの言葉に（　a　）としてしまった。思ってもみなかった言葉だったので、聞き間違えかと思ってしまった。

「待っていたのよ。もしよかったら、①あなたにちょっと寄ってもらって、一緒にお茶したかったんだ。時間、ない？」

「ありますけど、でも、どうして……」

「だって、もう二年間も毎日のように二回も顔を合わせて挨拶しているのに、一度もお話ししたことないでしょう。そろそろちょっとお話ししたいなあと思ったの。それだけ。ずっとそう思っていた。今日、決心して待ってたんだ。」

とっさに返事ができなかった。胸の中で何かが固まったような気分だった。なぜかケーキをごちそうしてくれるんだとすぐに直感が走った。毎日ウインドーのこちら側からのぞいている私の顔が、物欲しそうに見えたに違いないと思ってしまった。

「軽いおしゃべりだから、構えることはないのよ。」

「でも、いいんですか？」

「もちろん。そうしてくれたらうれしいな。」

「あの、お金を払いますから、ケーキを食べてもいいですか？」

そう言ってしまったのは、いつも店内をのぞいていたけど、決して物欲しそうに見ていたんじゃないと主張したかったからだ。それに、きっとケーキをごちそうしてくれると強く思ってしまったからだった。だったらお金を払って食べたほうが気兼ねなく食べられる。沙織さんが作ったケーキをごちそうしてもらう訳にはいかなかった。あの荒れた手を見続けていたのでそう思ってしまった。生活のために一生懸命作ったケーキをごちそうになったらバチがあたる。でもずっと前から沙織さんの作ったケーキを一度食べてみたかった。あの荒れた手で作ったケーキなら、きっとおいしいだろうと想像していた。いつもお客さんがひっきりなしだったのがその証拠だった。食べてみたかったけど、店に入ってケーキやショコラを買うのをためらってしまった。理由はないけど、何だか気恥ずかしかった。毎日挨拶したり、店内をのぞいていたからなのだと思う。

「うれしいわ。でもお金はいいのよ。今日は私の招待だから。」

「でも、悪いですから、ちゃんとお金払いますから。」

「いいから、さあ入って。」

沙織さんはうれしそうにドアを開けて店内に私を招き入れた。

ショーケースの裏側に小さなテーブルとイスがひとつずつあった。沙織さんは私を座らせて、私のカバンを奥の机の上に置いた。

「コーヒー？それとも紅茶のほうがいい？」

「じゃあ、紅茶にしてください。」

沙織さんが工房で紅茶をいれてくれている間に、店内や、ケーキの陳列ケースを見ていた。工房で厚志さんが働いていた。厚志さんは沙織さんの旦那さん。大柄な人で沙織さんより頭ひとつ背が高い。顔も大きくて、目も鼻も口も眉毛も大きい。

沙織さんが厚志さんに語りかけると、厚志さんが私を振り向いて笑った。私は小さく会釈した。

沙織さんが白いポットに紅茶をいれて運んできた。カップが二つ。それにチョコレートケーキが二つ。スポンジの上にチョコレートが回しかけられているだけの素朴なケーキだった。沙織さんは奥の机にあるイスを持ってきて座った。ポットから私のカップに紅茶をそそいでくれた。間近に見る沙織さんの手は、本当に手荒れがひどくてガサガサだった。でもとっても素敵な手だった。指が長くてかっこうがよかった。化粧していない爪がきれいなピンクだった。しぐさがなめらかで大人の女の人って感じがした。

「さあ食べましょう。私、チョコレートケーキが大好きなの。作っていても食べたいって思っちゃうの。変よね。」

沙織さんは笑って言い、チョコレートケーキを食べた。

「いただきます。」

小さなフォークでチョコレートケーキを一口の大きさに割った。すっと、抵抗がなくフォークが(イ)スベった。突き刺して口に運んだ。

なめらかな舌触りだった。おいしさが口のなかに広がった。いろんな味や香りがいっぱい(ウ)カクれていて、それらが深い味わいを作っているのに、それでいてすっきりしたおいしさだった。味と香りが口のなかでやさしく微笑んでいるような感じだった。

あまりにおいしくて、思わず沙織さんを見てしまった。沙織さんは何も言わずに微笑むだけだった。

とたんに胸のなかで固まっていた何かが柔らかくなっていった。熱く熱をもって胸がいっぱいになり、あふれだした。

沙織さんのやさしさが胸にきたからではない。ケーキが、本当においしかったからだ。本当においしくて、びっくりして、感激して、それで沙織さんを見たらやさしく微笑んでくれていて、自分が②意固地になったことがバカに思えて、学校や家での嫌なことや、あまり楽しくない毎日とか、全部が、ケーキのおいしさで、いっぺんに幸せな気分になって、何だかうれしくて、全身から力が抜けていって、すごくほっとして楽になって、そしたら何だか自分がかわいそうに思えて、でもやっぱり、こんなおいしいケーキを食べられて生きててよかったって、もう何が何だかわからないぐらいに感激してしまった。

ケーキを口にふくんだまま、うつむいて、目をぎゅっと閉じて、（　ｂ　）と涙をこぼし続けた。

「どうしたの？」

沙織さんが心配して、心細そうに声をかけた。

私は黙って頭を左右に振った。

「大丈夫？」
目をぎゅっと閉じて、ますます激しく頭を振り続けた。
「まずかった？」
③「違いますッ。感激です……」
また変な言葉づかいをしてしまった。

「お願いがあってきたんです。」
顔が強張って硬い口調になってしまった。
「どうしたの、かしこまって。」
「あの、高校を卒業したら、ソフィーで働きたいんです。ちゃんと修業して、いつか沙織さんのようにおいしいケーキとショコラを作れるようになりたいんです。何でもやりますから、一生懸命頑張りますから、私を使ってください。お願いします。」
（エ）イキオい込んで、早口で一気に言ってしまった。
沙織さんは何も言わなかった。微笑してじっと私を見ていた。
「お願いします。本当に一生懸命頑張りますから、私を使ってください。」
必死だった。自分の一生の大事なことを、生まれて初めて自分自身で決めたのだから。本当に必死だった。他のケーキ屋さんで修業することは考えられなかった。大好きなカナダ通りの、大好きなケーキを作る沙織さんの元で修業したかった。
「やっぱりあなただった。」
沙織さんの微笑している目から、涙がすうっと流れた。どうして沙織さんが泣くのか不思議だった。
「初めて由里絵さんに出会って、それでウインドーガラスからのぞいている由里絵さんを目にしたときに、きっとあなたじゃないかって思った。」
沙織さんが何を言いたいのかわからなかった。私はただ黙って沙織さんを見つめていた。
「初めて私のケーキを食べてくれた時に、（　④　）って確信した。いつかお店に余裕ができたら、一緒に働いてくれて、それで私たちのケーキとショコラ作りを受け継いでくれる人が現れるって、厚志さんとずっと話していたの。それまで二人で頑張ろうって。それで由里絵さんが現れた時に、ああ、この人かもしれないって、そう思ったの。でも私たちのほうからは言わないようにって決めてた。あなたの大事な将来のことだから、自分から本当にこの店で働きたいと思ってくれて、ケーキとショコラを作りたいって思ってくれなければ不幸になるから。でももう秋になって、由里絵さんには由里絵さんの決めた違う将来があるんだってあきらめてた。だからこの店で修業したいって言ってくれて、とってもうれしいの。でも楽しい仕事だけど、ラクではないのよ。」
「ちゃんと考えて決心したんです。お願いします。一生懸命やりますから。」
必死だったけど、すごくうれしかった。不思議に泣かなかった。必死だったので泣くことなんてことまで意識が回らなかったのかもしれない。
⑤「ありがとう、由里絵さん。」
⑥「沙織さんがありがとうって言うのは変です。私が言うことですから。」
「精一杯頑張るけど、お給料、そんなに出せないかもしれないけど、いいの？」
沙織さんが涙を手で拭いながら笑った。ものすごく美人の笑顔と、ものすごく荒れた手がアンバランスで、でもそれがすごく素敵だった。
「働かせていただけるならお給料なんて！　あ、でも、やっぱり、少しでいいですから、ほしいです……」
沙織さんは声に出さずに明るく笑ってから、工房のドアを開けて厚志さんを呼んだ。

『透明約束』川上健一

問一　傍線部（ア）～（エ）のカタカナをそれぞれ漢字に直して答えなさい。

問二　文中の（ａ）（ｂ）に入る適当な言葉を後から選び記号で答えなさい。

（ａ）　ア　ウットリ　　イ　キョトン　　ウ　ゾクゾク　　エ　ワクワク

(b)　ア　ボロボロ　　イ　ダラダラ　　ウ　タラタラ　　エ　シクシク

問三　傍線部①「あなたにちょっと寄ってもらって、一緒にお茶したかったんだ」とあるが、このときの沙織さんと「私」の様子や心情について本文全体を踏まえて最も適当なものを選び記号で答えなさい。

ア　進路が決まっていないのなら、ぜひお店で働いてもらえるようスカウトしようと考えていた沙織さんに対し、「私」は沙織さんの心理を測りかね、物欲しそうにしていた品のない行いを見られていたと思い込んで気まずく感じている。
イ　たびたび店内を眺めていた「私」に、この子は自分たちの後継者になるかもしれないとひそかに思っていた沙織さんに対し、「私」は突然のことにとまどい、自分の態度が誤解を招いていたのではないかと思って身構えている。
ウ　毎日ウインドーをのぞく「私」に、店のケーキが気になるのなら一度は食べてもらいたいと考えていた沙織さんに対し、「私」は突然ごちそうしてくれると言われ、自分の気持ちを見抜かれているのではないかと警戒心を抱いている。
エ　二年間も毎日のように顔を合わせ、挨拶を交わす「私」と一度は話してみたいと思っていた沙織さんに対し、「私」は沙織さんとの関係を改めて不思議に思いながら、何はともあれこれで気兼ねなくケーキを食べられると安心している。

問四　傍線部②「意固地になった」とあるが、本文中の意味として最も適当なものを選び記号で答えなさい。

ア　ふてくされた　　イ　かたくなになった　　ウ　さびしくなった　　エ　気分を損ねてしまった

問五　傍線部③「『違いますッ。感激です……』また変な言葉づかいをしてしまった」とあるが、このときの「私」の説明として最も適当なものを選び記号で答えなさい。

ア　沙織さんの作るケーキへの特別な思いから、「お金を払いますから、ケーキを食べていいですか？」や「感激です……」など幼稚で素朴な表現ながら、自分の気持ちを相手に伝えようとしている。
イ　荒れた手でケーキを作る沙織さんへのあこがれから、「紅茶にしてください」や「感激です……」など自身の意見をはっきりと示し、自分を一人前だと認めてもらおうとしている。
ウ　厚志さんと沙織さんが仲よくケーキを作る姿を目にしたことによって、「ありますけど、でも、どうして……」や「感激です……」など決して上手な伝え方ではないけれども、他人と積極的にかかわりを持とうとしている。
エ　どんなときも笑顔を向けてくれていた沙織さんの思いに応えるために、「いただきます」や「感激です……」など当たり前の言葉では感謝の気持ちは伝えられないと思っている。

問六　文中の（　④　）に入れるのに適当な八字の語句を本文中から選んで答えなさい。

問七　傍線部⑤「ありがとう、由里絵さん」とあるが、沙織さんの「ありがとう」という気持ちの説明として最も適当なものを選び記号で答えなさい。

ア　手が荒れることも気にせず、懸命に働きケーキ作りに没頭してきたソフィーでの仕事を、「私」があこがれをもって見ていてくれたことに感激した。
イ　一目見て気に入り、いつか一緒に仕事をしたいと思っていた「私」がちゃんと修業したいと言ってくれたことに感激した。
ウ　「私」とは夏に会話を交わすまでは挨拶をするだけの関係であったのに、自分たち夫婦が作るケーキをそれほどまでに気に入ってくれたことに感激した。

エ　自分たちが「私」の将来を決めてはいけないと思って口に出せなかった願いが、思いがけずかなったことに感激した。

問八　傍線部⑥「沙織さんがありがとうって言うのは変です。私が言うことですから」とあるが、「私」の「ありがとう」という気持ちの説明として最も適当なものを選び記号で答えなさい。

ア　初めてケーキを食べさせてもらったときの申し訳ない気持ちをようやく伝えることができたことに加え、初めて他人から自分が認められたことに安堵（あんど）し、沙織さんに感謝している。

イ　これまで何もできなかった自分が三年間、片道一時間三十分を超える道のりを歩いて通学し続けたことへのご褒美（ほうび）として、すてきなソフィーで働くという将来の道を与えてくれた沙織さんに感謝している。

ウ　これまで自身の進路を積極的に選ぶこともなかった自分が初めて決めた、いつか自分も心まで解きほぐすようなおいしいケーキを作れるようになりたい、という思いを受け入れてくれた沙織さんに感謝している。

エ　ふとしたきっかけで食べさせてもらった、一生懸命に作られた沙織さんのケーキが自分の味覚をかえることになったという奇遇な縁を感慨深く思い、沙織さんに感謝している。

三

次の古文を読んで設問に答えなさい。

下野（しもつけ）の国に男女すみわたりけり。年ごろすみけるほどに、男、妻をまうけて（妻をこしらえて）心かはりはてて、この家にありける物どもを、今の妻のがりかきはらひもてはこびいく（今の妻のもとへあらいざらい）。①心憂しと思へど、なほまかせて見けり。ちりばかりの物も残さず、みな②もていぬ。③ただ残りたる物は馬槽（うまぶね）のみなむありける。それを、この男の従者（ずさ）、まかぢといひける童（わらは）使ひけるして（まかじといった童を使っていたが（その童に）命じて）、このふねをさへとりに（a）おこせたり。この童に、女のいひける、「きむぢ（おまえ）も④今はここに見えじかし」などいひければ、「などてか、さぶらはざらむ。⑤ぬし、おはせずとも（b）さぶらひなむ」などいひ、立てり。女、「ぬしに消息（せうそこ）聞えば（たよりを申し上げたら）申してむや（申し上げてくれるかしら）。⑥文はよに見たまはじ。ただことばにて申せよ」といひければ、

⑦「いとよく申してむ」といひければ、かく(c)いひける。

「『ふねもいぬまかぢも見えじ今日(けふ)よりはうき世をいかでわたらむ』と申せ」といひければ、男にいひければ、

物かきふるひいにし男なむ、しかながら(そのまま全部)はこびかへして、もとのごとくあからめもせで(心を移すこともなく)⑧添ひゐにける。　　『大和物語』

※馬槽…かいば桶(おけ)。馬のえさを入れる容器。

問一　傍線部①、②の語句の意味として適当なものをそれぞれ選び記号で答えなさい。

①「心憂し」　ア　つらい　イ　楽しい　ウ　幸運だ　エ　もったいない

②「もていぬ」　ア　持っていかなかった　イ　持っていった　ウ　持てずに帰った　エ　持って座った

問二　傍線部(a)「おこせたり」(b)「さぶらひ」(c)「いひける」の動作主はそれぞれ誰か。次の中から選び記号で答えなさい。

ア　男　イ　女　ウ　今の妻　エ　童

問三　傍線部③「ただ残りたる物は馬槽のみなむありける」に使われている表現技法を、ひらがな六字で答えなさい。

問四　傍線部④「今はここに見えじかし」の口語訳として、最も適当なものを選び記号で答えなさい。

ア　これからもいつもここに来るかもしれませんね。
イ　今後は一切ここに来ないでいただきたいものですね。
ウ　これからはもうここに来ないのでしょうね。
エ　これからはここに来ないほうがいいでしょうね。

問五　傍線部⑤「ぬし」とは誰のことか。次の中から一つ選び記号で答えなさい。

ア　男　イ　女　ウ　今の妻　エ　童

問六　傍線部⑥「文」とはどういうものか、漢字二字で答えなさい。

問七　傍線部⑦「いとよく申してむ」の口語訳として、最も適当なものを選び記号で答えなさい。

ア　わかりやすく申してください。

イ　うまく申し上げる自信がありません。
ウ　しっかりと申し上げましょう。
エ　できうる限り申し上げましょう。

問八　傍線部⑧「添ひゐにける」を現代仮名づかいに直して、すべてひらがなで答えなさい。

四　次の作品の作者を後から選び、それぞれ記号で答えなさい。

（１）『富嶽百景』　『走れメロス』　（２）『三四郎』　『坊ちゃん』
（３）『夜明け前』　『若菜集』　（４）『河童』　『蜘蛛の糸』

ア　芥川龍之介　イ　石川啄木　ウ　高村光太郎　エ　太宰治　オ　夏目漱石　カ　島崎藤村

2022年度／武蔵越生高等学校（推薦22日）

英語解答

1 (1) イ　(2) ウ　(3) イ　(4) エ
(5) イ　(6) エ　(7) ア　(8) イ
(9) ウ　(10) ウ

2 (1) 3番目…ア　5番目…オ
(2) 3番目…エ　5番目…イ
(3) 3番目…オ　5番目…ウ
(4) 3番目…カ　5番目…イ
(5) 3番目…イ　5番目…オ

3 問1　イ　問2　イ
問3　1…T　2…F　3…T　4…T
5…F　6…F

4 問1　ア　問2　ウ　問3　エ
問4　イ　問5　ア　問6　エ

5 問1　ウ　問2　イ
問3　ウ→イ→ア　問4　ア
問5　March　問6　イ，オ

6 (1) had, could
(2) I don't know how to use this machine.

1〔適語(句)選択・語形変化〕

(1)aunt「おば」　uncle「おじ」　cousin「いとこ」　「父親か母親の姉妹はあなたのおばだ」

(2)A：この単語の意味がわからない。／B：辞書を使うといいよ。//単語の意味を調べるときに使うのは dictionary「辞書」。

(3)to buy a new bike「新しい自転車を買うために」という'目的'に合う行動は，save money「貯金する」。　「彼女は新しい自転車を買うために貯金するつもりだ」

(4)A：これは誰の傘？／B：私のです。//I－my－me－<u>mine</u>

(5)文末に every day「毎日」とあるので'現在の習慣'を表す現在時制が適切。主語の Mary は3人称単数。　「メアリーは毎日家族のために朝食をつくる」

(6)a piece of cake で「ケーキ1切れ」。　「ケーキを1切れいかがですか」

(7)on the table「テーブルの上で」。この on は'接触'を表す。　「大きなネコがテーブルの上で眠っている」

(8)早口の人に頼む表現。　「彼があまりにも早口で話したので，私は彼に『もっとゆっくり話してください』と言った」

(9)be interested in ～「～に興味がある」　「ケンはポップミュージックに興味がありますか」

(10)stop ～ing で「～するのをやめる」。なお，'stop＋to不定詞'は「～するために立ち止まる」という意味になる。　「話すのをやめて。彼女の話が聞こえません」

2〔整序結合〕

(1)「～された」なので'be動詞＋過去分詞'の受け身形で I was asked とする。この後は some questions を続け，最後に by ～「～によって」を置く。The teacher asked me some questions. という文を，I を主語にして書き換えた形。　I was asked <u>some</u> questions <u>by</u> the teacher.

(2)He had no house とした後，to不定詞の形容詞的用法で to live in と続ける。このように to不定詞の形容詞的用法で最後に前置詞が置かれる形は次のように考える。　a house to live in「住む家」←live in a house「家に住む」／a pen to write with「書くペン」←write with a pen「ペンで書く」／paper to write on「書く紙」←write on paper「紙の上に書く」　He had no house to live in.

(3)Thank you for ～ing「～してくれてありがとう」の形にする。　Thank you for coming to see me.

(4)The girl is my sister. が文の骨組み。「ピアノを弾いていた」は，語群に who があるのでこれを主格の関係代名詞として用いて who was playing the piano とまとめ，The girl の後ろに置く。　The girl who was playing the piano is my sister.

(5)「何回」は，how many times。これを文頭に置き，この後は'have/has＋主語＋過去分詞…?'という現在完了形の疑問文の形を続ける。　How many times have you been to Canada this year?

3〔長文読解総合―ウェブサイト〕

≪全訳≫

ホーム　私たちについて　フォトギャラリー　よくある質問

ライアンズプラザホテル

ライアンズプラザホテルへようこそ！

当ホテルは繁華街に近く，その立地は観光やお買い物に最適です。もちろん，ホテル内にお土産のショップもございます。午前８時から午後10時まで，いつでもお買い物をお楽しみいただけます。

各客室には美しい18世紀のヨーロッパの家具があります。ケーブルテレビとインターネットを無料でお使いいただけます。

客室

客室のタイプ	宿泊料金（１泊当たり）	
	月曜日～金曜日	土曜日・日曜日
シングルルーム（１名様）	80ドル	140ドル
ダブルルーム（２名様）	120ドル	180ドル
スペシャルスイート（２名様）	160ドル	240ドル

お買い物と観光

市内の地図をご希望の方はお申し出ください。見どころや何をすべきかについてアドバイスも可能です。市内には多くのショップやレストラン，それに有名な美術館があります。

特別オプション

ご宿泊のお客様にはタッカー美術館へのツアーをご提供しております。お一人様40ドルで，バス代，入場券，美術館の隣のカフェでの昼食が含まれています。

トップへ

問１＜要旨把握＞料金表参照。スペシャルスイートの料金は，土・日が240ドル，月～金は160ドルなので，日曜日から３泊だと240×１＋160×２で，合計560ドルとなる。

問２＜要旨把握＞ホテル名の下の説明文参照。ホテル内でお土産が買えるのは午前８時～午後10時。

問３＜内容真偽＞１…○　ホテル名の下の説明文参照。　２…×　このような記述はない。　３…○　Shopping and Sightseeing の項参照。　４…○　宿泊料金表参照。土・日のシングルルームより平日のダブルルームの方が安い。　５…×　宿泊料金表参照。ダブルルームの平日料金は，２泊分で240ドル。　６…×　Special Option の項参照。美術館へのツアーが提供されるのはこのホテルの宿泊客のみ。

4〔長文読解―要旨把握―対話文〕

≪全訳≫❶アイコ（Ａ）：トム，次の土曜日にコンサートがあるんだ。私と一緒に行かない？❷トム

(Ｔ)：誰のコンサート？**3**Ａ：大学の音楽部のコンサートだよ。お姉ちゃんがその部の部員なんだ。**4**Ｔ：えっ，そうなの？　もちろん行きたいよ。コンサートはどこであるの？**5**Ａ：市の音楽ホールだよ。**6**Ｔ：コンサートは何時に始まるの？**7**Ａ：夕方の６時よ。**8**Ｔ：よかった。土曜日の午後はテレビで映画を見たいんだけど，それは４時に終わるんだ。**9**Ａ：そうなんだ。その後うちに来てよ。一緒にホールに行きましょう。**10**Ｔ：ええと…，でもその日，市の図書館が閉まる前に本を借りたいんだよ。図書館は音楽ホールからそんなに遠くないと思うんだけど。**11**Ａ：わかった。じゃあ，音楽ホールの近くの花屋さんは知ってる？**12**Ｔ：うん。**13**Ａ：そこで待ち合わせよう。お姉ちゃんに花を買いたいんだ。お母さんが私に，花を持っていってあげたらお姉ちゃんは喜ぶだろうって言ったの。**14**Ｔ：それはいい考えだね。本を借りたらそこへ行くよ。何時に待ち合わせる？**15**Ａ：５時は早すぎる？　音楽ホールは花屋さんから近いから，10分くらいで着けるよ。**16**Ｔ：いいよ。早く行けば，いい席が取れるね。**17**Ａ：そうだね。**18**Ｔ：じゃあ，映画を見る前に昼食をとらなきゃ。２日後に会おう。**19**Ａ：じゃあね。

＜解説＞問１．第３段落参照。アイコは「姉がその(音楽)部の部員」と言っている。　問２．第15〜16段落参照。５時に待ち合わせて，10分くらいでホールに着く予定。　問３．第８，10，14，18段落参照。「昼食→テレビで映画→図書館→花屋→ホール」の順。　問４．第13段落参照。姉のために花を買うのは，母親からの助言があったから。　問５．第１，18段落参照。コンサートは土曜日で「２日後に会おう」と言っている。　問６．第16段落参照。「早く行けば，いい席が取れる」と言っている。

5〔長文読解総合―物語〕

≪全訳≫**1**タクヤは東京の大学で歴史を学ぶ学生だった。彼は古い寺を訪ねるのが好きだった。１年の終わりに，彼は京都へ行く計画を立てた。お金を稼ぐために12月から２月まで働き，翌月京都を訪れた。**2**タクヤは京都に朝到着した。まず，ホテルにチェックインした。空には大きな雲があった。雨が降りそうだったが，タクヤはホテルに傘を置いて出た。午後にはたくさんの有名な古い寺を訪ねた。**3**夕方には雨が降り出した。彼は本屋の軒下に立っていた。ホテルに戻りたかったが，動けなかった。**4**「すみません」と声が聞こえた。「傘はお持ちですか？」　振り向くと１人の少女がいた。タクヤと同じくらいの年に見えた。**5**タクヤは言った。「いや，持ってないんです。ホテルに置いてきてしまって」**6**「じゃあ，私のを使っていいですよ」**7**「でも君はもう１つ傘を持っていませんよね」**8**「大丈夫です。この近くに住んでいるので。私には必要ありません。さようなら！」**9**彼女はすぐに去っていった。彼はその傘を使ってホテルまで歩いた。タクヤはこう思った。「この傘を彼女に返したいけど，名前は何というのかな。どこに住んでいるんだろう」**10**２日目，タクヤは嵐山に行った。まだ雨が降っていたので，自分の傘を持っていった。そこでは古い寺を訪ねて楽しんだ。長時間歩いた後，とても疲れておなかがすいた。嵐山駅の近くに来たとき，小さなレストランを見つけて入った。／→ウ．彼はテーブルについて，「ピザと紅茶をお願いします」と言った。／→イ．数分後，１人の少女がタクヤのところへ食事を持ってきた。／→ア．彼女を見たとき，彼はとても驚いた。／タクヤは言った。「君！　昨日会ったよね！」　彼女はタクヤに傘をくれた少女だった。**11**２人は互いに話をし，タクヤは彼女について多くのことを知った。彼女の名前はマリといった。横浜に住む大学生だった。春休みの間，実家に戻って両親のレストランを手伝っているのだった。**12**タクヤは言った。「君の傘を返したかったんだけど，今は持っていないんだ」13マリはほほ笑んで言った。「あげたんだよ。あれはあなたのよ」14タクヤはマリと楽しく話した。レストランを出るとき，タクヤはマリに言った。「ありがとう，じゃあね」15その夜，彼は眠れなかった。マリのことを考えていた。また彼女と話したかったが，翌日には東京に戻らなくてはならなかったのでそれは無理だった。16翌朝，タクヤは京都駅の11番ホームに立っていた。彼の電車はのぞみ216号だった。時刻は10時30分で，電車が出るまであと10分だった。切符を見ると，「12号車，座席番号8A」と書かれていた。彼は京都でできたいい思い出について考えた。しかしマリのことを思うと寂しくなった。彼女は彼の最高の思い出だったが，二度と会えないとわかっていた。彼は腕時計を見た。10時35分だった。17ちょうどそのとき，マリが京都駅に駆け込んできた。その日，横浜に戻らなくてはならなかったのだが，自分の乗る電車がどこにとまっているかわからなかったのだ。彼女は駅員に尋ねた。18「すみません。のぞみ216号はどこで乗れますか？」19駅員は言った。「11番線から出ます。早く行った方がいいですよ。５分後に出発しますから」20マリは「ありがとうございます」と言った。そして再び走り出す前に，自分の切符を見た。そこには「12号車，座席番号8B」と書かれていた。

問１＜文脈把握＞ホテルに傘を置いてきたのに(第２段落第４文)雨が降り出したため(第３段落第１文)，動けなかった。

問２＜適文選択＞空所前後の流れから，少女が自分の傘を使わせてくれようとしたのだとわかる。

問３＜文整序＞レストランに入った後の内容が入る。まず席について注文するウを置く。アにある her はイにある a girl を指すと考えられるので，イ→アの順に置くと，空所後の内容にも自然につながる。

問４＜指示語＞「彼女ともう一度話したかったが，それは無理だった」という文脈。この it が指すのは，直前にある to talk with her（＝Mari）again である。

問５＜英問英答―適語補充＞Q：「タクヤは何月に京都を訪れたか」―A：「彼は京都を3月に訪れた」　第１段落最終文参照。お金を稼ぐために12月から２月まで働き，その「翌月」京都に行った。

問６＜内容真偽＞ア…×　働いたのは12月から２月の３か月間(第１段落最終文)。　イ…○　嵐山では自分の傘を使った(第10段落第１，２文)。　ウ…×　タクヤはマリとまた話すことは不可能だと思っており(第15段落最終文)，二度と会えないとわかっていた(第16段落終わりから３文目)。　エ…×　マリのこと以外にも，京都でのいい思い出について考えていた(第16段落第５文)。　オ…○　第16段落第３文参照。時刻が10時30分で，電車が出るまであと10分とある。また，この段落の最終文では時刻が10時35分で，ちょうどそのとき駅に駆け込んできたマリに，駅員は「あと５分で電車が出る」(第19段落最終文)と言っている。

6〔和文英訳〕

(1)「もし(今)～なら，…のに」といった，‘現在または未来に実現できそうにない願望’は‘If＋主語＋動詞の過去形～，主語＋助動詞の過去形＋動詞の原形…’の形(仮定法過去)で表せる。ここは「…できるのに」なので，‘助動詞の過去形’は could を使う。

(2)「～の使い方」は how to use ～で表せる。これを I don't know の後に続ければよい。

数学解答

1 (1) 13　(2) -53　(3) $63a+4b$

(4) 0　(5) $14a^3b$　(6) $\dfrac{5x-5y}{6}$

(7) a^2+7a+2　(8) -1

2 (1) $(3a-2b)^2$　(2) $\sqrt{2}-1$　(3) $\dfrac{3}{4}$

(4) ±2, ±3　(5) 6

3 (1) $x=-\dfrac{3}{4}$　(2) $x=-10$, $y=5$

(3) $x=-4$, $\dfrac{4}{3}$

4 (1) 720秒後　(2) $x=10$, $y=20$

(3) $b=-13$, $c=42$

5 (1) $-\dfrac{8}{3}$　(2) $y=\dfrac{2}{3}x-2$　(3) 6

6 (1) $4\sqrt{2}\,\text{cm}^2$　(2) $6\sqrt{2}\,\text{cm}$

(3) $\dfrac{50\sqrt{2}}{3}\pi\,\text{cm}^3$

1〔独立小問集合題〕

(1)＜数の計算＞与式$=21-8=13$

(2)＜数の計算＞$(-2)^3=(-2)\times(-2)\times(-2)=-8$，$-3^2=-3\times3=-9$ より，与式$=-8+(-9)\times5=-8+(-45)=-8-45=-53$ となる。

(3)＜式の計算＞与式$=70a+18b-7a-14b=63a+4b$

(4)＜数の計算＞与式$=\dfrac{2}{3}\times\left(-\dfrac{3}{8}\right)+\dfrac{1}{4}=-\dfrac{1}{4}+\dfrac{1}{4}=0$

(5)＜式の計算＞$(-4ab)^2=(-4ab)\times(-4ab)=16a^2b^2$ より，与式$=16a^2b^2\div8ab^2\times7a^2b=\dfrac{16a^2b^2\times7a^2b}{8ab^2}=14a^3b$ となる。

(6)＜式の計算＞与式$=\dfrac{3(3x-y)-2(2x+y)}{6}=\dfrac{9x-3y-4x-2y}{6}=\dfrac{5x-5y}{6}$

(7)＜式の計算＞与式$=a^2+7a+6-4=a^2+7a+2$

(8)＜数の計算＞与式$=(\sqrt{3})^2-2^2=3-4=-1$

2〔独立小問集合題〕

(1)＜式の計算—因数分解＞与式$=(3a)^2-2\times3a\times2b+(2b)^2=(3a-2b)^2$

(2)＜平面図形—長さ＞右図で，半径1の4つの円の中心をそれぞれA，B，C，Dとし，内側でこの4つの円の全てに接する小さい円の中心をOとすると，$\text{OA}=\text{OB}=\text{OC}=\text{OD}=x+1$，$\text{AB}=\text{BC}=\text{CD}=\text{DA}=1+1=2$ より，△OAB，△OBC，△OCD，△ODAは合同となる。これより，$\angle\text{AOB}=\angle\text{BOC}=\angle\text{COD}=\angle\text{DOA}=\dfrac{1}{4}\times360^\circ=90^\circ$ となるから，△OABは直角二等辺三角形である。よって，$\text{OA}=\dfrac{1}{\sqrt{2}}\text{AB}=\dfrac{1}{\sqrt{2}}\times2=\sqrt{2}$ より，$x+1=\sqrt{2}$ だから，小さい円の半径は $x=\sqrt{2}-1$ である。

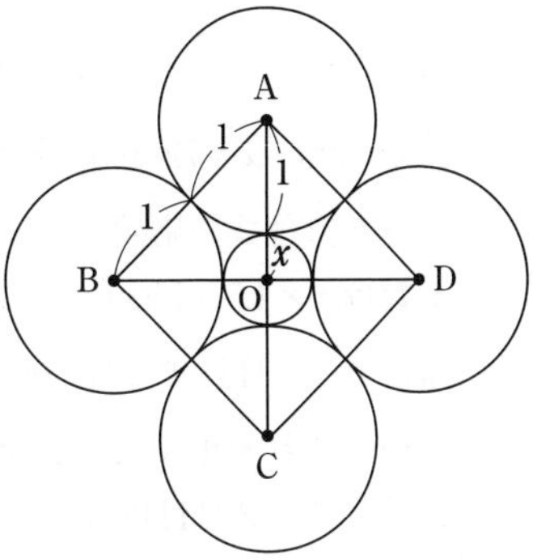

(3)＜確率—さいころ＞2つのさいころを投げるとき，それぞれ6通りの目の出方があるから，目の出方は全部で$6\times6=36$(通り)ある。このうち，出る目の積が奇数の場合を考えると，これは2つとも奇数の目が出る場合だから，それぞれ1，3，5の3通りの目の出方があり，積が奇数となる目の出方は$3\times3=9$(通り)ある。よって，出る目の積が偶数となるのは，$36-9=27$(通り)だから，求める確率は$\dfrac{27}{36}=\dfrac{3}{4}$である。

(4)＜数の性質＞$\dfrac{6}{n^2-3}$が自然数となるとき，n^2-3は6の約数だから，$n^2-3=1$，2，3，6である。

$n^2-3=1$ のとき，$n^2=4$，$n=\pm2$ となり，n は整数だから適する。$n^2-3=2$ のとき，$n^2=5$，$n=\pm\sqrt{5}$ となり，整数でないから適さない。$n^2-3=3$ のとき，$n^2=6$，$n=\pm\sqrt{6}$ となり，整数でないから適さない。$n^2-3=6$ のとき，$n^2=9$，$n=\pm3$ となり，整数だから適する。以上より，求める整数 n は，$n=\pm2$，±3 である。

(5)＜特殊・新傾向問題―場合の数＞5を5つの自然数の和で表すと，1+1+1+1+1の1通りある。4つの自然数の和で表すと，2+1+1+1の1通りある。3つの自然数の和で表すと，3+1+1，2+2+1の2通りある。2つの自然数の和で表すと，4+1，3+2の2通りある。よって，D(5)=1+1+2+2=6となる。

3 〔独立小問集合題〕

(1)＜一次方程式＞$2x-\frac{x-1}{2}+\frac{4+x}{2}=1$ として，両辺に2をかけると，$4x-(x-1)+4+x=2$，$4x-x+1+4+x=2$，$4x-x+x=2-1-4$，$4x=-3$　$\therefore x=-\frac{3}{4}$

(2)＜連立方程式＞$\frac{7+x}{3}-y=-6$……①，$x+2y=0$……②とする。①×3より，$7+x-3y=-18$，$x-3y=-25$……①′　②－①′より，$2y-(-3y)=0-(-25)$，$5y=25$　$\therefore y=5$　これを②に代入して，$x+2\times5=0$，$x+10=0$　$\therefore x=-10$

(3)＜二次方程式＞$x^2+8x+16+2x^2-32=0$，$3x^2+8x-16=0$ となるので，解の公式を用いると，$x=\frac{-8\pm\sqrt{8^2-4\times3\times(-16)}}{2\times3}=\frac{-8\pm\sqrt{256}}{6}=\frac{-8\pm16}{6}=\frac{-4\pm8}{3}$ となる。よって，$x=\frac{-4-8}{3}=-4$，$x=\frac{-4+8}{3}=\frac{4}{3}$ である。

4 〔独立小問集合題〕

(1)＜一次方程式の応用＞400mのトラックを1周走るのに，Aさんは80秒，Bさんは90秒かかるので，$400\div80=5$，$400\div90=\frac{40}{9}$ より，Aさんの走る速さは秒速5m，Bさんの走る速さは秒速 $\frac{40}{9}$ mである。スタートしてから x 秒後にAさんがBさんを追い抜くとすると，Aさんが走った道のりは $5x$ m，Bさんが走った道のりは $\frac{40}{9}x$ mと表せる。また，このとき，Aさんが走った道のりはBさんが走った道のりよりトラック1周分長いので，$5x=\frac{40}{9}x+400$ が成り立つ。これを解くと，$\frac{5}{9}x=400$，$x=720$（秒）後となる。

(2)＜一次方程式の応用＞1日目が x ページで，3日目以降は1日目の1.5倍のペースなので，そのページ数は $x\times1.5=1.5x$（ページ）である。1日目に x ページ，2日目に20ページ，3日目に $1.5x$ ページ読んで，3日目までに300ページある本の15％を読み終えたので，$x+20+1.5x=300\times\frac{15}{100}$ が成り立つ。これを解くと，$2.5x=25$，$x=10$（ページ）となる。これより，1日目は10ページ，2日目は20ページ，3日目以降は $1.5\times10=15$（ページ）となる。300ページある本を y 日間で読み終えたので，15ページ読んだ日数は $y-2$ 日であり，$10+20+15(y-2)=300$ が成り立つ。これを解いて，$15(y-2)=270$，$y-2=18$，$y=20$（日間）となる。

(3)＜二次方程式の応用＞2つの連続する自然数を n，$n+1$ とすると，この2つの自然数の2乗の差が13であることから，$(n+1)^2-n^2=13$ が成り立つ。これを解くと，$n^2+2n+1-n^2=13$，$2n=12$，$n=6$ となるので，連続する2つの自然数は6と7である。二次方程式 $x^2+bx+c=0$ の2つの解が $x=6$，7なので，$x=6$ を代入して，$6^2+b\times6+c=0$，$6b+c=-36$……①となり，$x=7$ を代入して，

$7^2+b\times7+c=0$，$7b+c=-49$……②となる。②－①より，$7b-6b=-49-(-36)$，$b=-13$であり，これを①に代入して，$6\times(-13)+c=-36$，$c=42$である。

≪別解≫$x=6$，7を解とする二次方程式は，$(x-6)(x-7)=0$である。この左辺を展開すると，$x^2-13x+42=0$となる。二次方程式$x^2+bx+c=0$も$x=6$，7を解に持つので，二次方程式$x^2+bx+c=0$が$x^2-13x+42=0$と同じになればよい。よって，$b=-13$，$c=42$である。

5〔関数—関数$y=ax^2$と一次関数のグラフ〕

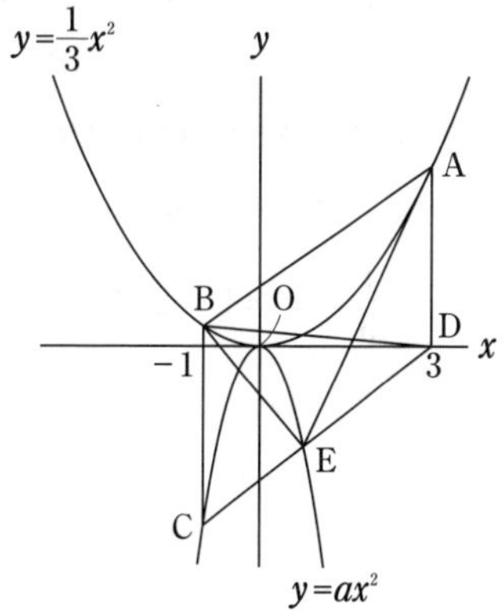

(1)＜比例定数＞右図で，点Aは関数$y=\frac{1}{3}x^2$のグラフ上にあり，x座標が3なので，$y=\frac{1}{3}\times3^2=3$より，A(3，3)である。D(3，0)より，ADはy軸に平行なので，AD＝3となり，四角形ABCDは平行四辺形なので，BC＝AD＝3となる。また，点Bは関数$y=\frac{1}{3}x^2$のグラフ上にあり，x座標が－1だから，$y=\frac{1}{3}\times(-1)^2=\frac{1}{3}$より，$B\left(-1,\ \frac{1}{3}\right)$となる。よって，点Cの$y$座標は$\frac{1}{3}-3=-\frac{8}{3}$となり，$C\left(-1,\ -\frac{8}{3}\right)$である。関数$y=ax^2$のグラフは$C\left(-1,\ -\frac{8}{3}\right)$を通るので，$-\frac{8}{3}=a\times(-1)^2$より，$a=-\frac{8}{3}$である。

(2)＜直線の式＞右上図で，D(3，0)であり，(1)より$C\left(-1,\ -\frac{8}{3}\right)$だから，直線CDの傾きは$\left\{0-\left(-\frac{8}{3}\right)\right\}\div\{3-(-1)\}=\frac{2}{3}$となり，その式は$y=\frac{2}{3}x+b$とおける。点Dを通るので，$0=\frac{2}{3}\times3+b$，$b=-2$となり，直線CDの式は$y=\frac{2}{3}x-2$である。

(3)＜面積＞右上図で，2点B，Dを結ぶ。四角形ABCDが平行四辺形より，AB∥DCだから，△ABE＝△ABDである。△ABDは，AD＝3を底辺と見ると，ADはy軸に平行だから，高さは2点A，Bのx座標の差で表せ，$3-(-1)=4$となる。よって，$\triangle ABD=\frac{1}{2}\times3\times4=6$となり，△ABE＝△ABD＝6である。

6〔平面図形—二等辺三角形，長方形〕

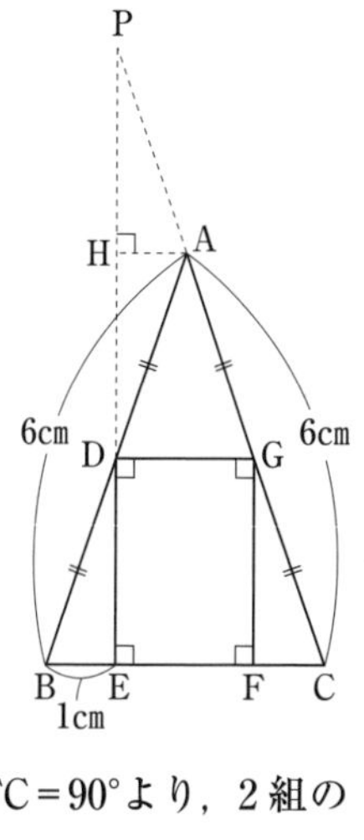

(1)＜面積＞右図の△DBEと△GCFにおいて，四角形DEFGが長方形より，∠DEF＝∠GFE＝90°だから，∠DEB＝∠GFC＝90°であり，△ABCがAB＝ACの二等辺三角形より，∠DBE＝∠GCFである。2点D，Gはそれぞれ辺AB，辺ACの中点だから，$DB=\frac{1}{2}AB=\frac{1}{2}\times6=3$，$GC=\frac{1}{2}AC=\frac{1}{2}\times6=3$より，DB＝GCとなる。よって，直角三角形の斜辺と1つの鋭角がそれぞれ等しいので，△DBE≡△GCFとなり，BE＝CF＝1である。また，△ABCで中点連結定理より，$DG=\frac{1}{2}BC$だから，BC＝2DGである。DG＝xとおくと，BC＝$2x$と表せ，EF＝DG＝xより，$BC=BE+EF+CF=1+x+1=x+2$と表せる。これより，$2x=x+2$が成り立ち，$x=2$となるので，DG＝2である。△DBEで三平方の定理より，$DE=\sqrt{DB^2-BE^2}=\sqrt{3^2-1^2}=\sqrt{8}=2\sqrt{2}$となるから，四角形DEFGの面積は，$DG\times DE=2\times2\sqrt{2}=4\sqrt{2}$ (cm²)である。

(2)＜長さ＞右上図の△PECと△GFCにおいて，∠PCE＝∠GCF，∠PEC＝∠GFC＝90°より，2組の

角がそれぞれ等しいので，△PEC∽△GFCとなり，PE：GF＝EC：FCである。$GF=DE=2\sqrt{2}$であり，EF＝DG＝2より，EC＝EF＋FC＝2＋1＝3だから，$PE:2\sqrt{2}=3:1$が成り立ち，$PE\times1=2\sqrt{2}\times3$，$PE=6\sqrt{2}$(cm)となる。

(3)<体積>前ページの図のように，点Aから直線PEに垂線AHを引く。線分DEについて点Bと対称な点は線分EF上にあるので，△ABCを線分DEを軸として回転させてできる図形は，四角形ADECを線分DEを軸として回転させてできる図形と同じであり，底面の半径をEC＝3，高さを$PE=6\sqrt{2}$とする円錐から，底面の半径をHA，高さをPH，DHとする2つの円錐を取り除いた立体となる。AD＝BD，∠DHA＝∠DEB＝90°，∠ADH＝∠BDEより，△DAH≡△DBEだから，HA＝EB＝1，$DH=DE=2\sqrt{2}$である。また，$PH=PE-DE-DH=6\sqrt{2}-2\sqrt{2}-2\sqrt{2}=2\sqrt{2}$である。よって，求める体積は，$\frac{1}{3}\times\pi\times EC^2\times PE-\frac{1}{3}\times\pi\times HA^2\times PH-\frac{1}{3}\times\pi\times HA^2\times DH=\frac{1}{3}\times\pi\times3^2\times6\sqrt{2}-\frac{1}{3}\times\pi\times1^2\times2\sqrt{2}-\frac{1}{3}\times\pi\times1^2\times2\sqrt{2}=18\sqrt{2}\pi-\frac{2\sqrt{2}}{3}\pi-\frac{2\sqrt{2}}{3}\pi=\frac{50\sqrt{2}}{3}\pi$ (cm³)である。

国語解答

一 問一 (ア) きげん (イ) にゅうわ
(ウ) おお
問二 (a) 肯定 (b) 下手
問三 Ⅰ…オ Ⅱ…ウ 問四 エ
問五 かける 問六 ウ 問七 イ
問八 この列島の～ていくこと
問九 ア

二 問一 (ア) 傾 (イ) 滑 (ウ) 隠 (エ) 勢
問二 a…イ b…ア 問三 イ
問四 イ 問五 ア
問六 やっぱりあなただ 問七 エ
問八 ウ

三 問一 ①…ア ②…イ
問二 (a)…ア (b)…エ (c)…イ
問三 かかりむすび 問四 ウ
問五 ア 問六 手紙 問七 ウ
問八 そいいにける

四 (1) エ (2) オ (3) カ (4) ア

一〔論説文の読解―社会学的分野―現代社会〕出典；中村桂子『科学者が人間であること』。

≪本文の概要≫速くできたり手が抜けたりすることは，日常生活の中ではありがたいことだが，生き物には合わない。生きるということは時間を紡ぐことなので，時間を飛ばすことは，生きることの否定になるのである。生き物に向き合うときは，その生き物をよく見つめ，求められていると思うことをしてあげられるときにこそ，喜びを感じるものだが，戦後の日本社会は，そうした生き物へのまなざしを切り捨て，便利さや効率や自然離れした人工環境をよしとする価値観のもとに進歩してきた。そうした価値観が東京圏への一極集中をもたらしたが，これは大きな問題を抱えている。本来，生物とは多様なものであり，生物の多様性は，暮らす場所との関わりで生まれているのに，東京への一極集中は，均一性を求めるため，人間の生き物としての生き方を許さないのである。一方，ヨーロッパなど先進国は分散型であり，食べ物を身近で生産している。食糧不足が心配される今こそ食べ物づくりの選択を考えるときであり，生命誌の立場からいえば，一極集中は改められるべきである。

問一＜漢字＞(ア)「機嫌」は，気分のよしあしのこと。 (イ)「柔和」は，優しく穏やかであること。 (ウ)音読みは「覆面」などの「フク」。

問二＜語句＞(a)「否定」は，そうではないと打ち消すこと。対義語は，そのとおりであると認める，という意味の「肯定」。 (b)「上手」は，巧みなこと。対義語は，巧みでない，という意味の「下手」。

問三．Ⅰ＜接続語＞ある社長さんには「生きものへの眼がある」が，「戦後の日本社会は，そうした生きものへのまなざし」を「切り捨て」てきた。 Ⅱ＜表現＞「島としての特徴を生かした国づくり」などと言っていては，現代の国際社会で「立ち後れてしまう」と思われるだろうが，国際社会の中で動いている「政治や経済のみから生き方を決めていく」方が，今となっては「後れた考え方」だといえる。

問四＜文章内容＞「生きるということは時間を紡ぐこと」なので，「時間を飛ばすこと」は「生きることの否定」になる（イ…○）。また，生き物に向き合うときは，生き物を「よく見つめ相手の思いを汲みとり，求めていると思うこと」をしてあげられるときに，人間は「喜び」を感じるのである（ウ…○）。さらに，今の日本社会は「便利さ」や「効率」をよしとする価値観によって「均一性」を求めているが，そのような時間を省く生き方は，「本質的に多様」である生き物には合わないのである（ア…○，エ…×）。

問五＜慣用句＞「手塩にかける」は，自ら世話をして大切に育てる，という意味。

問六＜表現＞戦後の日本社会は「便利さ，効率，自然離れした人工環境をよしとする価値観」によって東京への一極集中を進めてきたが，生き物は「本質的に多様」なものなので，生き方の選択が東京で決められてしまうのは，大きな問題があり(ア…○)，望ましくないものといえる(イ…○)。独立した島の特徴を生かさずに生き方を決めることは「後れた考え方」であり，生き物にとっての真の進歩とはいえないため，「進歩」と表記されていると考えられる(ウ…×，エ…○)。

問七＜文章内容＞「生物は本質的に多様」であるのに，「社会としての価値観や生き方の選択」が東京で決められてしまう「東京への一極集中は，生きものとして生きるという生き方」を許さない。日本の多様で美しい「さまざまな自然」の中で，それぞれの人がその自然を「生かした暮らしを作っていく」ことが，多様性のある「ヒト」としての豊かさにつながるのである。

問八＜指示語＞日本は，「この列島の『自然』にふさわしい生き方を考えたうえ」で，日本から「世界に発信し，世界と交渉し，世界に学」ぶことで，世界から「尊敬される国として存在していくこと」ができるような，「豊かな地盤を持った国」といえる。

問九＜文章内容＞日本のように，「グローバル」であることを意識して，国際社会の中で動いている「政治や経済のみから生き方」を決めるのは「後れた考え方」なので(エ…○)，もっと日本の多様な自然にふさわしい生き方を考えるべきである(ア…×)。また，効率や便利さを求め，「東京への一極集中」を進めた結果，生き方としての多様性が失われた日本に対し(イ…○)，ヨーロッパなどの先進国は分散型で，「食べ物の自給」も行っている。「食糧不足が心配」される今，日本は一極集中を改め，「食べ物づくりの選択を考える時」にきている(ウ…○)。

二〔小説の読解〕出典；川上健一『透明約束』。

問一＜漢字＞(ア)音読みは「傾斜」などの「ケイ」。　(イ)他の訓読みは「なめ(らか)」。音読みは「円滑」などの「カツ」，「滑稽」などの「コツ」。　(ウ)音読みは「隠匿」などの「イン」。　(エ)音読みは「勢力」などの「セイ」。

問二＜表現＞ａ.「私」は，沙織さんに「思ってもみなかった言葉」をかけられたので，驚いて，目を見開いたような表情をしてしまった。　ｂ．ケーキのおいしさに「何が何だかわからないぐらいに感激」した「私」の目からは，「涙」の粒がこぼれ落ち続けた。

問三＜文章内容＞沙織さんは，「私」が「ケーキとショコラ作りを受け継いでくれる人」になるかもしれないと思っていて，話をするために声をかけた。一方，「私」は，突然の申し出に戸惑い，毎日のようにウィンドーをのぞいている「私の顔が，物欲しそうに見えたに違いない」と思い，緊張してしまった。

問四＜語句＞「意固地」は，意地を張ってかたくなになること。

問五＜文章内容＞「私」は，沙織さんが手を荒れさせてまでつくっているケーキを「ごちそうになったらバチがあたる」と思い，お金を払うことにこだわった。また，ケーキのおいしさに涙を流した理由を「まずかった？」ときかれたときは，すぐに「違いますッ。感激です」と答えた。「私」は，不器用な表現ながらも，自分の思いを精一杯，沙織さんに伝えようとしたのである。

問六＜文章内容＞沙織さんは，「ソフィーで働きたいんです」と伝えにきた「私」に，「やっぱりあなただった」と言った。沙織さん夫婦は，自分たちの後継者になるのがウィンドーをのぞき込む「私」ではないかと思っていた。そして，初めてケーキを食べたときに感激して涙を流す「私」を見て，沙織さんは，後を継いでくれるのは「やっぱりあなただ」と確信したのである。

問七＜心情＞沙織さんは，「私」の将来のことを思い，自分たちの方から後継者になってもらう話は「言わないように」と決めていて，秋になっても「私」からソフィーで働きたいと言ってこないので，「あきらめて」いた。しかし，ついに「私」の方から「修業したい」と言ってくれたので，沙織さんは，心から感謝の気持ちを込めて「ありがとう」と言ったのである。

問八＜心情＞沙織さんのケーキを食べた「私」は，そのおいしさに感激し，「沙織さんのようにおいしいケーキとショコラを作れるようになりたい」と思った。「私」は，「自分の一生の大事なことを，生まれて初めて自分自身」の意志で決め，その願いを沙織さんが受け入れてくれたので，感謝したのである。

三〔古文の読解―物語〕出典；『大和物語』百五十七。

≪現代語訳≫下野の国に男と女がずっと(一緒に)住んでいた。長年にわたって住んでいた間に，男は，(別に)妻をこしらえて心変わりしてしまい，この家にあったいろいろな物を，今の妻のもとへあらいざらい運んでいく。(女は)つらいと思うものの，そのまま(男の)するがままにさせて見ていた。ちりほどの物も残さず，全て持っていく。ただ残った物は馬のかいば桶だけであった。それを，この男の従者で，まかじといった童を使っていたが，(その童に)命じて，このかいば桶までも取りに寄こした。この童に，女が，「お前もこれからはもうここに来ないのでしょうね」などと言ったので，(童は)「どうして，参らないことがありましょうか。ご主人が，おいでにならなくても(自分は)きっと参るでしょう」などと言って，立っている。女は，「ご主人に便りを申し上げたら(お前から)申し上げてくれるかしら。手紙は決してご覧にならないでしょう。ただ言葉で申し上げて下さい」と言うと，(童は)「しっかりと申し上げましょう」と言ったので，このように言った。／「『馬槽も(持って)いってしまい，まかじも見ることができないでしょう。今日からはつらい世の中をどのように過ごしていったらよいのでしょうか』と申し上げてください」と言ったので，(童がそのとおりに)男に言ったところ，物をあらいざらい持ち去った男が，そのまま全部運び返して，もとのように心を移すこともなく(この女に)連れ添った。

問一①＜古語＞「心憂し」は，つらい，情けない，という意味。　②＜現代語訳＞「いぬ(往〔去〕ぬ)」は，行く，立ち去る，という意味。

問二＜古文の内容理解＞(a)「男」は，まかじを，馬槽を取りに寄こした。　(b)まかじは，主人がいなくても「女」のところに来ると言った。　(c)まかじが「男」にしっかり伝えると言ったので，「女」は，「『ふねもいぬ～と申せ」と言った。

問三＜古典文法＞文中に「ぞ」「なむ」「や」「か」があるときは，文末を連体形で結び，「こそ」があるときは，文末を已然形で結ぶ古典文法のきまりを，係り結びの法則という。

問四＜現代語訳＞「見ゆ」は，姿を見せる，来る，という意味。「じ」は，打ち消し推量の意味を表す助動詞で，～ないだろう，などと訳す。

問五＜古文の内容理解＞まかじは，自分の仕えている「男」が来なくても，「女」の家に来ると言った。

問六＜古語＞「文」は，ここでは，手紙のこと。

問七＜現代語訳＞「よく」は，ここでは，十分に，という意味。「て」は，強意の意味を表す助動詞。「む」は，意志の意味を表す助動詞で，～(し)よう，などと訳す。

問八＜歴史的仮名遣い＞歴史的仮名遣いの語頭以外のハ行は，現代仮名遣いでは原則として「わいうえお」になるので，「ひ」を「い」にする。また，歴史的仮名遣いの「ゐ」は，「い」になる。

四〔文学史〕

(1)『富嶽百景』は，昭和14(1939)年に，『走れメロス』は，昭和15(1940)年に発表された，太宰治の小説。　(2)『三四郎』は，明治41(1908)年に，『坊っちゃん』は，明治39(1906)に発表された，夏目漱石の小説。　(3)『夜明け前』は，昭和4～10(1929～35)年にかけて発表された，島崎藤村の小説。『若菜集』は，明治30(1897)年に発表された，島崎藤村の詩集。　(4)『河童』は，昭和2(1927)年に発表された，芥川龍之介の小説。『蜘蛛の糸』は，大正7(1918)年に発表された，芥川龍之介の童話。

2022年度 武蔵越生高等学校（推薦23日）

【英　語】（50分）〈満点：100点〉

1 次の文の（　　）に入れるのに最も適切な語（句）をア～エから１つずつ選び，記号で答えなさい。

(1) (　　　) is the month that comes between September and November.
ア．February　イ．April　ウ．August　エ．October

(2) A: What do you say to players during the game?
B: I say, "(　　　)".
ア．Cheer up　イ．Just looking　ウ．Hold on　エ．You're welcome

(3) I want to use the computer, but it doesn't (　　　).
ア．work　イ．move　ウ．make　エ．touch

(4) (　　　) about going for lunch?
ア．Who　イ．Where　ウ．When　エ．How

(5) When I called him, Ken (　　　) his father's car.
ア．washed　イ．was washing　ウ．was washed　エ．has washed

(6) I'm (　　　) to know that you've passed the exam.
ア．going　イ．glad　ウ．sure　エ．surprise

(7) A: Can we start now?
B: No, we can't.　Takeshi has not come (　　　).
ア．already　イ．yet　ウ．ago　エ．till

(8) A: What's the matter?
B: I (　　　) my key, so I can't use my bike.
ア．lose　イ．lost　ウ．am losing　エ．have lost

(9) The girls talking with Mr. Yoshida (　　　) going to visit a school in Tokyo this summer.
ア．be　イ．is　ウ．are　エ．was

(10) I'm looking forward to (　　　) you again.

ア. see　　イ. seen　　ウ. seeing　　エ. be seen

2

日本文の意味になるよう英文の(　　)にア～カの語(句)を正しい順序に並べて入れたとき，3番目と5番目にくるものをそれぞれ選び，記号で答えなさい。

(1) あなたはすぐに医者にみてもらったほうがよい。

(　　)(　　)(3番目)(　　)(5番目)(　　) once.

ア. see　　イ. at　　ウ. better

エ. you　　オ. had　　カ. the doctor

(2) 彼が買ったバッグは私のとは違う。

The bag (　　)(　　)(3番目)(　　)(5番目)(　　) mine.

ア. from　　イ. different　　ウ. which

エ. he　　オ. bought　　カ. is

(3) この本は難しすぎて私には読めません。

This book is (　　)(　　)(3番目)(　　)(5番目)(　　).

ア. to　　イ. me　　ウ. too

エ. difficult　　オ. read　　カ. for

(4) 明日は雨ではないと思います。

I (　　)(　　)(3番目)(　　)(5番目)(　　) tomorrow.

ア. think　　イ. rainy　　ウ. it

エ. will　　オ. be　　カ. don't

(5) 彼はクラスの男子の中で1番背が高い。

He is (　　)(　　)(3番目)(　　)(5番目)(　　) his class.

ア. in　　イ. any　　ウ. than

エ. boy　　オ. taller　　カ. other

3 次の広告を見て，あとの問いに答えなさい。

Tummy-Yummy Burgers

OPEN : 10 A.M. — 9 P.M.

★Delicious hand-made hamburgers.
★We only use 100% beef!

BURGERS

Classic Burger	$5.00
Hawaiian Burger	$6.50
Deluxe Burger	$7.00

★All burgers are *served with *French fries.

SALADS	Small	Large
Chicken Salad	$4.00	$5.00
Seafood Salad	$5.00	$7.00

DRINKS

Milk Tea	$2.00
Fresh Juice	$2.50
Beer	$4:00

★You can buy beer only after 8:00pm.

SET MEALS

Any burger + any small salad + any drink　$10.00

FAMILY SPECIAL

Order two Set Meals and your child gets one Set Meal *for free!
(Only for children under 10 years old)

DELIVERY

We can *deliver if you order more than $20.00. We deliver to any place in Queens Town. It will take 45 minutes to get to your house.

Phone: XXX-XXX-XXXX　Website: https://www.tumyumbgrs.com/

（注）serve…提供する　French fries…フライドポテト　for free…無料で　deliver…宅配をする

問１　Tummy Yummy Burgers が宅配をしてくれる組み合わせはどれか。次のア～エから１つ選び，記号で答えなさい。

ア．one Set Meal, one large Chicken Salad, and one milk tea

イ．one Deluxe Burger, one large Seafood Salad, and one fresh juice

ウ．two Hawaiian Burgers, one large Seafood Salad, and one milk tea

エ．two Classic Burgers, one large Chicken Salad, and one fresh juice

問２　15 歳の太郎は，両親と 9 歳の弟の家族 4 人で，昼食を Tummy-Yummy Burgers で食べることにした。自分と父，弟の 3 人がそれぞれ Set Meal を，母が Classic Burger を１つ注文すると，合計金額はいくらになるか。

ア．25 ドル

イ．30 ドル

ウ．35 ドル

エ．40 ドル

問３　広告から読み取れることとして正しいものにはＴを，誤っているものにはＦを書きなさい。

1．Tummy-Yummy Burgers では，昼食の時間帯にビールを注文することができる。

2．Tummy-Yummy Burgers では，ハンバーガーの肉に牛肉だけを使用している。

3．Tummy-Yummy Burgers では，5 ドルでハンバーガーとフライドポテトを食べることができる。

4．高校生 3 人は，Family Special を利用して Set Meal を通常よりも安い価格で食べることができる。

5．Queens Town に住んでいれば，いつでも Tummy-Yummy Burgers の宅配サービスを利用できる。

6．Tummy-Yummy Burgers は，45 分以内に宅配できなかった場合，無料にしてくれる。

4 次の対話文を読んで，あとの問いにそれぞれ記号で答えなさい。

Kenta : Good morning, Mr. Smith. Oh, you came to school by bike today!

Mr. Smith : Yes, Kenta. Good morning.

Kenta : I hear your house is very far from our school.

Mr. Smith : That's right. About twenty kilometers from here.

Kenta : Oh, twenty kilometers! What time did you leave home this morning?

Mr. Smith : I usually leave home at seven, but today I wanted to watch the sunrise so I left at six thirty. I took some pictures with my smartphone. Then, I spent about fifteen minutes at the coffee shop near the station. I had breakfast there. It took about ten minutes to get to the school from the coffee shop.

Kenta : It's eight now, so it is like a short trip.

Mr. Smith : Yes, I often visit many places by bike on holidays. When I travel by bike, I meet many people and enjoy talking with them.

Kenta : Where have you visited?

Mr. Smith : I have visited Kamakura, Karuizawa, and many places. Oh, I have visited Tokyo Sky Tree, too. But I don't like the high place so I couldn't go up in an elevator.

Kenta : Oh, haven't you seen the view from there?

Mr. Smith : No. Have you seen Mt. Fuji from there? I have heard the view from there is wonderful.

Kenta : Yes. My father likes visiting temples, so I visited Sensoji Temple with him last year. Then I went to Tokyo Sky Tree and saw Mt. Fuji. It was sunny that day so I could see it clearly.

Mr. Smith : That's good. I hope to go to Mt. Fuji by bike.

Kenta : You can do it because you can go everywhere. But I think you can't climb up by bike.

問 1 Mr. Smith は，いつも家を何時に出るか。

ア． 6:30
イ． 7:00
ウ． 7:50
エ． 8:00

問 2　Mr. Smith は何時にコーヒーショップに到着したか。

ア．7:20

イ．7:35

ウ．7:50

エ．8:00

問 3　Mr. Smith はこの日なぜ早く家を出たか。

ア．日の出を見るため

イ．朝食を食べるため

ウ．富士山を見るため

エ．小旅行をするため

問 4　Mr. Smith が次に行きたいところはどこか。

ア．鎌倉

イ．軽井沢

ウ．富士山

エ．浅草寺

問 5　Kenta がしていないことは何か。

ア．東京スカイツリーに行くこと

イ．浅草寺に行くこと

ウ．富士山を見ること

エ．写真を撮ること

問 6　Mr. Smith が苦手なことは何か。

ア．自転車に乗ること

イ．写真を撮ること

ウ．高いところへ行くこと

エ．たくさんの人と話すこと

5　次の英文を読んで，あとの問いに答えなさい。

Many years ago, a Japanese boy lived with his father in a small *village on a small island near Hokkaido. His name was Yasuhiro. He was fifteen years old.

One day in winter, he found a small tent on the beach. There were five

Americans in the tent. They were *fishermen from the United States. Their boat *was shipwrecked and it was badly broken. They had to *repair it to go back to their country.

Soon Yasuhiro *made friends with the five American fishermen. Every day he walked from his village. He carried an old big bag. There were some fresh eggs in the bag. When the Americans saw the Japanese boy, they said, "Breakfast comes!" Every day they took the eggs and gave the boy *canned food. The Americans were very happy because they liked fresh eggs. The boy was also happy because he got American canned food. The Japanese boy liked them, and they liked the Japanese boy. They enjoyed talking and playing card games. But there was ①a problem. The Americans couldn't say the boy's name. They tried and tried, but they couldn't say Yasuhiro. Yasuhiro sounds like the English words "Yes, hero." So they called the boy Yes-Hero.

ア

After a week, Yasuhiro came to their tent and said, "②These are the last eggs for you. My father must work in Sapporo for a few months, but I will stay here. From today, I can work with you." For the next three weeks Yasuhiro lived with the Americans in their tent.

イ

At last, Yasuhiro and the American fishermen finished repairing their boat. The Americans had to leave the island for the United States. Yes-Hero was crying. The fishermen were crying, too. After the Americans left the island, they often thought about the boy. All of them thought, "We will never see him again."

ウ

Twenty years later, one of the five Americans visited Sapporo. When he arrived at the hotel, he saw a man at the *reception desk. ③He was very surprised. Their hero was there! Yasuhiro was working at the hotel. He didn't enjoy his job. He said, "I don't like this job. I want to be a cook. I want to open a restaurant in the United States." After the American went back to the United States, he told the other American fishermen about Yes-Hero. They *collected money and sent him a plane ticket.

In the end of the same year, Yasuhiro came to the United States. He stayed with one of the five Americans. Yasuhiro enjoyed the same card games which he played with the Americans in the small tent twenty years ago. The Americans also gave him money to open a restaurant.

People sometimes ask the Americans, "(④) did you give Yasuhiro so much help?" They answer, "We were not happy on a small island near Hokkaido. We had to live in a small tent in cold weather and we were lonely. Then Yes-Hero came to help us. He was always smiling. When he was with us, we felt very happy. Yes, we gave him a lot of things, but he gave a lot more to us."

(注) village…村　fisherman…漁師　be shipwrecked…座礁(ざしょう)する　repair…修理する
make friends…友達になる　canned food…缶詰　reception…受付　collect…集める

問1　本文からは，次の英文が抜けている。それを入れるのに最も適切な場所を本文中の［ア］～［ウ］から１つ選び，記号で答えなさい。

The Americans and Yasuhiro worked hard to repair the boat from morning until night. Yasuhiro ate with them and played card games with them. They also taught him how to read and write English. The boy was very happy in the tent.

問2　下線部①の具体的な内容を次のア～ウから１つ選び，記号で答えなさい。

ア．Yasuhiroがカードゲームのルールを理解できなかったこと
イ．Yasuhiroがアメリカ人に食料を分けていたのを父に知られたこと
ウ．アメリカ人がYasuhiroの名前を正しく発音できなかったこと

問3　下線部②でYasuhiroが伝えようとしている内容を次のア～ウから１つ選び，記号で答えなさい。

ア．「村にはもう十分な卵が残っていないので、これ以上はあげられない」
イ．「自分は父と一緒に札幌に行ってしまうので，もう会えなくなる」
ウ．「自分は今日からここで過ごすので，村から卵を持ってこられなくなる」

問4　下線部③の理由として最も適切なものをア～ウから１つ選び，記号で答えなさい。

ア．札幌の街が20年前とはすっかり変わってしまっていたから
イ．20年前に自分たちを助けてくれた人物を偶然見かけたから
ウ．誰もいないと思っていた受付に実は人が隠れていたから

問5　本文の流れに合うように，(　④　)に入る適切な疑問詞を答えなさい。

問6　次のア～オのうち，本文の内容と合っているものを2つ選び，記号で答えなさい。

ア．Yasuhiro がアメリカ人漁師たちと親しくなるのには時間がかかった。

イ．アメリカ人漁師たちは食べ物を持っておらず，Yasuhiro が持ってくる新鮮な卵をとても喜んだ。

ウ．母国に戻ってから，アメリカ人漁師たちはいつかまた Yasuhiro に会えると信じていた。

エ．Yasuhiro がアメリカにやってきたとき，彼は 35 歳だった。

オ．アメリカ人漁師たちは，Yasuhiro にアメリカでの滞在場所だけでなく，レストランを開くための資金を提供した。

6　次の日本文を[　　　]の指示に従って英文にしなさい。

⑴　私は彼にカバンを運んでもらった。[空欄に適語を入れて英文を完成させること]

I (　　　　) him (　　　　) my bag.

⑵　彼女はいつ出発したらよいか私にたずねた。[to を用いること]

【数　学】 (50分) 〈満点：100点〉

1 次の計算をしなさい。

(1) $9-5\times 2$

(2) $-3^3\div(-9)+4\times(-2)^3$

(3) $2(x+2y)-3(x-y)$

(4) $\dfrac{7}{5}\div\left(-\dfrac{7}{4}\right)+\dfrac{4}{5}$

(5) $6a^2b\times\dfrac{1}{3}a^3b^2\div\dfrac{1}{2}ab$

(6) $\dfrac{4x+y}{3}-\dfrac{3x-2y}{4}$

(7) $(x+3y)^2-(x-3y)^2$

(8) $\left(\sqrt{3}+\dfrac{1}{\sqrt{3}}\right)^2$

2 次の各問いに答えなさい。

(1) $ab^2-ab-110a$ を因数分解せよ。

(2) 図１は，正方形と円が交互に内側で接するような図形である。斜線部分の面積を求めよ。ただし，円周率は π とする。

図１

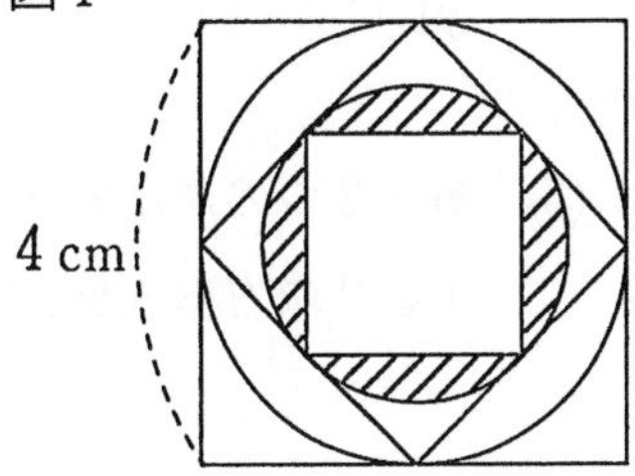

(3) 図２のように，円Ｏの円周上に３点Ａ，Ｂ，Ｃがあり，∠BOC＝72°であるとき，∠x を求めよ。

図２

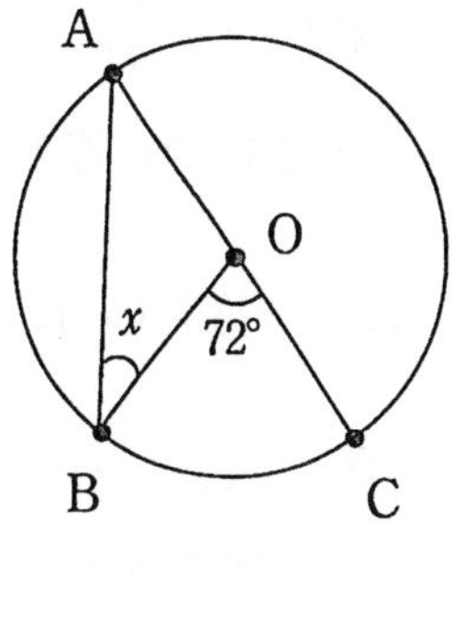

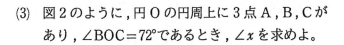

(4) １つのさいころを２回投げ，１回目に出た目が２回目に出た目の約数になる確率を求めよ。

(5) ある分数の分母に２を加えると $\dfrac{1}{3}$ に等しく，分母に９を加えると $\dfrac{1}{4}$ に等しくなる。この分数を求めよ。

3 次の方程式を解きなさい。

(1) $-2\left(x+\dfrac{x-5}{4}\right)+\dfrac{4+x}{2}=1$

(2) $\begin{cases}\dfrac{x+1}{5}+y=3\\ x-y=2\end{cases}$

(3) $(x+5)^2-2(x^2-25)=0$

4 次の各問いに答えなさい。

(1) 直径が60メートルの観覧車がある。ムサシくんは，あるゴンドラが最高地点にあることを確認してからちょうど10分後にそのゴンドラに乗ることができたという。ゴンドラは1秒あたりに何メートル進むか求めよ。ただし，円周率はπとする。

(2) 80Lの水が入った水槽から，始めの2分間は毎分$4x$L，次の3分間は毎分$2x$Lで水を抜くと，水槽に残っている水は全体の30％になった。その後，空になるまで毎分yLで水を抜くと，さらに8分間かかった。xおよびyの値を求めよ。

(3) ある2つの連続する自然数の2乗の和が113である。これらの2つの自然数を解とする2次方程式を$x^2+bx+c=0$と表すとき，定数b，cの値を求めよ。

5 関数$y=ax^2$ $(a>0)$のグラフ上のx座標が-3の点をAとし，3の点をBとする。また，関数$y=-\dfrac{1}{3}x^2$のグラフ上のx座標が-3の点をCとし，3の点をDとする。このとき，次の各問いに答えなさい。

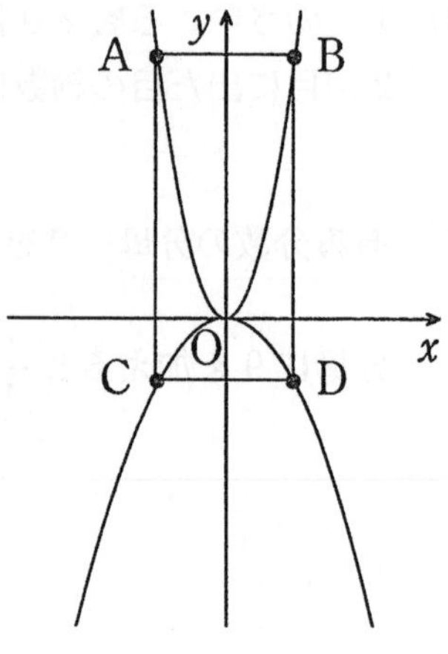

(1) 三角形CODの面積を求めよ。

(2) 三角形AOBの面積が三角形CODの面積の4倍となるようなaの値を求めよ。

(3) (2)のとき，線分AO上の点をEとする。三角形OEBの面積が三角形CODの面積と等しくなるような点Eの座標を求めよ。

6 次の規則【A】～【C】によって定められる図形（図1）を考える。

【A】 1つ目の円すいの高さは1，底面の半径は1。

【B】 2つ目以降の円すいの高さは，前の円すいの母線の長さに等しく，底面の半径は1。

【C】 隣り合う円すいの底面の中心は直線 l 上に並び，底面は互いに接している。

このとき，次の各問いに答えなさい。ただし，円周率は π とする。

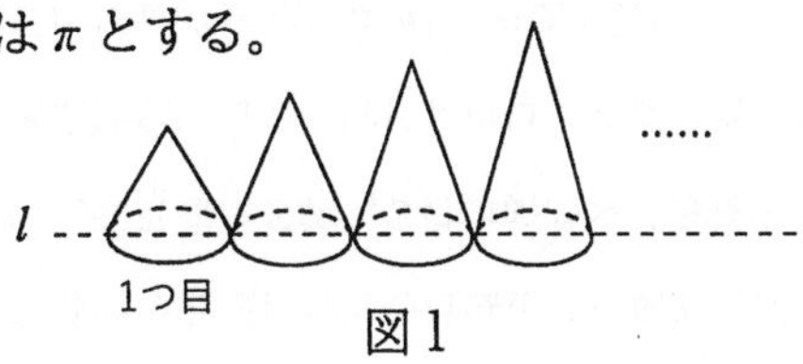

図1

(1) 2つ目の円すいの母線の長さを求めよ。

(2) 高さが10となる円すいは，1つ目の円すいから数えて何番目であるか求めよ。

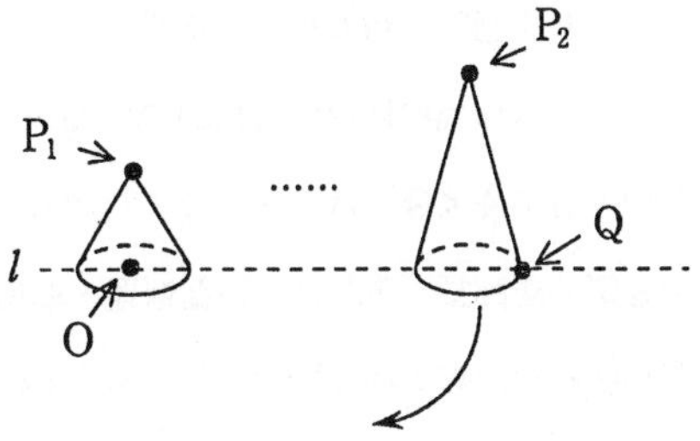

図2

(3) 1つ目の円すいの頂点を P_1，底面の中心を点Oとし，高さが2になる円すいの頂点を P_2，底面の円周と直線 l の交点のうち，Oから遠い方の点をQと定める。このとき，四角形 OP_1P_2Q を線分 P_1O を軸として回転させてできる図形の体積を求めよ。

【国　語】（五〇分）〈満点：一〇〇点〉

※問題の都合上、一部に原文と異なる部分があります。

一　次の文章を読んで設問に答えなさい。

※ノンバーバル・コミュニケーションという研究領域は、主にアメリカで発達している。それは彼らにとって、ノンバーバル・コミュニケーションが大切だからである。アメリカ人は挨拶をするときに握手を大事にする。愛情表現のキスを忘れない。驚いた時には、ことさら両手を広げ、自分の感情を人に伝えようとする。これらの工夫は、言葉より伝達力の大きな表現をも動員して、「より伝えよう」とする意思の表れである。

アメリカでは、コミュニケーションの工夫をする教養のある人は、身振り手振りというノンバーバル・コミュニケーションを多用することになる。とりわけ公の場では、その方が訴えが明確になるからだ。

ところが日本人のノンバーバル・コミュニケーションは、①そもそもの発想が異なる。

その根本原理は、中世の天才能楽師・世阿弥が全てをいい当てている。「秘すれば花」なのである。Aは本当のことを言葉では語らない。Bは「Aが伝えたいであろうことを察する」。その両者の気持が通じ合ったときに、「深く関われた」と満足する。

日本には、動きを考える上で（ア）タイショウ的な芸能がある。「能」と「歌舞伎」である。武家階級に愛された「能」は動きが刈り込まれ、表現が研ぎ澄まされている。「小さな変化」に大きな世界を感じとるのが、※見巧者（みごうしゃ）である。

逆に、庶民文化の花である「歌舞伎」は、一般に表現が大きい。能に比べると、約束事が少ないため、教育程度の低い庶民にもわかるように作られている。［　X　］、と言い換えてもよい。

芸能という尺度で見ると、日本人のコミュニケーションは次のように考えられる。「言葉を交わさなくても、目と目が合えば理解しあえる」のは文化程度の高い人同士、「多くの言葉を要し、身振り手振りがないと理解しあえない」のは文化程度の低い人同士のコミュニケーションである、と。

［　Y　］、以上は芸能の「動き」に限定した一般論に過ぎない。能ファンと歌舞伎ファンの知性の話とは、全く異なるものである。歌舞伎ファンの方を低く見ているわけではないので、念のため。（中略）

アメリカ人はそもそも多民族国家だから、相手に「わからせよう」とする気持ちが強い。相手にわかってもらわなければ、自分の権利も危ういのだから。

日本人は、わからせようとする気持が少ない。テレビの討論番組を見ていても、相手を説得する気があるようには思えない。大声で独白しているだけである。何しろ、数時間を費やして、口角（こうかく）泡を飛ばしても、自分の考えを変えた人は一人もいないのだ。誰も説得していないし、誰からも説得されていない。視聴者は、討論者の数だけある「②バカの壁」を（イ）カンショウすることになる。

何故、それでもよいのか――。それは、日本にそもそも「わからせなくてもよいのだ」という伝統があるからだ。例えば、西田幾太郎や、小林秀雄、渋沢龍彦、蓮実重彦などの文章を思い出してみればよい。日本の代表的知識人に、わかりやすい文章を目指していない人のなんと多いことか。

政治家の答弁も、不祥事を起こした会社の責任者も、人にわからせる気で言葉が発せられることはない。「頼む。

［ Z ］」という気持ちなのである。

「胸襟をひらいて」あるいは「腹を割って」話し合うことが、③問題解決の近道だといわれる局面がある。だが、利害が対立している二人が、腹を割って話し合えば、理論上はこじれるに決まっているのである。では、腹を割ることで何が解決するのか。お互いが「この人は信じられる人間だ」と思えるようになる。

④この特性を持っていては、「相手にアクションを起こして、わからせる」という行動にはならない。「裸になる」あるいは「隠し事がない」という状態を作って、問題を解決しようとするのが近道である。

相手に「アクションを起こして、わからせて、相手を動かす」ことは日本では困難だ。人を動かすためには、先ず人望が必要だ、ということになる。最近流行の言葉で言えば、カリスマ性である。では、カリスマ性とは何か、といえばそれも定義は曖昧だ。

日本には「腹芸」という言葉もあるくらいである。アクティブに動いて相手に多くの情報を伝えようとする意思はそもそももっていないのだ。

ある人物が、心や身体に傷を（ウ）オっている場合、その話題には最初から触れないでおこうという「暗黙の了解」ができる。NHKの『のど自慢』では、音痴の出場者に対して、司会者は「音が外れていました」とはいわないものだ。「元気が良すぎました」と励ます表現になる。老人は何度も同じ話をするものだが、聞き手はその話をさえぎることなく、最後まで聞くことが多い。それら「暗黙の了解」を、我々日本人は「目配せ」以前の「⑤形に表れないノンバーバル・コミュニケーション」で完成させていく。日本の社会では重要なノンバーバル・コミュニケーション手段である。「察する」とセットになっているのだが、この感覚が欠如している人は「間が悪い」といわれて敬遠される。

「⑥いたわる」という視点でもう一つ。

私たち日本人は、相手の欠点を指摘して、わからせようとする習慣が少ない。人前で恥をかかせては、逆効果だという認識を持っている。誇りを傷つけられると、テコでも動かない人がいるからだ。

私が、物語を作る時、腐心（ふしん）するのもそういう状況の作り方だ。主人公が自分の考え方を変える瞬間がある。多くの場合、それは問題解決の糸口となる感動的なシーンである。

誰かに、原則論で説教され、それで主人公が気付くことはありえない。説教されれば、人は反発しかない。

だから親友や上司などが発する主人公を変える一言は、一見、主人公の問題点とかけ離れたものでなくてはならない。親友や上司の、何気ない一言を媒介に、主人公は「自分で気付く」のである。あるいは、主人公は、自然現象の中に真実を見つけ、そこに問題解決の糸口を発見するのである。

『人は見た目が九割』竹内一郎

※ ノンバーバル・コミュニケーション…言葉以外の伝達。
見巧者…物の見方の上手なこと。また、そういう人。

問一 傍線部（ア）〜（ウ）のカタカナを漢字に直しなさい。

問二　傍線部①「そもそもの発想が異なる」とあるが、日本人の発想を端的に表現していることばを本文中から抜き出しなさい。

問三　空欄Xに入る適当なことばを次の中から一つ選び記号で答えなさい。

ア　受け手に知性を要求しない様式をとった。
イ　受け手に約束事を要求しない様式をとった。
ウ　受け手に知性を要求する様式をとった。
エ　受け手に約束事を要求する様式をとった。

問四　空欄Yに入る適当なことばを次の中から一つ選び記号で答えなさい。

ア　ところが　　イ　例えば　　ウ　しかし　　エ　もちろん

問五　傍線部②とは、どういうことについて「バカの壁」と言っているのか、次の中から適当なものを一つ選び記号で答えなさい。

ア　討論会の中で他者の意見をしっかりと受け止め、自らの意見も相手に理解されようと努めること。
イ　討論会の中で自分の論理を理解してもらおうともせず、他者の論理を理解しようともしないこと。
ウ　討論会の中で他者の論理に耳を傾けず、自分の論理だけを相手に理解してもらえるよう努めること。
エ　討論会の中で視聴者に自分の論理を理解させ、支持される事が相手を納得させる近道と考えること。

問六　空欄Zに入る適当なことばを次の中から一つ選び記号で答えなさい。

ア　許してくれ。　　イ　納得してくれ。
ウ　責めないでくれ。　　エ　察してくれ。

問七　傍線部③「問題解決の近道だといわれる局面がある」について、日本ではどのようにすることが問題解決の近道になるのか。具体的に述べている一文のはじめの六字を答えなさい。(句読点、記号も一字とする)

問八　傍線部④「この特性」とはどのような特性なのか、次の中から適当なものを一つ選び記号で答えなさい。

ア　話し合いがお互いの利害を助長させるようになること。
イ　話し合いが問題の本質に深く関わるようになっていること。
ウ　話し合いが問題の本質を解決しようとしているのではないこと。
エ　話し合いによりどちらか一方の考え方にまとまること。

問九　傍線部⑤「形に表れないノンバーバル・コミュニケーション」にあてはまるものを次の中から記号で答えなさい。ただし、答えは一つとは限らない。

ア　感覚　　イ　自然　　ウ　気配　　エ　情報　　オ　言葉

問十　傍線部⑥「『いたわる』という視点でもう一つ」とあるが、もう一つの「視点」を本文中から八字以内で抜き出しなさい。（句読点、記号も一字とする）

二　次の文章を読んで、後の問いに答えなさい。

日曜日の朝は早起きをする。窓のカーテン越しに朝の陽光が射し込んでいれば、ヤスさんは忙しくなる。

「美佐子、弁当じゃ。握り飯に※コウコだけでええけん、作っといてくれ」

そう言ってアパートを飛び出し、自転車を漕いで向かう先はカナエ水産――尾藤社長にカメラを借りるのだ。

玄関の中に入って挨拶をしてから用件を切り出す、そんな悠長な性格ではない。

「社長、社長、朝早うからすんません！　カメラ貸してつかあさいや！」

事務所の前で怒鳴る（どな）と、ほどなく二階の窓が開き、寝ぼけまなこの社長が「なんな、ヤス、またカメラかあ……」と顔を出す。

「すんません、今日は海に連れて行きますけん。ほんま、いつもいつもお世話になります」

潮風はカメラの大敵である。そうでなくとも、乱暴で手先の不器用なヤスさんにカメラを預けるのはおっかなくてしかたない。

それでも、貸してしまう。「すんません、恩に着ます」と両手を合わせて（ア）拝んでくるヤスさんを見ると、つい、わかったわかった、と苦笑交じりにうなずいてしまうのだ。

「ヤス、おまえも自分でカメラ買うたらええん違うか。そのほうが気も楽じゃろうが」

「そげなぜニありませんがな」

社長のカメラは、アキラが生まれる前年――昭和三十六年に新発売された『キャノンネット』だった。価格は一万八千八百円。国家公務員の平均月給が一万五千円を少し超えるあたりだから、紛（まぎ）れもなくぜいたく品だった。

「月賦（げっぷ）じゃったら買えるじゃろうが」

「いや、月賦は男らしゅうありません」

「ほなら中古はどないな」

「ひとのお古は好かんです」

ひとのカメラを借りていながら、①ヘンなところにこだわりがある。

「ほな、借りていきますわ！」

ヤスさん、カメラケースのストラップをつかんで、②水筒のように乱暴に肩に提げた。

「あっ、あっ……」

「はい？　なんぞ用ですか？」

「いや、いい……なんでもない」

［　X　］と自転車を漕いでひきあげるヤスさんの背中を③しかめっつらで見送る社長の顔は、やがて、しょうがないのう、という苦笑いに変わるのだった。

アパートから海までは、ボンネットバスに揺られて、三十分ほどかかる。

じつはヤスさん、バスがあまり得意ではない。板張りの床のワックスのにおいがだめだ。鼻の奥がむずがゆくなって、くしゃみが出てしまう。トラックのにおいと似ているようで微妙に違う、それがよくないのだろう。

美佐子さんも、つわりの時期はバスに乗るたびに胸がむかむかしてしょうがなかった――と、その時期を過ぎてから打ち明けるのが、美佐子さんの性格なのだ。

「④早う車を買いてえのう……」

窓を開けて外の風を車内に入れながら、ヤスさんはつぶやいた。

マイカーがあれば、どこへでも、行きたいときに行ける。バス停でいらいらしながら待つこともないし、たとえ満員でも美佐子とアキラの席だけは命に代えても取っちゃる、と力んでバスに乗り込まなくてもいいし、なにより、美佐子さんがアキラにおっぱいを飲ませる横に立ちはだかって隠さなくてもいい。

「のう、車、欲しいのう」

隣に座る美佐子さんに声をかけると、美佐子さんは抱っこしたアキラをあやしながら、「ぜいたく言うたら、きりがないですよ」となだめるように返した。「うちは、日曜日にバスに乗って遊びに行ける、それだけでじゅうぶん」

一瞬、胸がじんとしたヤスさん、いけんいけん、とあわててかぶりを振った。

「アホ、そげなココロザシの低いことでどげんするな。アキラのしつけにも悪いわい。高度成長じゃ、所得倍増じゃ、人間、上を目指さんと生きとる甲斐がないわい。のう、アキラ、そうじゃろ?」

美佐子さんからアキラを抱き取った。

アキラは歯の生えそろった口を開けて、うふふっ、と笑う。

「ぶしゃん、ぶー、ぶー」

「そうじゃ、ブーブーじゃ、車じゃ、車が欲しいんよ。おまえ、ようわかっとる、さすがわしの子じゃ」

「ぶしゃん、ぶー」

「おう、わかっとる。ブーブー買うたるけんのう、お父ちゃん、気張って働くけえのう」

高い高いをしてやると、急に鼻がむずむずして、⑤派手なくしゃみをしたはずみにアキラを落っことしそうになった。

[　A　]、バスは嫌いなのだ。

海は、いい。

ほんとうに、いい。

砂浜に広げたゴザに座り込んで、海をぼんやり眺めながら美佐子さんの作ったおにぎりを頬張っていると、ふだんはろくすっぽ信じていない神さまにも素直に感謝をしたくなる。

海のある街が生まれ故郷でよかった。神さまや運命を恨む気になればいくらでも愚痴を並べ立てることのできる三十年の人生で、ひとつだけ幸運だったことを挙げろと言われたなら、迷わず、⑥そのことを選ぶ。

そして、いつかアキラが大きくなったときにも、ふるさとに海があることを喜んでほしい、とも思う。

アキラはゴザから少し離れたところで、小さなスコップとバケツを持って砂遊びをしている。とことこと砂の上を歩く足取りは、三歳の誕生日を間近に控えて、だいぶしっかりしてきた。[　B　]、トイレがなかなか覚えられない。この月齢でおむつがはずせないのはちょっと遅いらしいのだが、美佐子さんはいつも「あわてない、あわてない」と言うし、おむつでふくらんだお尻はアヒルみたいでなかなか可愛いし……まあええわい、とヤスさんも短気を(イ)抑えて、のんびりかまえている。

「ヤスさん、はい」

美佐子さんが魔法瓶の水筒の蓋に注いだお茶を差し出した。「おう、悪いの」と受け取り、熱いお茶に息を吹きかけてから一口すすると、おなかがポッと温もる。その温もりが胸に広がると、こわばっていたものがほぐされて、ふだんはなかなか言えない言葉も、すんなりと口から出てくる。

「のう、美佐子」

「はい？」

「わし、なんかしらんけど、うれしいよ。こげんして海に来とると、うれしゅうてならんよ」

「今週は仕事が忙しかったけん、ほっとしたん違う？」

「……そげなもんじゃない。もっと、深ーいところで、うれしいんよ。こげんしてアキラを見とって、美佐子を見とると、なんちゅうか、その……生きとるんが、ほんまにうれしいのう、いうか……」

美佐子さんはクスッと笑って、横座りしていた両脚を揃えて前に出し、膝を折り曲げて両手で抱え込んだ。細い肩をすぼめ、またクスッと笑い、「うちもです」と頬を赤くして言った。

のんびりとした潮騒に包まれて、アキラが砂で山をつくる。スコップで砂をすくって、山のてっぺんに振りかけて、手のひらでぺたぺたと押さえて形を整える。それを飽きもせず、何度も、何度も、繰り返す。

「器用なもんじゃのう」

おにぎりを頬張り、お茶をすすりながら、ヤスさんは感心したように言った。

「二歳になる前にあげん上手に山をつくる子は、なかなかおらんのと違うか？　将来は芸術家にでもなりそうじゃのう。さすがわしの子じゃ」

この程度の遊びは二歳の子どもなら誰でもやっている。アキラよりもっと大きな山をつくる子もいるし、山にトンネルらしきものを掘る子だっている。負けず嫌いに親バカが加わると、アキラへの期待は増す一方なのだ。

それでも、ヤスさん、そんじょそこいらの負けず嫌いではない。ただの親バカでもない。アキラが他の子どもに負けているんだと知るとしばらく落ち込み、しかし気を取り直して、きっぱりと言うのだ――「[　Y　]じゃ」。

美佐子さん、梨の皮を剝きながら「アキラも大変やねえ」と言った。「博士か大臣にでもならんと、お父ちゃんに褒めてもらえんけん」

「アホ、そげなことないわい」

「ほんまですかあ？」

美佐子さんはいたずらっぽく笑って、「うちの子ですけん、アキラ、平凡な普通の男の子になると思いますよ」とつづけた。

違うわい、とヤスさんはすねたようにそっぽを向いた。「さすがわしの子じゃ」と繰り返すのは、冗談というか、照れというか、ただの囃し言葉のようなものだ。ほんとうは、いつも「さすが美佐子の子じゃ」と思っている。美佐子さんの産んだ子どもだから、期待している。

「うちは勉強があんまりできんかったけん、アキラもそうなるかもしれませんよ」

「……おまえは苦労したけん、学校の勉強する暇がなかったんじゃ」

「平凡な人生でもええんですか？」

「人間、元気で生きとるんが一番じゃ」

「そしたら、だいじょうぶ。うち、体だけはじょうぶやもんねえ」

美佐子さんはうれしそうに笑い、ヤスさんはそっぽを向いたまま言った。

「おまえの子じゃったら……」

つづく言葉はおにぎりを頬張って、わざともごもごと――「優しい子になるわい」。

皮を剥いて六つ切りにした梨は、あらかたヤスさんのおなかに収まった。いつものことだ。弁当でもなんでも、美佐子さんは自分はほとんど食べないのに、たっぷりつくる。㋐安月給で生活は決して楽ではないのに、夕食の膳にはおかずを何皿も並べる。

「お代わり！」とヤスさんが言うと、美佐子さん、うれしくてしかたない。「あー、美味かった、腹一杯じゃあ」とヤスさんが畳にひっくり返って腹をさすると、もう、うれしさのあまり小躍りしてしまいそうにもなる。

ご飯のお代わりができない暮らしだったのだ。美佐子さんは、家族を原爆で失い、親戚中をたらい回しにされて、いつも育ての親の顔色をうかがいながら生きてきた。迷い箸をするほどおかずが並んでいる食卓が、子どもの頃の憧れだった。自分が食べるのではなく、おいしそうに食べる家族を見ていたい。それだけでいい。美佐子さんは、そういうひとだった。

ヤスさんだって、知っている。「おう、これ美味いのう」とぶっきらぼうに言う、その一言が美佐子さんをなによりよろこばせることを。もっと愛想良く言えばもっと喜ぶだろうともわかっていて、それでも照れてしまってうまく言えないところが自分でも悔しい。

『とんび』重松清

※コウコ…漬物。

問一　傍線部（ア）（イ）の漢字の読みをひらがなで答えなさい。

問二　傍線部①「ヘンなところにこだわりがある。」とあるが、どんなところにこだわりがあるか。最も適当なものを次の中から一つ選び、記号で答えなさい。

ア　ヤスさんが人から物を借りるのに、中古や新品のカメラを買うことに抵抗があること。
イ　ヤスさんは人から物を買うのに、中古や新品のカメラを借りることに抵抗があること。
ウ　社長がヤスさんには物を貸すのに、他の人にはカメラを貸すことに抵抗があること。
エ　社長がヤスさんから物を借りるのに、中古や新品のカメラを買うことに抵抗があること。

問三　傍線部②「水筒のように」に使われている表現技法を次の中から一つ選び、記号で答えなさい。

ア　擬人法　　イ　隠喩法　　ウ　直喩法　　エ　暗喩法

問四　傍線部③「しかめつらで見送る社長の顔」とあるが、なぜ「しかめつら」で見送っているのか。最も適当なものを次の中から一つ選び、記号で答えなさい。

ア　ヤスさんが社長のカメラを乱暴に扱う様子を見たのを不機嫌に感じているため。
イ　ヤスさんが社長のカメラを丁寧に扱う様子を見たのをご機嫌に感じているため。
ウ　ヤスさんと社長がカメラを一緒に扱うことができたのをご機嫌に感じているため。
エ　ヤスさんが社長にカメラを強引に渡してきたので不機嫌に感じているため。

問五　傍線部④「早う車を買いてえのう……」とあるが、なぜ車を買いたがっているのか。その理由として適当でないものを次の中から一つ選び、記号で答えなさい。

ア　マイカーがあれば行きたい時にどこへでも行くことができるようになるから。
イ　マイカーがあれば家族の座席を確保するために力んで乗り物に乗る必要がないから。
ウ　マイカーがあればミルクをあげる時に周りに対して隠す必要がないから。
エ　マイカーがあれば美佐子さんやアキラが喜んでくれてうれしい気持ちになるから。

問六　空欄A・Bに入る適切な言葉を次の中から一つ選び、それぞれ記号で答えなさい。

ア　つまり　　イ　だから　　ウ　だが　　エ　そして

問七　傍線部⑤「派手」の対義語を漢字二字で答えなさい。

問八　傍線部⑥「そのこと」とは、何のことか。本文中から十六字で抜き出し、答えなさい。

問九　空欄X・Yに入る適切な四字熟語を次の中から一つ選び、それぞれ記号で答えなさい。

ア　美人薄命　　イ　大器晩成　　ウ　意気揚揚　　エ　意気消沈

問十　傍線部⑦「安月給で生活は決して楽ではないのに、夕食の膳にはおかずを何皿も並べる。」とあるが、これはなぜか。適当でないものを次の中から一つ選び、記号で答えなさい。

ア　美佐子さんがどのおかずを取ろうかと悩むほどの皿が並んでいるのが夢だったから。
イ　ヤスさんが畳にひっくり返って腹をさする様子を見るのがたまらなくうれしいことだから。
ウ　アキラが育ち盛りなので少しでも栄養がある食べ物を食べさせてあげたかったから。
エ　美佐子さん自身が食べるのではなく家族がおいしそうに食べる姿を見たかったから。

三

次の古文を読んで、後の問いに答えなさい。

今は昔、阿蘇（あそ）のなにがしといふ史（さかん）ありけり。〈中略〉

家は西の京にありければ、公事（公務）ありて内（宮中）に参りて、夜更けて家に帰りけるに、東の中の

御門より（御門から）ａ出でて、車に乗りて大宮下りに（東大宮大路を南の方に）やらせて行きけるに、着たる装束（さうぞく）をみな①解きて、

片端よりみなたたみて、車の畳の下に②うるはしく置きて、その上に畳を敷きて、

史は冠をし、襪（したうづ）（したぐつ（足袋））を履きて、裸になりて車の内に③ゐたり。

さて、二条より西様（にしざま）にやらせて行くに、美福門（びふくもん）のほどを過ぐる間に盗人傍らよりはらはら（ばらばら）とｂ出で来ぬ。

車の轅（ながえ）に付きて（（盗人は）車の轅に取りついて）、④牛飼童（うしかひわらは）を打てば、童は牛を棄（す）てて逃げぬ。

車の後に雑色（ざふしき）（下男）二、三人ありけるも、みな逃げて去にけり。盗人寄り来て、車の簾（すだれ）を引き開けて

見るに、裸に史ゐたれば、盗人、「⑤あさまし」と思ひて、「こはいかに。」（これはどうしたことだ）と問へば、

史、「東の大宮にて⑥かくのごとくなりつる。君達寄り来て、己が装束をばみな召しつ（私の装束をみんなお取り上げになりました）。」

と笏（しゃく）を取りて、⑦よき人にもの申すやうにかしこまりて答へければ、盗人笑ひて棄てて去にけり。

その後、史、声を上げて牛飼童をも呼びければ、みな出でｃ来にけり。

⑧それよりなむ家に帰りにける。

『今昔物語集』

問一　傍線部①・②・③・⑤の語句の意味として適当なものを次の中から一つ選び、それぞれ記号で答えなさい。

①「解き」　ア　開放する　イ　脱ぐ　ウ　解決する　エ　隠す

②「うるはしく」　ア　きちんと　イ　きたなく　ウ　華やかに　エ　片づけて

③「ゐたり」　ア　存在した　イ　座っていた　ウ　発見した　エ　持っていた

⑤「あさまし」　ア　おどろいた　イ　怒った　ウ　泣いた　エ　怖がった

問二　傍線部ａ「出で」ｂ「出で来ぬ」ｃ「来にけり」の動作主はそれぞれ誰か。次の中から一つ選び、それぞれ記号で答えなさい。

ア　帝　イ　牛飼童　ウ　盗人　エ　史

問三　傍線部④の口語訳として、最も適当なものを次の中から一つ選び、記号で答えなさい。

ア　牛飼童はぶつので、童と牛を捨てたが逃げなかった。
イ　牛飼童はぶつので、童は牛を捨てて逃げてしまった。
ウ　牛飼童をぶつので、童は牛を捨てたが逃げなかった。
エ　牛飼童をぶつので、童は牛を捨てて逃げてしまった。

問四　傍線部⑥「かくのごとくなりつる」とあるが、どのようになったというのか。本文中から漢字一字で抜き出し答えなさい。

問五　傍線部⑦の口語訳として、最も適当なものを次の中から一つ選び、記号で答えなさい。

ア　身分の低い人にものを申し上げるようにかしこまって答えたので、童を笑って史をそのままにして去ってしまった。
イ　身分の高い人にものを申し上げるようにかしこまって答えたので、盗人は笑って史をそのままにして去ってしまった。
ウ　身分の低い人がものを申し上げるようにかしこまって答えたので、盗人を笑って史をそのままにして去ってしまった。
エ　身分の高い人がものを申し上げるようにかしこまって答えたので、童は笑って史をそのままにして去ってしまった。

問六　傍線部⑧「それよりなむ家に帰りにける」に使われている表現技法を、ひらがな六字で答えなさい。

四　次のそれぞれの作品の作者を次の中から一つ選び、それぞれ記号で答えなさい。

（1）『徒然草』　（2）『枕草子』　（3）『方丈記』　（4）『源氏物語』

ア　清少納言　イ　紫式部　ウ　紀貫之　エ　鴨長明　オ　兼好法師

英語解答

1 (1) エ (2) ア (3) ア (4) エ (5) イ (6) イ (7) イ (8) エ (9) ウ (10) ウ

2 (1) 3番目…ウ 5番目…カ
(2) 3番目…オ 5番目…イ
(3) 3番目…カ 5番目…ア
(4) 3番目…ウ 5番目…オ
(5) 3番目…イ 5番目…エ

3 問1 ウ 問2 ア
問3 1…F 2…T 3…T 4…F 5…F 6…F

4 問1 イ 問2 イ 問3 ア 問4 ウ 問5 エ 問6 ウ

5 問1 イ 問2 ウ 問3 ウ 問4 イ 問5 Why
問6 エ，オ

6 (1) had, carry
(2) She asked me when to start〔leave〕.

数学解答

1 (1) -1 (2) -29 (3) $-x+7y$ (4) 0 (5) $4a^4b^2$ (6) $\dfrac{7x+10y}{12}$ (7) $12xy$ (8) $\dfrac{16}{3}$

2 (1) $a(b-11)(b+10)$
(2) $2\pi-4\text{cm}^2$ (3) $36°$ (4) $\dfrac{7}{18}$
(5) $\dfrac{7}{19}$

3 (1) $x=\dfrac{7}{4}$ (2) $x=4$, $y=2$
(3) $x=-5$, 15

4 (1) $\dfrac{1}{20}\pi\,\text{m}$ (2) $x=4$, $y=3$
(3) $b=-15$, $c=56$

5 (1) 9 (2) $\dfrac{4}{3}$ (3) $\left(-\dfrac{3}{4},\ 3\right)$

6 (1) $\sqrt{3}$ (2) 100番目 (3) $\dfrac{218}{3}\pi$

国語解答

一 問一 (ア) 対照 (イ) 鑑賞 (ウ) 負
問二 (「)秘すれば花(」) 問三 ア
問四 エ 問五 イ 問六 エ
問七 「裸になる」 問八 ウ
問九 ア，ウ 問十 「自分で気付く」

二 問一 (ア) おが (イ) おさ
問二 ア 問三 ウ 問四 ア
問五 エ 問六 A…イ B…ウ
問七 地味
問八 海のある街が生まれ故郷でよかった
問九 X…ウ Y…イ 問十 ウ

三 問一 ①…イ ②…ア ③…イ ⑤…ア
問二 a…エ b…ウ c…イ
問三 エ 問四 裸 問五 イ
問六 かかりむすび

四 (1) オ (2) ア (3) エ (4) イ

2021年度 武蔵越生高等学校（推薦22日）

【英　語】（50分）〈満点：100点〉

1 次の文の（　　　）に入れるのに最も適切な語（句）をア～エからそれぞれ1つずつ選び，記号で答えなさい。

(1) (　　　) this question difficult?
ア. Do　　イ. Does　　ウ. Are　　エ. Is

(2) A: What is the (　　　) month of the year?
B: It's March.　We have the Doll's Festival then.
ア. third　　イ. fifth　　ウ. seventh　　エ. ninth

(3) A: (　　　) did she leave school?
B: She left at three o'clock.
ア. Who　　イ. When　　ウ. Where　　エ. Why

(4) There are a lot of clouds in the sky.　It (　　　) tomorrow.
ア. rained　　イ. will rain　　ウ. raining　　エ. rain

(5) (　　　) you finished your homework yet?
ア. Are　　イ. Can　　ウ. Have　　エ. Do

(6) I usually walk to school, (　　　) today I took a bus.
ア. but　　イ. if　　ウ. or　　エ. because

(7) You cannot drink (　　　) if you are under 20 years old in Japan.
ア. wine　　イ. milk　　ウ. water　　エ. tea

(8) The ground was covered (　　　) snow.
ア. to　　イ. with　　ウ. in　　エ. at

2 日本文の意味になるよう英文の（　　　）にア～カの語（句）を正しい順序に並べて入れたとき，３番目と５番目にくるものをそれぞれ選び，記号で答えなさい。

⑴　僕は明日，新しい小説を読むつもりです。
I (　　　) (　　　) (３番目) (　　　) (５番目) (　　　) tomorrow.

ア. to　　　イ. going　　　ウ. a new
エ. am　　　オ. read　　　カ. novel

⑵　なぜ私たちは早起きしなければいけないのですか。
Why (　　　) (　　　) (３番目) (　　　) (５番目) (　　　) early?

ア. do　　　イ. get　　　ウ. we
エ. up　　　オ. to　　　カ. have

⑶　田山先生は私たちにたくさんの宿題を出しました。
Mr. Tayama (　　　) (　　　) (３番目) (　　　) (５番目) (　　　) to do.

ア. us　　　イ. of　　　ウ. lot
エ. a　　　オ. homework　　　カ. gave

⑷　アツシは今夜のパーティーに来ると思いますか。
Do (　　　) (　　　) (３番目) (　　　) (５番目) (　　　) to the party tonight?

ア. think　　　イ. will　　　ウ. you
エ. Atsushi　　　オ. that　　　カ. come

3 次の広告を見て，あとの問いにそれぞれ記号で答えなさい。

One Day Trip to Blue Lake

Price

- Senior (65 and over) ……3,000 yen *per person
- Adult (18 to 64) ……4,000 yen per person
- Student (7 to 17) ……2,000 yen per person
- Child (6 and under) ……Free

★You can ride a boat in Blue Lake for 500 yen per family!

Plan

Date: From April 10th to September 30th (*except on Tuesdays)

Time: 8:00 a.m. to 4:00 p.m.

Meeting time: 7:50 a.m.

Meeting place: Green Station, north gate

★We will go to Blue Lake by bus.

★We will enjoy a special BBQ lunch **FOR FREE** at the Lake Side Restaurant.

★You can use our *audio guide (English, Chinese, French, and Japanese).

For more information, phone 425-102-3101.

（注）per ~ ～につき　　except ~ ～を除いて　　audio 音声の

問1　16歳の太郎は，71歳の祖父，45歳の父，43歳の母，そして14歳の妹といっしょに家族5人でこのツアーに参加し，ボートに乗るつもりである。ツアー代金は合計いくらになるか。

ア．13,000円

イ．13,500円

ウ．15,000円

エ．15,500円

問2　このツアーに参加する場合，どこに集合すればよいか。

ア．Blue Lake

イ．South gate

ウ．Green Station

エ．Lake Side Restaurant

問3　広告から読み取れることとして正しいものにはTを，誤っているものにはFを書きなさい。

ア．ツアーの所要時間は8時間である。

イ．ツアーでは12月の美しいBlue Lakeを楽しむことができる。

ウ．ツアー参加者は追加料金を払えばバーベキューを楽しむことができる。

エ．ツアー参加者は日本語の音声ガイドを利用することができる。

オ．ツアー参加者には集合場所までの無料のバスが用意されている。

カ．ツアーに参加する場合は，出発時刻の20分前に集合する必要がある。

4　次の対話文を読んで，あとの問いにそれぞれ記号で答えなさい。

Kenji:　Hello, Ms. Smith.

Ms. Smith:　Hi, Kenji.　Where are you going?

Kenji:　I'm going to the baseball stadium.　I will watch the baseball game with my father this afternoon.

Ms. Smith:　That's nice.　I sometimes went to baseball games with my parents when I was young.　Where is your father now?

Kenji:　He is waiting at the station.　He told me to be at the station at eleven thirty.　This morning he went to a computer shop near the station.　He went there to find a good computer.

Ms. Smith: I see. So you're going to meet your father at the station soon. What time will the baseball game start?

Kenji: It will start at two o'clock. We have a lot of time before the game, so we are going to eat lunch together. After that we will go to the game.

Ms. Smith: Great. Have a good time with your father.

Kenji: Thank you. Well, Ms. Smith, where are you going?

Ms. Smith: I'm going to the movies with some of my friends. I'm going to meet them at the station, too. We will watch a Japanese movie this afternoon. I love movies.

Kenji: A Japanese movie? Really? I love movies, too, and I often watch movies of other countries. I usually enjoy them in Japanese. It is easy for me because I can hear Japanese.

Ms. Smith: Do you think so? If you want to learn English more, it is very useful to enjoy movies in English. Why don't you try it?

Kenji: OK, Ms. Smith. Please tell me about good English movies next time.

Ms. Smith: Of course! There are many good movies. I hope you like them.

問1　Kenjiは今日の午後，どこに行くつもりか。

ア．映画館
イ．野球場
ウ．カフェ
エ．コンピューターショップ

問2　Ms. Smithは幼いころ，誰とよく野球に行っていたか。

ア．友人
イ．兄弟
ウ．両親
エ．Kenji

問3　KenjiとKenjiの父は，何時に駅で会う予定か。

ア．11:30
イ．12:30
ウ．13:10
エ．13:30

問 4　Kenji の父は，今朝どこに行ったか。

ア．映画館

イ．野球場

ウ．カフェ

エ．コンピューターショップ

問 5　この対話が行われている時刻として最も適切なものはどれか。

ア．10:30

イ．11:20

ウ．11:30

エ．12:20

問 6　Kenji は誰とお昼を食べるつもりか。

ア．父

イ．母

ウ．友人

エ．Ms. Smith

問 7　Ms. Smith は次に Kenji と会ったとき，何をするつもりか。

ア．一緒に野球をする。

イ．おすすめの映画を教える。

ウ．一緒に英語を勉強する。

エ．おすすめのレストランに行く。

5　次の英文を読んで，あとの問いに答えなさい。

Rika was a junior high school student. She often thought about her dream for the future. She sometimes talked with her mother, so she knew what her mother thought about it. Rika wanted to talk with her father, too, but he was very busy. She could not find time to talk with him. She sometimes felt that he was not interested in her future. ①<u>She was a little sad about it</u>.

Soon after the summer vacation started in July, her father came home from work and said, "Rika, I'd like to *climb Mt. Fuji this summer. Will you come with me?" She was surprised at his words, but she was glad he found time for her. He said, "You can climb it, Rika. It will be a great *memory." He told her about his plan. Rika thought it would be wonderful to be at the *top of the highest mountain in Japan.

One cloudy day, next month, Rika and her father got to *the fifth station of Mt. Fuji by bus. There were so many people there.

They started to climb at about one o'clock in the afternoon. Soon Rika found that many people were walking fast. She asked her father, "Shall we walk faster?" Then he said, "No, Rika. We don't have to walk fast. Just keep walking, then we will get to the top."

After about thirty minutes, Rika's father said, "Let's stop here, but ②<u>don't sit down</u>." She was surprised to hear that. He continued, "If we sit down, we won't want to stand up again. We will stop for a few minutes many times until we get to the top." So they stopped without sitting down. And after a few minutes, they started walking again.

When they came to a point between the seventh and the eighth station, Rika was getting very tired. It was getting colder, too. She sat down and said to her father, "I'm very tired and cannot walk any more. I want to go down." Then her father said, "I know you are very tired after walking hard. I'm tired, too. But we have already walked a long way. If you keep walking, you can get to the *goal. Never give up." Though Rika was very tired, her father's words moved something in her. She thought, "I should not give up here." They started climbing again.

They got to the *mountain hut at the eighth station at about six o'clock in the evening. There were many people in the hut. Rika and her father ate curry and rice, and then went to bed.

The next morning they left the hut at one o'clock to see the *sunrise at the top of Mt. Fuji. Rika saw many stars in the sky and knew that it was going to be a fine day.

After climbing for more than three hours, they got to the goal. "Here we are, Rika. You've made it! You will see the sunrise soon." Then, the sun came out. It was the most beautiful sunrise for Rika. Her father said, "You said you wanted to go down, but you have got to the top because you kept walking. I know you are thinking about your future. (　③　)" When Rika heard his words, she understood why he climbed Mt. Fuji with her. Rika felt she learned something important. She thanked her father and the mountain for giving her a *precious memory in her life.

(注) climb 登る　memory 思い出　top 頂上　the fifth station 五合目　goal 目標
mountain hut 山小屋　sunrise 日の出　precious 大切な

問１　下線部①She was a little sad about it とあるが，Rika が悲しく思ったのはなぜか。その理由として最も適切なものをア～ウから１つ選び，記号で答えなさい。

ア．Rika の父が，彼女が将来何をしたいのかもう知っていたため。

イ．Rika の父が，彼女の将来について関心がないと感じたため。

ウ．Rika の父が，日ごろから彼女の将来の事をうるさく言っていたため。

問２　本文の内容から考えて，次の問いの答えとして最も適切なものはどれか。ア～ウから１つ選び，記号で答えなさい。

When did Rika and her father climb Mt. Fuji?

ア．In June.

イ．In July.

ウ．In August.

問３　下線部②don't sit down とあるが，Rika の父がそのように言った理由として最も適切なものをア～ウから１つ選び，記号で答えなさい。

ア．一度座ると，もう一度立つのが嫌になってしまうから。

イ．座って休憩していると，ほかの登山客のじゃまになるから。

ウ．早く頂上まで登りたくて，座る時間がもったいないから。

問４　(　③　)に入る最も適切な英文をア～ウから１つ選び，記号で答えなさい。

ア．I think you should give up working for your goal when you feel very tired.

イ．I hope you will climb Mt. Fuji again because you gave up this time.

ウ．I think you can get to your goal if you keep working and never give up.

問５　次のア～オのうち，本文の内容と合っているものを２つ選び，記号で答えなさい。

ア．Rika wanted to talk with her mother, but she was always busy.

イ．When Rika got to the fifth station by bus, it was sunny.

ウ．Rika wanted to go down because her father was very tired.

エ．Rika walked for about five hours from the fifth station to the mountain hut.

オ．At the mountain hut, Rika went to bed after she ate curry and rice.

問６　次のア～ウの英文を本文の流れにしたがって並べかえ，その順序を記号で答えなさい。

ア．They got to the top of Mt. Fuji and enjoyed the sunrise.

イ．She wanted to walk faster, but her father told her that she didn't have to walk fast.

ウ．She did not want to walk any more, and asked her father to go down.

6 次の日本文を[　　　]の指示に従って英文にしなさい。

⑴ 私はカナダに３回行ったことがあります。 [空欄に適語を入れて英文を完成させること]
I have (　　　) (　　　) Canada three times.

⑵ エベレストは世界で一番高い山です。 [Mt. Everest で書き始めること]

【数　学】 (50分)〈満点：100点〉

1 次の計算をしなさい。

(1) $2-5$

(2) $-2^2-(-3)^2$

(3) $\left(-\frac{7}{6}\right)\div\frac{14}{3}\times 4$

(4) $2(2a-b)-3(-a+b)$

(5) $2ab^3\times 5a^3b^2\div(-ab)^2$

(6) $\frac{3x-y}{2}+\frac{3x-5y}{6}$

(7) $(a+2b)^2-(a+4b)(a-b)$

(8) $(\sqrt{6}-\sqrt{3})^2$

2 次の各問いに答えなさい。

(1) $a^2-ab-30b^2$ を因数分解せよ。

(2) 【図１】のようなおうぎ形の面積を求めよ。
ただし，円周率を π とする。

【図１】

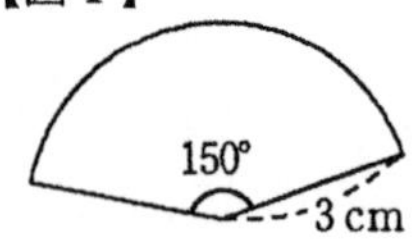

(3) 大小２個のサイコロを投げるとき，目の和が５の倍数になる場合は何通りあるか。

(4) $2\sqrt{3}<n<4\sqrt{2}$ を満たす正の整数 n の値をすべて求めよ。

(5) 3^{2021} の一の位の数を求めよ。

3 次の方程式を解きなさい。

(1) $\frac{1}{6}(x-3)-\frac{1}{2}(3-x)=\frac{5x}{3}$

(2) $\begin{cases}6x-y=2\\-7x+3y=60\end{cases}$

(3) $2(x+3)^2-5(x^2-9)=0$

4 次の各問いに答えなさい。

(1) 武蔵くんは，ある店で消しゴムを15個買った。この店では，消しゴムを4個買うごとに総額から10円引きされるという。合計総額が960円となるとき，武蔵くんが買った消しゴム1個あたりの値段を求めよ。

(2) 水が37L入った水そうがある。この水そうから一定の割合で水を抜き始め，8分後に水そうの中の水は25Lになった。そこからさらに毎分1Lずつ水が多く抜けるようにした。このとき，水を抜き始めてから何分で水そうが空になるか答えよ。

(3) $x^2-ax-16=0$ の1つの解が8で，もう1つの解が $x^2+7x+b=0$ の解となるとき，a，b の値を求めよ。

5 1辺6 cmの正方形ABCDがある。図のように点Pは頂点Aから，点Qは頂点Bから，点Rは頂点Cから，左回りに辺上を動く。点Pは毎秒1 cm，点Qと点Rは毎秒2 cmの速さで動くとき，x秒後に4点P，Q，R，Dを頂点とする図形の面積を y cm^2 とする。このとき，次の各問いに答えなさい。

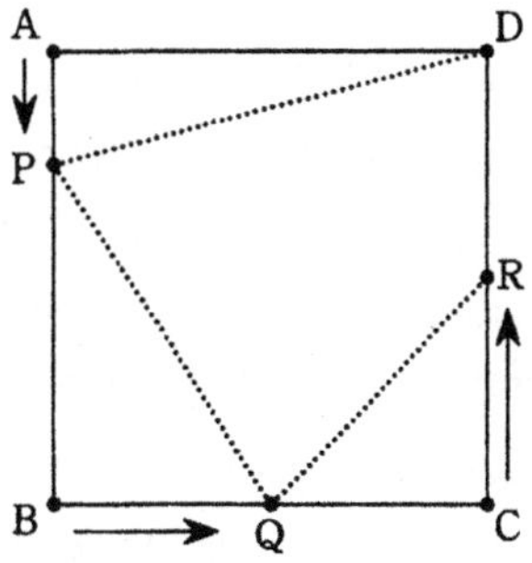

(1) $x=2$ のとき，yの値を求めよ。

(2) $0 \leqq x \leqq 3$ のとき，y を x で表せ。

(3) $0 \leqq x \leqq 6$ のとき，$y=\frac{69}{4}$ となるような x をすべて求めよ。

6 AB=5 cm，BC=4 cm，CA=3 cm，∠C=90°である直角三角形ABCがある。CからABに垂線を下ろし，その足をDとする。このとき，次の各問いに答えなさい。ただし，円周率を π とする。

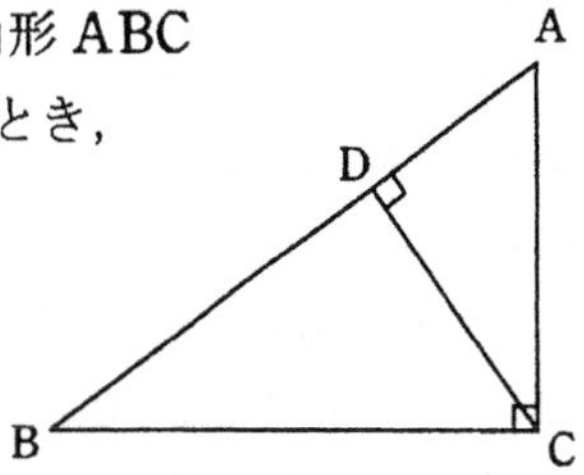

(1) 三角形ABCの面積およびCDの長さを求めよ。

(2) 三角形ABCにおいて，ACを軸として1回転してできる立体の体積を求めよ。

(3) 三角形BCDにおいて，CDを軸として1回転してできる立体の体積を求めよ。

【国語】（五〇分）〈満点：一〇〇点〉

一 次の文章を読んで設問に答えなさい。

科学の軍事化・技術化・商業化のいずれもが、人間の欲望に応えるように科学が変容してきたためと言える。とするなら、人間に欲望があるが故に、科学は発展してきたと言えないでもない。実際、好奇心に駆動されてどんどん想像力を膨らませ、未知の物質が秘めている力をもっと知りたい、そこに何かを付け足すことによって思いがけない機能が発現するのではないか、というような人間が本来持つ探求心によって科学や技術の先端部が切り拓かれてきたのは事実である。これも欲望と言って差し支えないだろう。そもそも人類は生き残りたいという欲望があればこそ、厳しい自然環境を乗り越えて持続してきたことは疑いない。神の啓示を読み取りたいという自然哲学者の欲望があり、自然を理解したいという現代の科学者の欲望も同じ※範疇に入る。精神的欲望そのものは、①人間を人間たらしめている要素なのである。

しかし、二十世紀に入って欲望に関わる様相が変わってきた。欲望がもっぱら物質的なものと結びつき、戦争に勝利する、金儲けにつながる、便利さを向上させる、というような直接の効能や利得を求めるようになったからだ。そして、科学もそれに歩調を合わせ、精神的な欲望を置き去りにして、物質的な欲望を満たすことに※奔走するのがその目的であるかのように変質したのである。

かつては、「必要は発明の母」であった。技術は物質的な欲望から出発したのは事実だが、「必要」という精神の飢えが「発明」という物質的生産へと導いたことを忘れてはならない。精神が物質をコントロールしていたのだ。しかし、現代は「発明は必要の母」となった。「発明」品を改良して新たな機能を付加することにより、人々に「必要」であったと錯覚させ、消費を加速したのである。②必要と発明の関係が逆転し、物質が精神を先導するようになったと言える。物質こそが資本の根源であるからだ。でも、それでは真の③イノベーションはあり得ない。精神的な欲望は時間を区切らないが、物質的欲望は短期の目標で進む。現代科学を底の（　④　）ものにしているのは、物質的欲望を第一義にしてきたためだろう。現代科学は物質的欲望に※翻弄されていると言えるかもしれない。

その端的な例は、浪費を美徳とする社会的風潮であろう。大量生産・大量消費・大量(ア)廃棄こそが現代社会を構築している基本構造であり、買い換え使い捨てが奨励されている。そして、科学や技術をそれに動員することこそが至上命令になっている。「役に立つ」ことがなければ意味がなく、「欲望を刺激する」要素がなければ開発が認められず研究費も出ないのだ。大学における経済論理の貫徹や実用化への圧力は、その方向への誘導であり、科学者も不本意であれそれに従っていかざるを得ない。物質的欲望が科学を駆動していると言えよう。

浪費社会に対して、「清貧の社会」という対極的な社会の構想がある。（　Ａ　）欲望を拒否し、（　Ｂ　）な欲望を充足させることを第一義とする社会である。物質における満足を求めるのではなく、精神の自由な飛翔を得ることを至上とする社会とも言える。私はそのような社会を希求しているのだが、それは可能なのだろうか。そして、そのような社会は発展の芽を摘まれるのであろうか。

確かに、科学は物質的基礎がなければ進歩しない。実験の技術開発があればこそ仮説が実証され、それを基礎にして新たな知見が得られていくからだ。あるいは、実験によって思いがけない新現象が発見され、それによって科学の世界が大きく広がったこともある。しかしながら、あくまで科学を推進しているのは好奇心や想像力、つまり創造への意欲であり、精神的欲望がその出発点なのである。それが萎えてしまえば⑤科学は立ち枯れてしまい、技術的改良のみの詰まらない内容になってしまうだろう。経済論理が強調され、実用主義がまかり通る現代は、その入り口に差し掛かっているのではないだろうか。物質的欲望にとらわれない（　⑥　）な社会でこそ真の科学は花開くと言うべきなのである。

物質的欲望がどんどん勝っていくとどうなるのか。一つは、「欲望は欲望を呼び」、満足する、自足するという感覚を失っていくことだ。そして、より欲望を膨らませようとするから、自分が制御できなくなる。その状況は麻薬に似ている。現代の成長至上主義は市場の麻薬であり、戦争を必然化する。資源が(イ)枯渇すると奪うしかなくなってしまうからだ。それを恐れて軍事を増強し、核兵器で武装する。結局は、人々の生活に役立たない兵器ばかりが蓄積されていくことになる。役に立とうという（　C　）欲望は空回りし、かえって役に立たない浪費を積み重ねていくばかりとなってしまうのだ。戦争ばかりではない。

⑦技術を通じての欲望の達成も同じ状況が引き起こされている。私たちは、世の中に流通しているものに目をひかれるが、流通せずに闇から闇へと廃棄されていったものはゴマンとあるだろう。物質に固執すれば、有限の可能性のなかで盛衰が生じざるを得ないのである。精神的欲望は無限であり、いずれも生き残る可能性を秘めていることと決定的な差があることを忘れないでいたいものだ。

（池内了『科学と人間の不協和音』）

※範疇…事物が必ずそのどれかに属する基本的な区分。種類。カテゴリー。

奔走…そのことがうまくいくように関係方面を駆け回って世話を焼くこと。

翻弄…強い立場にある人が弱い人を手玉に取ってからかうこと。

問一　傍線部（ア）（イ）の漢字の読みを答えなさい。

問二　傍線部①「人間を人間たらしめている」とはどういうことか。その説明として次の中から最も適当なものを選び、記号で答えなさい。

（ア）人間を生物として存続させていること。

（イ）人間を人間として成り立たせていること。

（ウ）人間と自然との違いを際立たせていること。

（エ）人間を過去の人間と比較させていること。

問三　傍線部②「必要と発明の関係が逆転し」た結果、どうなったのか。次の中から最も適当なものを選び、記号で答えなさい。

（ア）「必要」なものがすべて「発明」されると、人間は「必要」でないものも「発明」せずにはいられなくなった。

（イ）「発明」によって生み出されたものが人間の欲望を刺激し、それが「必要」であったと思わせるまでになった。

（ウ）「発明」によって物質的な欲望がすっかり満たされると、人間はなにかを「必要」だと感じることがなくなった。

（エ）「必要」なものがすべて「発明」されると、人間は「必要」でないものには目もくれなくなってしまった。

問四　傍線部③「イノベーション」の語句の意味について、次の中から最も適当なものを選び、記号で答えなさい。

（ア）持続　（イ）衝撃　（ウ）伝統　（エ）革新

問五　文中の（　④　）に入る語句として、次の中から最も適当なものを選び、記号で答えなさい。

（ア）浅い　（イ）深い　（ウ）広い　（エ）狭い

問六　文中の（　A　）～（　C　）には、（ア）物質的・（イ）精神的　のどちらかが入る。それぞれ適当なものを選び、記号で答えなさい。

問七　傍線部⑤「科学は立ち枯れてしまい」とあるが、なぜ立ち枯れてしまうのか。次の中から最も適当なものを選び、記号で答えなさい。

（ア）精神的欲望に基づかない科学は、社会が求めるものを生み出さないから。

（イ）物質ばかり重視されると、好奇心や想像力が軽視されるようになるから。

（ウ）物質的基盤がないところでは技術開発が困難で、科学の進歩が滞るから。

（エ）精神的欲望が増加することで、買い換え使い捨てがますます奨励されていくから。

問八　文中の（　⑥　）に入るのに適当な漢字二字を、本文中から抜き出して書きなさい。

問九　傍線部⑦「技術を通じての欲望の達成も同じ状況が引き起こされている」とあるが、どのようなことを言っているのか。次の中から最も適当なものを選び、記号で答えなさい。

（ア）物質的欲望にとらわれ成長至上主義のもとに資源を奪い合うことになるので、戦争が起こる可能性に備えて、核兵器のように人間の生活を破壊するような技術が生み出されてしまう。

（イ）物質に固執することで欲望がどんどん膨らんでいくが、欲望の技術による達成は限界があるため、物質的欲望だけが空回りして人間に役立つものを何も流通させることができない。

（ウ）物質的欲望が制御できなくなるとそれを達成するための資源が大量に必要になるが、地球の資源は限りがあるので、技術の発達にも限界が生じ人間の生活に支障をきたしてしまう。

（エ）効能や利得を求める社会では、物質的欲望を抑えることができず、様々なものが生み出されていくが、そのなかには人間にとって不必要で役立たないものがある。

問十　筆者の主張として、次の中から最も適当なものを選び、記号で答えなさい。

（ア）人間が精神的な欲望を置き去りにして、物質的な欲望を満たすことに奔走するようになるとともに、科学の軍事化・技術化・商業化が進展した。

（イ）資本主義の進展にともなって、科学者に対して経済論理や実用化への圧力が高まると、科学は短い時間で飛躍的な発展をみせるようになった。

（ウ）限りのない精神的欲望にとらわれた現代の成長至上主義社会は、必然的に資源の枯渇という壁につきあたり、いずれは衰退していくことになる。

（エ）精神が物質をコントロールしていた時代を継続できるように、浪費を美徳とする社会を目指すこともときには必要であると考えるようになった。

二　次の文章を読んで設問に答えなさい。

春琴は、大阪道修町（どしょうまち）の薬種商鵙屋（もずや）の娘で、本名を琴といった。幼少より賢く容姿端麗にして高雅であったが、九歳のときに失明し、琴と三味線の道に専心するようになった。奉公人の佐助に手を引かれて毎日師匠の家に稽古に通っている。佐助は春琴より四歳年長で、十三歳のときに父祖※累代（るいだい）の主家である鵙屋に初めて奉公に※上がったが、そのときはすでに春琴の目は閉ざされた後であった。

いったい新参の少年の身をもって大切なお嬢様の手曳（び）きを命ぜられたというのは変なようだが、初めは佐助に①限っていたのではなく、女中が付いて行くこともあり外の小僧や若僧が供をすることもありいろいろであったのを、あるとき春琴が「佐助どんにしてほしい。」といったので、それから佐助の役に極まった。それは佐助が十四歳になってからである。彼は無上の光栄に感激しながらいつも春琴の小さな掌（てのひら）を己の掌の中に収めて十丁の道のりを※春松検校（しゅんしょうけんぎょう）の家に行き、稽古の済むのを待って再び連れて戻るのであったが、途中春琴はめったに口を利いたことがなく、佐助もお嬢様が話しかけて来ない限りは黙々としてただ過ちのないように気を配った。春琴は「何で※こいさんは佐助どんがええお言いでしたんでっか。」と尋ねる者があったとき「誰よりもおとなしゅうていらんこと言えへんよって。」と答えたのであった。元来彼女は愛嬌に富み人あたりが良かったことは前に述べた通りだけれども、失明以来気むずかしく陰鬱（いんうつ）になり、晴れやかな声を出すことや笑うことが少なく（　②　）が重くなっていたので、佐助が余計なおしゃべりをせず役目だけを大切に勤めて邪魔にならぬようにしているところが気に入ったのであるかも知れない。

おしゃべりをしないから邪魔にならぬからというのが果たして春琴の真意であったか、佐助の憧憬（しょうけい）の一念がおぼろげに通じて子供ながらもそれを嬉しく思ったのではなかったか。十歳の少女にそういうことは有り得ないとも考えられるが、俊敏で早熟の上に盲目になった結果として第六感の神経が研ぎ澄まされていたことを思うと、必ずしも突飛な想像であるとは言えない。気位の高い春琴は後に恋愛を意識するようになってからでも(ア)ヨウイに胸中を打ち明けず、久しい間佐助に許さなかったのである。されば其処に多少の疑問はあるけれども、とにかく初め佐助というものの存在は殆ど春琴の念頭にないかの如くであった。少なくとも佐助にはそう見えた。手曳きをするとき佐助は左の手を春琴の肩の高さに捧げて掌を上に向け、それへ彼女の右の掌を受けるのであったが、春琴には佐助というものが一つの掌に過ぎないようであった。たまたま用をさせるときにも、しぐさで示したり顔をしかめてみせたり③謎をかけるようにひとりごとを洩らしたりして、どうこうせよとはっきり意志を言い表すことはなく、それを気がつかずにいると必ず機嫌が悪いので佐助は絶えず春琴の顔つきや動作を見落とさぬように緊張していなければならず、あたかも注意深さの程度を試されているように感じた。

もともと我が儘なお嬢様育ちのところへ盲人に特有な意地悪さも加わって、片時も佐助に(イ)ユダンする暇を与えなかった。ある時春松検校の家で稽古の順番が廻って来るのを待っている間にふと春琴の姿が見えなくなったので、佐助が驚いてその辺を捜すと、知らぬ間に厠に行っているのであった。いつも小用に立つときは黙って春琴が出て行くのを、それと察して追いかけながら戸口まで手を曳いて連れて行き、そこに待っていて※手水の水をかけてやるのに、今日は佐助がうっかりしていたのでそのまま独り手さぐりで行ったのである。「済まんことでござりました。」と佐助は声をふるわせながら、厠から出て手水鉢の柄杓を取ろうと手を伸ばしている少女の前に駆けて来て言ったが、春琴は「もうええ。」と言いつつ首を振った。しかしこういう場合「もうええ。」といわれても「そうでござりますか。」と引き退っては一層後がいけないのである。④無理にも柄杓をもぎ取るようにして水をかけてやるのがコツなのである。またある夏の日の午後に順番を待っているとき、うしろに畏まって控えていると「暑い。」と独りごとを洩らした。「暑うござりますなあ。」とおあいそを言ってみたが何の返事もせず暫くするとまた「暑い。」という。心づいて有り合わせた団扇を取り背中の方からあおいでやるとそれで納得したようであったが、少しでもあおぎ方が気が抜けるとすぐ「暑い。」を繰り返した。春琴の強情と気儘とはかくの如くであったけれども、特に佐助に対するときがそうなのであって、いずれの奉公人にもという訳ではなかった。元来そういう素質があったところへ佐助が努めて⑤意を迎えるようにしたので、彼に対してのみその傾向が極端になって行ったのである。彼女が佐助を最も便利に思った理由もここにあるのであり、佐助もまたそれを苦役と感ぜずむしろ喜んだのであった。彼女の特別な意地悪さを甘えられているように取り、一種の※恩寵の如くに解したのでもあろう。

春松検校が弟子に稽古をつける部屋は奥の中二階にあったので、佐助は番が廻って来ると春琴を導いて段梯子を上り、検校とさし向かいの席に直らせて琴なり三味線なりをその前に置き、いったん控え室へ下がって稽古の終わるのを待ち再び迎えに行くのであるが、待っている間もう済む頃かとユダンなく耳を立てていて、済んだら呼ばれないうちに直ちに立って行くようにした。されば春琴の習っている音曲が自然と耳につくようになるのも道理である。佐助の音楽趣味はかくして養われたのであった。後年一流の大家になった人であるから生まれつきの才能もあったろうけれども、もし春琴に仕える機会を与えられず、また何かにつけて⑥彼女に同化しようとする熱烈な愛情がなかったならば、恐らく佐助は鵙屋の暖簾を分けてもらい一介の薬種商として平凡に世を終わったであろう。後年盲目となり検校の位を称して※からも、常に自分の技は遠く春琴に及ばずと為し、全くお師匠様の啓発によってここまで来たのであるといっていた。春琴を⑧九天の高さに持ち上げ百歩も二百歩も謙っていた佐助であるから、⑦かかる言葉をそのまま受け取る訳には行かないが、技の優（　　　）はとにかくとして、春琴の方がより天才肌であり佐助は※刻苦精励する努力家であったことだけは間違いがあるまい。

彼が密かに一挺の三味線を手に入※れようとして、主家から給される時々の手あてや使い先で貰う祝儀などを貯金し出したのは十四歳の暮れであって、翌年の夏ようよう粗末な稽古三味線を買い求めると、番頭に見咎められぬように棹と胴とを別々に天井裏の寝部屋へ持ち込み、夜な夜な朋輩の寝静まるのを待って独り稽古をしたのである。しかし当初は、父祖の業を継ぐ目的で丁稚奉公に住み込んだ身の、将来これを本職にしようという(ウ)カクゴも自信もあったのではなかった。ただ春琴に忠実である余り彼女の好むところのものを己れも好むようになりそれが昂じた結果であり、音曲をもって彼女の愛を得る手段に供しようなどの心すらもなかったことは、彼女にさえ極力秘していた一事をもって明らかである。佐助は五、六人の手代や丁稚ともに立つと頭がつかえるような低い狭い部屋へ寝るので、彼等の眠りを妨げぬことを条件として内証にしておいてくれるように頼んだ。幾ら眠っても寝足りない年頃の奉公人どもは、床に這入(はい)ると忽(たちま)ちぐっすり寝入ってしまうから苦情をいう者はいなかったけれども、佐助は皆が熟睡するのを待って起き上がり、布団を出したあとの押入の中で稽古をした。それでなくても天井裏は蒸し暑いのに、押入の中の夏の夜の暑さは格別であったに違いないが、こうすると絃の音の外へ洩(も)れるのを防ぐことが出来、鼾(いびき)ごえや寝言など外部の音響をも遮断するに都合が好かった。もちろん爪弾(つまび)きで撥(ばち)は使えなかった。燈火のない真っ暗な所で手さぐりで弾くのである。しかし佐助はその暗闇を少しも不便に感じなかった。盲目の人は常にこういう闇の中にいる。こいさんもまたこの闇の中で三味線を弾きなさるのだと思うと、自分も同じ暗黒世界に身を置くことがこの上なく楽しかった。後に公然と稽古することを許可されてからも、こいさんと同じにしなければ済まないと言って、楽器を手にするときは眼をつぶるのが癖であった。つまり眼開きでありながら盲目の春琴と同じ苦難を嘗(な)めようとし、盲人の不自由な境涯を出来るだけ体験しようとして時には盲人を羨(うらや)むかの如くであった。彼が後年ほんとうの盲人になったのは、実に少年時代からのそういう心がけが影響しているので、思えば偶然でないのである。

（谷崎潤一郎『春琴抄』）

※累代…何年にもわたって代を重ねること。
　奉公…店などに住み込み、その家業、店務の手伝いをすること。
　検校…盲人の職能団体の最上級の長官。
　こいさん…「小糸さん」の略。姉娘を「糸さん」と呼ぶのに対し、妹娘を呼ぶ称。
　手水の水…手を洗う水。
　恩寵…天子、君主、神などのめぐみ、いつくしみ。
　九天…空の最も高いところ
　刻苦精励…苦しみに耐え、一生懸命仕事や学業にいそしむこと。
　ようよう…ようやく

問一　傍線部（ア）～（ウ）のカタカナを漢字に直しなさい。

問二　傍線部③、⑤の語句の意味として、最も適当なものを選び、記号で答えなさい。

③　謎をかける

（ア）相手の反応を見ながら楽しむ。

（イ）ヒントを少しずつ出して解決に導く。

（ウ）小さな声で内緒話をする。

（エ）遠回しにそれと悟らせるように言う。

⑤　意を迎える

（ア）相手に感謝の意を表す。

（イ）相手の意向に従って振る舞う。

（ウ）相手を厚くもてなす。

（エ）相手の素質を引き出して伸ばす。

問三　傍線部①「春琴が『佐助どんにしてほしい。』といった」理由として作者が挙げている部分を、傍線部①がある段落から四十四字で抜き出し、最初の五字を答えなさい。

問四　文中の（　②　）に入る体の一部を示す漢字一字を答えなさい。

問五　傍線部④「無理にも柄杓をもぎ取るようにして水をかけてやるのがコツなのである。」とあるがなぜか。その理由として、次の中から最も適当なものを選び、記号で答えなさい。

（ア）あくまでも春琴に仕える身だという立場を示すことが必要だから。
（イ）時には素直に引き下がらないで自分の存在を主張することが大事だから。
（ウ）無理やりにでも積極的に仕事をする姿勢を見せると後で褒められるから。
（エ）少し乱暴にふるまうことで、女性に威圧感を与えることができるから。

問六　傍線部⑥「彼女に同化しようとする熱烈な愛情」は佐助のどのような行動に表れているか。誤っている選択肢を選び、記号で答えなさい。

（ア）春琴が習う音曲を自分も好むようになり、三味線を買って稽古を始めた。
（イ）押入の闇の中で稽古をして、春琴と同じ暗闇世界に身を置くことを楽しんだ。
（ウ）今でも父祖の業を継ぐことだけを目的として、丁稚奉公に住み込んだ身であることを常に忘れなかった。
（エ）押入で稽古をする必要がなくなってからも、三味線を弾くときには眼をつぶった。

問七　傍線部⑦「かかる言葉」が指す内容を文中から四十字で抜き出し、最初の五字を答えなさい。

問八　傍線部⑧「優（　　）」の（　　）に、「優」と反対の意味を持つ漢字一字を入れなさい。

問九　本文の説明として、次の中から最も適当なものを選び、記号で答えなさい。

（ア）大切なお嬢様である春琴に対して身分違いの恋情を抱いた自分を責める佐助の心情が詳しく描かれている。
（イ）会話文がほとんどなく、場面の設定も現実味にとぼしく、特殊な世界での出来事を描いた幻想的な小説である。
（ウ）春琴は、自分の不幸な境遇を悲しみ、誇りも生きる希望もなくして投げやりに人生を生きている少女である。
（エ）語り手の存在を随所に示しながら、古典を思わせるような独特な物語空間を巧みに現出させている。

三　次の古文を読んで設問に答えなさい。

今は昔、いつの①ころほひの②ことにかありけむ、清水（きよみず）に参りたりける女の、
（いつごろのことであったろうか）（清水寺にお参りした女が）

幼き子を抱きて御堂（みどう）の前の谷をのぞき立ちけるが、いかにしけるやありけむ、
（本堂）（どうしたことであろうか）

③児（ちご）を取り落として谷に落とし入れてけり。遥（はる）かに振り落とさるるを見て、
（取り外して）

すべきやうもなくて、御堂の方に向きて、手を摺（す）りて、
（どうしようもなくて）

「（　④　）助け給へ」となむ迷（まど）ひける。
（あわてて願いした）

⑤「今はなき者」と思ひけれども、⑥「有様をも見む」と思ひて、迷ひ下りて見ければ、
（どうなったかだけでも見よう）

観音の⑦「いとほし」と思(おぼ)しめしけるにこそは。つゆきずもなくて、

観音様が　全く傷も無くて

谷の底の木の葉の多く落ち積もれる上に落ちかかりてなむ⑧臥(ふ)したりける。

倒れていた

母喜びながら抱き取りていよいよ観音を泣く泣く礼拝(らいはい)し奉(たてまつ)りけり。

ますます

これを見る人、皆あさましがりてののしりけり、となむ語り伝へたるとや。

非常に驚いて大騒ぎをした　こう語り伝えているということだ

（『今昔物語集』）

問一　傍線部①「こうはむ」を現代かなづかいに直しなさい。

問二　傍線部②「ことにかなありけむ」の「か」と「けむ」のような関係を何というか。ひらがな六字で答えなさい。

問三　傍線部③「児」と同じ意味の語句を、文中から二字で抜き出しなさい。

問四　文中の（　④　）に入る言葉を、文中から漢字一字で抜き出しなさい。

問五　傍線部⑥「有様をも見むと」、⑧「臥したりける」の主語を、次の中からそれぞれ一つずつ選び記号で答えなさい。

（ア）清水に参りたる女（母）　（イ）児　（ウ）観音　（エ）これを見る人

問六　傍線部⑤「今はなき者」、⑦「『いとほし』と思しめしけるにこそは」の現代語訳として最も適当なものを、次の中からそれぞれ選び記号で答えなさい。

⑤「今はなき者」

（ア）早くも泣き崩れた者。　（イ）早くも姿を消した者。

（ウ）もう無用となってしまった者。　（エ）もう死んでしまった者。

⑦「『いとほし』と思しめしけるにこそは」

（ア）母の深い愛情をすばらしいと思ったからである。

（イ）母の命乞いを見苦しいと思ったからである。

（ウ）子供をかわいそうだとお思いになったのであろう。

（エ）仏への信心が大切だとお思いになったのだろう。

問七　谷底での児はどのような状態だったか。文中から一文で抜き出し、最初の五字を答えなさい。

問八　本文の主題として、次の中から最も適当なものを選び、記号で答えなさい。

（ア）他人の不幸を助けようとしない大衆の無責任さをとがめている。

（イ）観音のご利益をたたえ、信心することの大切さを述べている。

（ウ）どんな危機でも命に執着する、子どもの生命力の強さに驚いている。

（エ）仏の力を試すために子どもを落とした母の無謀さを非難している。

四　次の作品の作者をあとの（ア）〜（オ）からそれぞれ選び、記号で答えなさい。

1『たけくらべ』　2『トロッコ』　3『智恵子抄』　4『人間失格』　5『破戒』

（ア）太宰治　（イ）島崎藤村　（ウ）芥川龍之介　（エ）高村光太郎　（オ）樋口一葉

英語解答

1 (1) エ　(2) ア　(3) イ　(4) イ
(5) ウ　(6) ア　(7) ア　(8) イ

2 (1) 3番目…ア　5番目…ウ
(2) 3番目…カ　5番目…イ
(3) 3番目…エ　5番目…イ
(4) 3番目…オ　5番目…イ

3 問1 エ　問2 ウ
問3 ア…T　イ…F　ウ…F　エ…T
オ…F　カ…F

4 問1 イ　問2 ウ　問3 ア
問4 エ　問5 イ　問6 ア
問7 イ

5 問1 イ　問2 ウ　問3 ア
問4 ウ　問5 エ，オ
問6 イ→ウ→ア

6 (1) been to
(2) Mt. Everest is the highest mountain in the world.

1〔適語(句)選択〕

(1) difficult「難しい」は形容詞なので，疑問文ではbe動詞を使う。主語のthis questionは単数なので，isにする。　「この問題は難しいですか」

(2) A：1年で3番目の月は何ですか？／B：3月です。その頃にはひな祭りがあります。／／March「3月」は，third「3番目の」月である。

(3) A：彼女はいつ学校を出ましたか？／B：3時に出ました。／／at three o'clock「3時に」と答えているので，'時'を尋ねる疑問文にする。

(4)最後にtomorrowがあるので，未来を表す表現にする。　「空に雲がたくさんある。明日は雨が降るだろう」

(5) finishedとyetに着目。'Have/Has＋主語＋過去分詞...yet？'「もう～しましたか」という現在完了('完了'用法)の疑問文。　「もう宿題は終わりましたか」

(6)空所の前後が相反する内容になっているので，'逆接'を表すbutが適切。　「いつもは歩いて登校するが，今日はバスに乗った」

(7) 20歳未満だと飲めないものを選ぶ。　「日本で20歳未満だと，ワインを飲めない」

(8) be covered with ～「～で覆われている」　「地面は雪で覆われていた」

2〔整序結合〕

(1)「～するつもりだ」は，be going to ～で表せる。I am going to read a new novel tomorrow.

(2)「～しなければならない」は，have to ～で表せる。疑問文なので，do we have to ～とする。「起きる」はget up。　Why do we have to get up early？

(3)語群にgaveがあるので，「私たちにたくさんの宿題を与えた」と読み換えて，'give＋人＋物'「〈人〉に〈物〉を与える」の形で表す。「たくさんの～」は，a lot of ～。　Mr. Tayama gave us a lot of homework to do.

(4)「(あなたは)～と思いますか」は，'Do you think (that)＋主語＋動詞...？'の形で表せる。このthatは「～ということ」という意味の接続詞。疑問文でも，that以下は肯定文の語順であることに注意する。　Do you think that Atsushi will come to the party tonight？

3〔読解総合─広告を見て答える問題〕

≪全訳≫ブルーレイクへの日帰り旅行／料金／・シニア(65歳以上)…お一人様3000円／・大人(18～64歳)…お一人様4000円／・学生(7～17歳)…お一人様2000円／・子ども(6歳以下)…無料／★ブルーレイクでは一家族500円でボートに乗れます！／プラン／日程：4月10日から9月30日まで(火曜日を除く)／時間：午前8時から午後4時まで／集合時刻：午前7時50分／集合場所：グリーン駅北口／★ブルーレイクへはバスで向かいます。／★レイクサイドレストランで，スペシャルバーベキューランチを無料で楽しみます。／★音声ガイド(英語，中国語，フランス語，日本語)が使えます。／詳しくは，425-102-3101までお電話を。

問1＜要旨把握＞Price 欄より，16歳は2000円，71歳は3000円，45歳と43歳はそれぞれ4000円，14歳は2000円。ボートは一家族500円なので，合計15500円となる。

問2＜要旨把握＞Plan 欄4行目より，集合場所は Green Station。

問3＜内容真偽＞ア…○　時間は「午前8時から午後4時まで」。　イ…×　このツアーは「4月10日から9月30日まで」である。　ウ…×　バーベキューは無料である。　エ…○　音声ガイドには Japanese も含まれている。　オ…×　このような記述はない。　カ…×　出発時刻は「午前8時」で，集合時刻はその10分前の「7時50分」である。

4〔長文読解─要旨把握─対話文〕

≪全訳≫❶ケンジ(K)：こんにちは，スミス先生。❷スミス先生(S)：こんにちは，ケンジ。どこへ行くの？❸K：野球場へ行くところです。今日の午後，父と一緒に野球の試合を見るんです。❹S：それはいいわね。私も幼い頃，ときどき両親と一緒に野球の試合に行ったわ。お父さんは今どこにいるの？❺K：駅で待っています。父は僕に，11時半に駅にいるように言ったんです。今朝，父は駅の近くのコンピューターショップに行ったので。そこへいいコンピューターを見つけに行ったんです。❻S：なるほどね。じゃあ，もうすぐお父さんと駅で会うのね。野球の試合は何時に始まるの？❼K：2時に始まります。試合までに時間がたっぷりあるので，一緒に昼食を食べるつもりです。その後試合に行く予定です。❽S：いいわね。お父さんと楽しんでいらっしゃい。❾K：ありがとうございます。ところで，スミス先生はどちらに行かれるんですか？❿S：友人たちと映画に行くの。私も皆と駅で会うのよ。今日の午後は日本映画を見るの。私は映画が大好きなの。⓫K：日本映画？　そうなんですか？　僕も映画は大好きで，よく外国映画を見るんです。たいてい日本語で楽しみます。日本語が聞けるから，僕にとっては簡単なんです。⓬S：そう思うの？　もっと英語を身につけたいなら，英語で映画を楽しむのはとても役に立つわよ。試してみたらどう？⓭K：わかりました，スミス先生。次はいい英語の映画について教えてください。⓮S：もちろん！　いい映画がたくさんあるわよ。気に入ってくれるといいんだけど。

問1．第3段落第1文に，I'm going to the baseball stadium. とある。　問2．第4段落第2文に with my parents とある。　問3．第5段落第2文に at eleven thirty とある。　問4．第5段落第3文に he(＝Kenji's father) went to a computer shop とある。　問5．第5段落第2文より，待ち合わせ時刻は11時半。第6段落第2文より，ケンジはもうすぐお父さんと駅で会うことがわかる。　問6．第7段落第2文参照。この we はケンジと父親を指す。　問7．第13段落第2文で，ケンジは次(に会うとき)はいい英語の映画を教えてくれるように頼んでいる。それを受けてスミス先生は「もちろん」と答えている。

5〔長文読解総合―物語〕

≪全訳≫❶リカは中学生だった。彼女はよく将来の夢について考えていた。母親とはときどき話していたので，母親がそれについてどう思っているかは知っていた。父親とも話したかったが，彼はとても多忙だった。彼女は父親と話す時間を見つけることができなかった。ときには，父親は自分の将来に関心がないのだと感じることもあった。そのことが彼女は少し悲しかった。❷７月に夏休みが始まってすぐ，父親が仕事から帰ってきて言った。「リカ，この夏は富士山に登りたいんだ。僕と一緒に来るかい？」　彼女は彼の言葉に驚いたが，彼が自分のために時間を見つけてくれたことがうれしかった。彼は言った。「リカも登れるさ。とてもいい思い出になるよ」　彼は彼女に，自分の計画について話した。リカは，日本で最も高い山の頂上にいるのはすばらしいだろうと思った。❸翌月のある曇りの日，リカと父親はバスで富士山の５合目に着いた。そこにはとても多くの人がいた。❹彼女たちは午後１時頃に登り始めた。すぐに，リカは大勢の人が速く歩いていることに気づいた。彼女は父親に「もっと速く歩かない？」と尋ねた。すると彼は言った。「いや，リカ。速く歩く必要はないよ。ただ歩き続けるんだ，そうすれば僕たちは頂上に着くから」❺30分ほどたつと，リカの父親は言った。「ここで止まろう，でも座ってはいけないよ」　彼女はそれを聞いて驚いた。彼はこう続けた。「もし座ったら，もう一度立ち上がりたいと思わなくなってしまうからね。頂上に着くまで，何回も数分間ずつ止まろう」　だから彼女たちは座らずに立ち止まった。そして数分後，再び歩き始めた。❻７合目と８合目の間の地点に来たとき，リカはとても疲れてきた。寒くもなってきた。彼女は座って父親に言った。「すごく疲れてもう歩けない。下山したい」　すると父親は言った。「がんばって歩いたからすごく疲れているのはわかるよ。僕も疲れた。でも僕たちはすでに長い道のりを歩いてきた。もし歩き続ければ，目的地にたどり着ける。決して諦めてはいけないよ」　リカはとても疲れていたが，父親の言葉は彼女の中の何かを動かした。彼女は「ここで諦めてはいけない」と思った。彼女たちはまた登り始めた。❼彼女たちは夕方６時頃に８合目の山小屋に到着した。小屋の中には多くの人がいた。リカと父親はカレーライスを食べ，それから就寝した。❽翌朝，彼女たちは富士山頂で日の出を見るために１時に小屋を出た。リカは空にたくさんの星を見て，晴れた日になることがわかった。❾３時間以上登った後，彼女たちは目的地にたどり着いた。「着いたぞ，リカ。やったな！　すぐに日の出が見えるよ」　すると，太陽が昇ってきた。リカにとって最も美しい日の出だった。父親は言った。「リカは下山したいと言ったけど，歩き続けたから頂上にたどり着いたんだ。リカが将来について考えていることは知っている。③<u>がんばり続けて絶対に諦めなければ，目標にたどり着けると思うよ</u>」　彼の言葉を聞いたとき，リカはなぜ彼が彼女と一緒に富士山に登ったのかを理解した。リカは，何か大切なことを学んだと感じた。彼女は，人生における大切な思い出をくれたことについて，父親と山に感謝した。

問１＜文脈把握＞下線部にある it は，「父親は自分の将来に関心がないのだと感じることもあった」という前文の内容を受けている。

問２＜英問英答＞「リカと父親はいつ富士山に登ったか」―ウ．「８月」　第２段落第１文から，リカが富士登山に誘われたのが７月で，第３段落第１文から，実際に登ったのは next month「翌月」の８月だとわかる。

問３＜文脈把握＞この後に「もし座ったら，もう一度立ち上がりたいと思わなくなってしまう」とある。

問４＜適文選択＞父親はこの前で「歩き続けたから頂上にたどり着いた」と言った後，リカの将来の話につなげていることから，この山登りの経験と将来の夢に向かう道のりを重ね合わせた内容になると判断できる。

問５＜内容真偽＞ア．「リカは母親と話したかったが，母親はいつも忙しかった」…×　第１段落第３，４文参照。忙しかったのは父親。　イ．「リカがバスで５合目に着いたとき，晴れていた」…×　第３段落第１文参照。cloudy「曇り」だった。　ウ．「父親がとても疲れていたのでリカは下山したいと思った」…×　第６段落第３，４文参照。下山したかったのは自分が疲れていたから。　エ．「リカは５合目から山小屋まで約５時間歩いた」…○　第４段落第１文および第７段落第１文参照。登り始めたのは午後１時頃で，山小屋に到着したのは夕方６時頃。　オ．「山小屋で，リカはカレーライスを食べてから就寝した」…○　第７段落最終文に一致する。

問６＜文整序＞イ．「彼女はもっと速く歩きたいと思ったが，父親は速く歩く必要はないと彼女に言った」（第４段落第３～５文）／→ウ．「彼女はもう歩きたくないと思い，下山したいと父親に頼んだ」（第６段落第３，４文）／→ア．「彼女たちは富士山頂に到着し，日の出を楽しんだ」（第９段落第１～６文）

6〔和文英訳〕

(1)「～に行ったことがある」は have been to ～ で表せる（現在完了の‘経験’用法）。

(2)「一番高い山」は，最上級を使って the highest mountain とする。「世界で」は in the world。

数学解答

1 (1) -3　(2) -13　(3) -1
(4) $7a-5b$　(5) $10a^2b^3$
(6) $\dfrac{6x-4y}{3}$　(7) $ab+8b^2$
(8) $9-6\sqrt{2}$

2 (1) $(a+5b)(a-6b)$　(2) $\dfrac{15}{4}\pi\text{cm}^2$
(3) 7通り　(4) 4，5　(5) 3

3 (1) $x=-2$　(2) $x=6$，$y=34$
(3) $x=-3$，7

4 (1) 66円　(2) 18分
(3) $a=6$，$b=10$

5 (1) 18　(2) $y=3x^2-15x+36$
(3) $\dfrac{5}{2}$，$\dfrac{9\pm\sqrt{6}}{2}$

6 (1) △ABC…6cm²　CD…$\dfrac{12}{5}$cm
(2) $16\pi\text{cm}^3$　(3) $\dfrac{1024}{125}\pi\text{cm}^3$

1〔独立小問集合題〕

(1)＜数の計算＞$2-5=-3$

(2)＜数の計算＞$-2^2=-2\times2=-4$，$(-3)^2=(-3)\times(-3)=9$より，与式$=-4-9=-13$となる。

(3)＜数の計算＞与式$=-\dfrac{7}{6}\times\dfrac{3}{14}\times4=-1$

(4)＜式の計算＞与式$=4a-2b+3a-3b=7a-5b$

(5)＜式の計算＞$(-ab)^2=(-ab)\times(-ab)=a^2b^2$より，与式$=2ab^3\times5a^3b^2\div a^2b^2=\dfrac{2ab^3\times5a^3b^2}{a^2b^2}=10a^2b^3$となる。

(6)＜式の計算＞与式$=\dfrac{3(3x-y)+(3x-5y)}{6}=\dfrac{9x-3y+3x-5y}{6}=\dfrac{12x-8y}{6}=\dfrac{6x-4y}{3}$

(7)＜式の計算＞与式$=a^2+4ab+4b^2-(a^2+3ab-4b^2)=a^2+4ab+4b^2-a^2-3ab+4b^2=ab+8b^2$

(8)＜平方根の計算＞与式$=(\sqrt{6})^2-2\times\sqrt{6}\times\sqrt{3}+(\sqrt{3})^2=6-2\sqrt{3^2\times2}+3=9-2\times3\sqrt{2}=9-6\sqrt{2}$

2〔独立小問集合題〕

(1)＜因数分解＞与式$=a^2+(5b-6b)a+5b\times(-6b)=(a+5b)(a-6b)$

(2)＜図形―面積＞$\pi\times3^2\times\dfrac{150^\circ}{360^\circ}=9\pi\times\dfrac{5}{12}=\dfrac{15}{4}\pi\,(\text{cm}^2)$

(3)＜場合の数―サイコロ＞大小2個のサイコロを投げたとき，それぞれの出た目をa，bと表す。aとbはともに1以上6以下だから，目の和$a+b$は2以上12以下であり，5の倍数となるのは5または10のときである。$a+b=5$のときのa，bの組は，$(a,\ b)=(1,\ 4)$，$(2,\ 3)$，$(3,\ 2)$，$(4,\ 1)$の4通りあり，$a+b=10$のときは，$(a,\ b)=(4,\ 6)$，$(5,\ 5)$，$(6,\ 4)$の3通りある。よって，5の倍数になる場合は，$4+3=7$(通り)ある。

(4)＜数の性質＞$2\sqrt{3}=\sqrt{2^2\times3}=\sqrt{12}$，$n=\sqrt{n^2}$，$4\sqrt{2}=\sqrt{4^2\times2}=\sqrt{32}$だから，$\sqrt{12}<\sqrt{n^2}<\sqrt{32}$より，$12<n^2<32$となる。よって，$3^2=9$，$4^2=16$，$5^2=25$，$6^2=36$より，求める正の整数$n$の値は4と5である。

(5)＜数の性質―周期性＞$3^1=3$，$3^2=9$，$3^3=27$，$3^4=81$，$3^5=243$，……より，3^5の一の位の数は3^1の一の位の数と同じ3になる。よって，3^nの一の位の数は，$n=1$から順に3，9，7，1の4つの数をこの順に繰り返すこととなる。よって，$2021\div4=505$あまり1より，3^{2021}の一の位の数は3，9，7，1の組が505回繰り返された後の次の数だから，3となる。

3〔独立小問集合題〕

(1)＜一次方程式＞両辺を6倍してから解く。$(x-3)-3(3-x)=5x\times2$，$x-3-9+3x=10x$，$4x-12=$

$10x$，$4x-10x=12$，$-6x=12$　$\therefore x=-2$

(2)<連立方程式>$6x-y=2$……①，$-7x+3y=60$……②とする。①×3＋②より，$18x+(-7x)=6+60$，$11x=66$　$\therefore x=6$　これを①に代入して，$36-y=2$　$\therefore y=34$

(3)<二次方程式>$2(x^2+6x+9)-5x^2+45=0$，$2x^2+12x+18-5x^2+45=0$，$-3x^2+12x+63=0$，$x^2-4x-21=0$，$(x+3)(x-7)=0$　$\therefore x=-3,\ 7$

≪別解≫ $2(x+3)^2-5(x+3)(x-3)=0$，$(x+3)\{2(x+3)-5(x-3)\}=0$，$(x+3)(2x+6-5x+15)=0$，$(x+3)(-3x+21)=0$，$(x+3)\{-3(x-7)\}=0$，$(x+3)(x-7)=0$　$\therefore x=-3,\ 7$

4 〔独立小問集合題〕

(1)<一次方程式の応用>消しゴム1個当たりの値段をx円とする。4個買うごとに10円値引きされるから，消しゴム4個の代金は$4x-10$円と表せる。$15\div4=3$あまり3より，10円値引きされる消しゴム4個の組が3組でき，残りの3個はそれぞれx円払うから，合計総額について，$3(4x-10)+3x=960$が成り立つ。これを解くと，$12x-30+3x=960$，$15x=990$，$x=66$(円)となる。

(2)<数の計算―時間>最初の8分間では，$(37-25)\div8=\dfrac{3}{2}$より，毎分$\dfrac{3}{2}$Lずつ水を抜いたから，これ以降は，$\dfrac{3}{2}+1=\dfrac{5}{2}$より，毎分$\dfrac{5}{2}$Lずつ水を抜いたことになる。よって，25Lの水を抜くのにかかる時間は$25\div\dfrac{5}{2}=10$(分)だから，水そうが空になるのは，水を抜き始めてから$8+10=18$(分)後である。

(3)<二次方程式の応用>$x^2-ax-16=0$の1つの解が8だから，$x=8$を代入して，$8^2-a\times8-16=0$より，$64-8a-16=0$，$8a=48$，$a=6$となる。よって，もとの二次方程式は$x^2-6x-16=0$であり，これを解くと，$(x+2)(x-8)=0$　$\therefore x=-2,\ 8$　これより，もう1つの解は-2で，これが二次方程式$x^2+7x+b=0$の解となるから，$x^2+7x+b=0$に$x=-2$を代入して，$(-2)^2+7\times(-2)+b=0$より，$4-14+b=0$，$b=10$である。

5 〔関数―関数と図形・運動〕

≪基本方針の決定≫(3)　$0\leqq x\leqq3$のときと$3\leqq x\leqq6$のときに分けて考える。

(1)<面積>$x=2$のとき，$1\times2=2$，$2\times2=4$より，点Pは頂点Aから2cm，点Q，Rは，それぞれ頂点B，Cから4cm動いていて，右図1のようになる。このとき，4点P，Q，R，Dを頂点とする図形の面積は，〔正方形ABCD〕－△APD－△PBQ－△QCRで求められるから，$y=6^2-\dfrac{1}{2}\times2\times6-\dfrac{1}{2}\times(6-2)\times4-\dfrac{1}{2}\times(6-4)\times4=18$である。

図1

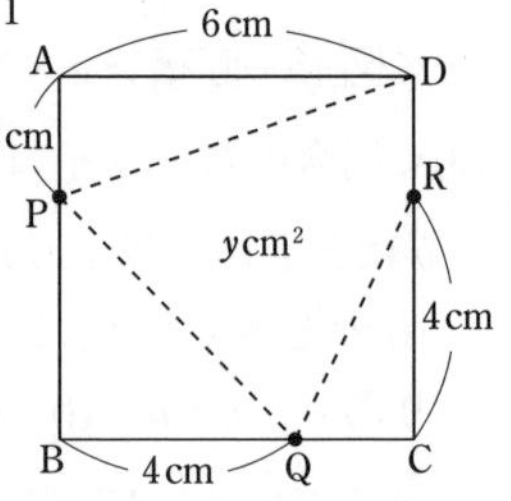

(2)<関数の式>$x=3$のとき，$1\times3=3$より，点Pは辺ABの中点にあり，$2\times3=6$より，2点Q，Rは頂点Cと頂点Dにあるから，$0\leqq x\leqq3$のとき，3点P，Q，Rは，右図2のような位置にある。$\mathrm{AP}=1\times x=x$，$\mathrm{BQ}=\mathrm{CR}=2\times x=2x$だから，(1)と同様に，4点P，Q，R，Dを頂点とする図形の面積を求めると，$6^2-\dfrac{1}{2}\times x\times6-\dfrac{1}{2}\times(6-x)\times2x-\dfrac{1}{2}\times(6-2x)\times2x=3x^2-15x+36$となる。よって，$0\leqq x\leqq3$のとき，$y=3x^2-15x+36$である。

図2

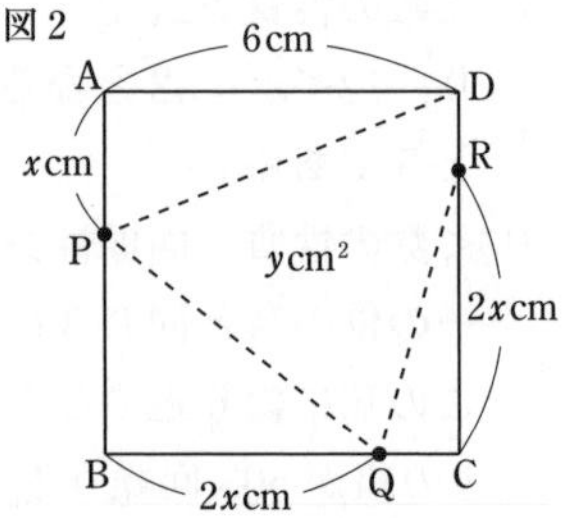

(3)<xの値>まず，$0\leqq x\leqq3$で，$y=\dfrac{69}{4}$となるとすると，(2)より，$\dfrac{69}{4}=3x^2-15x+36$が成り立つ。両辺に$\dfrac{4}{3}$をかけてこれを解くと，$23=4x^2-20x+48$，$4x^2-20x+25=0$，$(2x$

$-5)^2=0$ より，$2x-5=0$，$2x=5$　$\therefore x=\frac{5}{2}$　これは $0 \leqq x \leqq 3$ を満たす。次に，$3 \leqq x \leqq 6$ のとき，点Pは辺AB上，点Qは辺CD上，点Rは辺DA上にあるから，3点P，Q，Rは，右図3のような位置にある。このとき4点P，Q，R，Dを頂点とする図形は，線分DPで△DRPと△DQPに分けられる。ここで，点Rが動いた長さは，$CD+DR=2x$ より，$DR=(CD+DR)-CD=2x-6$，点Qが動いた長さは $BC+CQ=2x$ より，$DQ=BC+CD-(BC+CQ)=6+6-2x=12-2x$ と表せる。よって，この図形の面積は，$\triangle DRP+\triangle DQP=\frac{1}{2}\times DR\times AP+\frac{1}{2}\times DQ\times BC$ より，$y=\frac{1}{2}\times(2x-6)\times x+\frac{1}{2}\times(12-2x)\times 6=x^2-9x+36$ となるから，$3 \leqq x \leqq 6$ のとき，$y=x^2-9x+36$ である。したがって，$y=\frac{69}{4}$ となるとき，$\frac{69}{4}=x^2-9x+36$ が成り立つ。両辺を4倍すると，$69=4x^2-36x+144$，$4x^2-36x+75=0$ となるから，解の公式より，$x=\frac{-(-36)\pm\sqrt{(-36)^2-4\times4\times75}}{2\times4}=\frac{36\pm\sqrt{96}}{8}=\frac{36\pm4\sqrt{6}}{8}=\frac{9\pm\sqrt{6}}{2}$ である。$2<\sqrt{6}<3$ より，$9+2<9+\sqrt{6}<9+3$，$11<9+\sqrt{6}<12$，$\frac{11}{2}<\frac{9+\sqrt{6}}{2}<6$ となるので，$x=\frac{9+\sqrt{6}}{2}$ は $3 \leqq x \leqq 6$ を満たす。$-3<-\sqrt{6}<-2$ より，$9-3<9-\sqrt{6}<9-2$，$6<9-\sqrt{6}<7$，$3<\frac{9-\sqrt{6}}{2}<\frac{7}{2}$ となるので，$x=\frac{9-\sqrt{6}}{2}$ も $3 \leqq x \leqq 6$ を満たす。以上より，$0 \leqq x \leqq 6$ のとき，$y=\frac{69}{4}$ となる x の値は $\frac{5}{2}$ と $\frac{9\pm\sqrt{6}}{2}$ である。

図3

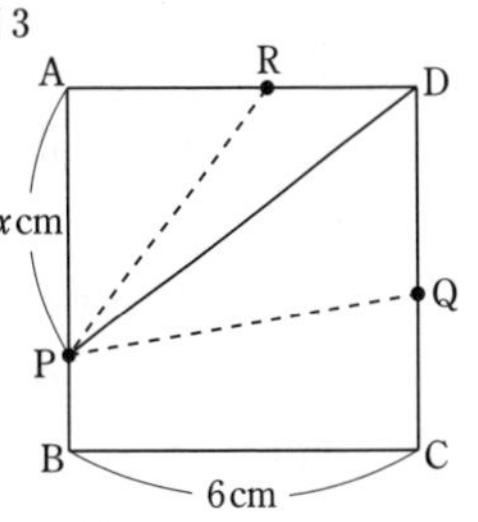

6〔平面図形―三角形〕

≪基本方針の決定≫(1)　線分CDは，辺ABを底辺と見たときの△ABCの高さとなる。

(1)＜面積，長さ＞右図で，$\triangle ABC=\frac{1}{2}\times BC\times AC=\frac{1}{2}\times4\times3=6(\text{cm}^2)$ である。また，線分CDは△ABCの底辺を辺ABと見たときの高さだから，$\frac{1}{2}\times5\times CD=6$ が成り立ち，$CD=\frac{12}{5}(\text{cm})$ となる。

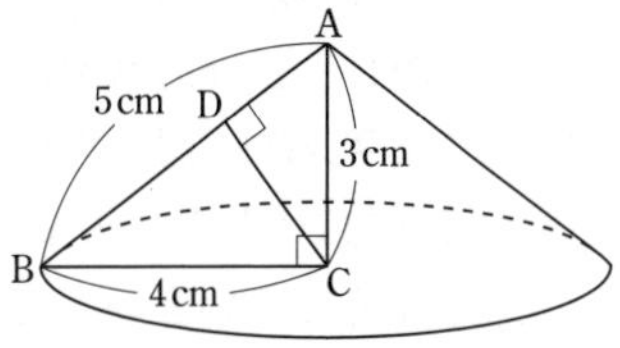

(2)＜体積―回転体＞△ABCを，ACを軸として1回転してできる立体は，右上図のように，点Cが中心で半径がBCの円を底面とする高さACの円錐となる。よって，体積は $\frac{1}{3}\pi\times4^2\times3=16\pi(\text{cm}^3)$ である。

(3)＜体積―相似＞△BCDを，CDを軸として1回転してできる立体は，点Dが中心で半径がBDの円を底面とする高さCDの円錐である。△ABCと△CBDにおいて，$\angle ACB=\angle CDB=90^\circ$，$\angle ABC=\angle CBD$(共通)より，2組の角がそれぞれ等しいので，$\triangle ABC \backsim \triangle CBD$ となる。よって，$AB:CB=BC:BD$ より，$5:4=4:BD$ が成り立ち，これより，$5\times BD=4\times4$，$BD=\frac{16}{5}$ となる。したがって，求める立体の体積は，$\frac{1}{3}\pi\times\left(\frac{16}{5}\right)^2\times\frac{12}{5}=\frac{1024}{125}\pi(\text{cm}^3)$ である。

≪別解≫ $\triangle ABC \backsim \triangle CBD$ より，△ABCをACを軸として1回転してできる円錐と，△CBDをCDを軸として1回転してできる円錐は相似であり，相似比は $AB:CB=5:4$ だから，体積比は $5^3:4^3=125:64$ となる。よって，(2)より，△ABCを1回転してできる円錐の体積が $16\pi\text{cm}^3$ だから，求める体積は $16\pi\times\frac{64}{125}=\frac{1024}{125}\pi(\text{cm}^3)$ である。

国語解答

一 問一 (ア) はいき (イ) こかつ	問七 自分の技は 問八 劣
問二 (イ) 問三 (イ) 問四 (エ)	問九 (エ)
問五 (ア)	三 問一 ころおい 問二 かかりむすび
問六 A…(ア) B…(イ) C…(ア)	問三 幼き子 問四 観音
問七 (イ) 問八 清貧 問九 (エ)	問五 ⑥…(ア) ⑧…(イ)
問十 (ア)	問六 ⑤…(エ) ⑦…(ウ)
二 問一 (ア) 容易 (イ) 油断 (ウ) 覚悟	問七 つゆきずも 問八 (イ)
問二 ③…(エ) ⑤…(イ)	四 1 (オ) 2 (ウ) 3 (エ) 4 (ア)
問三 余計なおし 問四 口	5 (イ)
問五 (ア) 問六 (ウ)	

一〔論説文の読解―自然科学的分野―科学〕出典；池内了『科学と人間の不協和音』。

≪本文の概要≫科学は，人間本来の好奇心や想像力，探求心といった精神的欲望によって推進されてきた。しかし，二十世紀に入ると，科学は精神的欲望を置き去りにして，物質的欲望を満たすことを目的とするように変質した。現代社会の基本構造は大量生産・大量消費・大量廃棄であり，それゆえ科学は，「役に立つ」ことだけを求められ，物質的欲望が科学を動かしている。物質的欲望にとらわれれば，科学は，技術的改良のみの深みのない内容になる。精神的な欲望を充足させようとする清貧な社会でこそ，真の科学は，花開くのである。物質的欲望が勝っていくと，欲望を自制できなくなり，欲望は空回りし，かえって役に立たない浪費を積み重ねていくばかりとなってしまう。世の中に流通するものがある一方で，廃棄されていくものも多くあるだろう。物質の可能性は有限だからである。しかし，精神的欲望は無限であることを忘れないでいたい。

問一＜漢字＞(ア)不用なものとして捨てること。 (イ)物が尽きてなくなること。

問二＜語句＞「たらしめる」は，ある条件を成立させる，という意味。神の啓示を読み取りたい，自然を理解したいといった精神的欲望，つまり探求心は，「人間が本来持つ」ものである。したがって，精神的欲望は，人間が本来持ち，人間を人間として成立させるものである。

問三＜文章内容＞かつては，「『必要』という精神の飢えが『発明』という物質的生産へと導いた」が，現代では，「発明」によって生み出されたものが，人間の物質的欲望を刺激し，それが「必要」であったと人間に思わせるようになったのである。

問四＜語句＞「イノベーション」は，革新，という意味。

問五＜慣用句＞「底が浅い」は，物事の内容に深みがない，というさま。「物質的欲望は短期の目標で進む」ため，物質的欲望を第一義に，つまり，最も重要視してきた現代科学は，物事を掘り下げないまま短期の目標を達成させながら進むため，内容に深みがないのである。

問六＜表現＞「清貧の社会」は，「物質における満足を求めるのではなく」，つまり，物質的欲望を受け入れず（A…(ア)），精神が自由になることを最上のこととする，言い換えれば，精神的な欲望を充足させることを最も重視する社会である（B…(イ)）。物質的欲望が勝っていくと，欲望を充足させるために物をつくって「役に立とうという」欲望は空回りし，「役に立たない浪費を積み重ねていくばかりとなってしまう」のである（C…(ア)）。

問七＜文章内容＞現代は，「物質的欲望が科学を駆動している」が，「あくまで科学を推進しているのは好奇心や想像力」といった精神的欲望である。

問八＜文章内容＞「清貧」とは，行いが清らかで私欲がなく，そのため貧しく暮らすこと。清貧の生活のように，物質的欲望にとらわれず，精神の自由を最上のものとする，浪費社会の対極にある社会でこそ，精神的欲望を出発点とする真の科学は，花開くのである。

問九＜文章内容＞物質的欲望によって生じた「成長至上主義」が「戦争を必然化」させ，「人々の生活に役立たない兵器ばかりが蓄積されていくことになる」のと同様に，物質的欲望がどんどん勝った現代では，「世の中に流通しているもの」がある一方で，廃棄されたものも多くあるのである。

問十＜主題＞二十世紀になって，人間が「精神的な欲望を置き去りにして，物質的な欲望を満たすことに」奔走するようになると，「戦争に勝利する，金儲けにつながる，便利さを向上させる」といった直接の利益が科学の目的となり，科学の軍事化・技術化・商業化が，進んだのである。

二〔小説の読解〕出典；谷崎潤一郎『春琴抄』。

問一＜漢字＞(ア)物事を手間もなく楽に行えること。　(イ)気をゆるめて，注意を怠ること。　(ウ)予測される事態に対して心構えをすること。

問二＜語句＞③遠回しにそれとわからせるように言う，という意味。　⑤相手の考えに合わせて気に入られるようにする，という意味。

問三＜文章内容＞なぜ手曳きの役は佐助がよいのかと尋ねられて，春琴は，「誰よりもおとなしゅうていらんこと言えへんよって」と答えた。このことから，語り手は，「佐助が余計なおしゃべりをせず役目だけを大切に勤めて邪魔にならぬようにしているところ」を春琴が気に入ったと考えている。

問四＜慣用句＞「口が重い」は，口数が少ないさま。春琴は，「失明以来気むずかしく陰鬱になり，晴れやかな声を出すことや笑うことが少なく」なっていた。

問五＜文章内容＞春琴に気に入られるように行動する佐助に対して，春琴はわがままになっていたが，佐助は，それを「甘えられている」と感じていた。だから佐助は，春琴が「もうええ」と言っても本心は違うと理解して，自分が春琴に仕える身であることを示す必要があった。

問六＜文章内容＞佐助は，稽古につき添っていくうちに，「春琴の習っている音曲が自然と耳に」つくようになり，音楽趣味が養われて，稽古三味線を買い求めて稽古するようになった((ア)…○)。しかし，「当初は，父祖の業を継ぐ目的で丁稚奉公に住み込んだ身」であり，将来三味線を「本職にしようという覚悟も自信もあったのではなかっ」た((ウ)…×)。佐助は，真っ暗な押し入れの中で手探りで三味線の稽古をしたが，春琴もまた「この闇の中で三味線を弾きなさるのだと思うと，自分も同じ暗黒世界に身を置くことがこの上なく楽しかっ」た((イ)…○)。佐助は，「公然と稽古することを許可されてからも，こいさんと同じにしなければ済まないと言って，楽器を手にするときは眼をつぶるのが癖」であった((エ)…○)。

問七＜指示語＞「自分の技は遠く春琴に及ばずと為し，全くお師匠様の啓発によってここまで来たのである」という佐助の言葉は，へりくだった言い方であり，「そのまま受け取る訳には行かない」のである。

問八＜語句＞「優劣」は，すぐれていることと，おとっていること。どちらの技が優れているかは別として，「春琴の方がより天才肌であり佐助は刻苦精励する努力家であったこと」は間違いない。

問九＜表現＞いかにして春琴に気に入られるか，また，同じ音曲の趣味を持ち，同じ暗闇の感覚を味わって，春琴といかに同化できるかということに，懸命になる佐助の心情が詳しく描かれているが，佐助は，それが主家のお嬢様に対する恋愛感情であるとは気づかず，自分を責める気持ちを持っていない((ア)…×)。「何でこいさんは〜」「誰よりもおとなしゅうて〜」「済まんことでござりました」など会話文はいくつもあり，また，場面は全て現実のこととして描かれていて，幻想的な小説とはいえない((イ)…×)。春琴は，「失明以来気むずかしく陰鬱に」なったが，お嬢様育ちで気位の高い性格で，琴と三味線の道に専心して生きている((ウ)…×)。「前に述べた通りだけれども」と書いたり，「気に入ったのであるかも知れない」，「そのまま受け取る訳には行かないが」と見解を述べたりするなど，語り手の存在を示しながら，長く典雅な文章で，代々続く商家を舞台にした三味線奏者と奉公人の恋愛物語という古風な題材を描いている((エ)…○)。

三〔古文の読解―説話〕出典；『今昔物語集』巻第十九ノ第四十一。

≪現代語訳≫今となっては昔のことだが，いつ頃のことであったろうか，清水寺にお参りした女が，幼い子どもを抱いて本堂の前の谷をのぞいて立っていたが，どうしたことであろうか，子どもを取り外して谷に落とし込んでしまった。(女は，子どもが)はるか下に振り落とされるのを見て，どうしようもなくて，本堂の方に向かって，手をすり合わせて，「〈観音様〉お助けください」とあわててお願いした。／(女は)「(子どもは)もう死んでしまった者」と思ったけれども，「どうなったかだけでも見よう」と思って，あわてて(谷へ)下りて見たところ，観音様が(子どもを)「かわいそうだ」とお思いになったのであろう。(子どもは)全く傷もなくて，谷の底の木の葉が多く落ち積もっている上に落ちて倒れていた。母親は喜びながら抱きかかえてますます観音様を涙ながらに拝み申し上げたのだった。／これを見る人々は，皆非常に驚いて大騒ぎをしたと，こう語り伝えているということだ。

問一＜歴史的仮名遣い＞歴史的仮名遣いの語頭以外のハ行は，現代仮名遣いでは，「わいうえお」となる。

問二＜古典文法＞係り結びの関係により，文中の係助詞に呼応して，述語は特定の活用形で結ぶ。「ことにかありけむ」では，係助詞「か」を受けて，助動詞「けむ」は連体形「けむ」となる。

問三＜古文の内容理解＞女は，幼い子どもを抱いて本堂の前の谷をのぞいて立っていたが，その抱いていた子どもを取り外して谷に落とし込んでしまった。

問四＜古文の内容理解＞女は，谷に落とした子どもが無傷だったことを知り，「助け給へ」という願いが観音に通じたのだと思い，泣きながら観音を拝んだ。

問五＜古文の内容理解＞⑥女は，子どもは死んでしまっただろうが，どうなったかだけでも見ようと思った。　⑧女が谷に下りて見ると，子どもは全く傷もなくて，倒れていた。

問六＜現代語訳＞⑤「今はなき者」は，今となってはもうこの世にいない，つまり死んでしまった者，という意味。　⑦「いとほし」は，かわいそうだ，という意味。「思しめし」は，「思う」の尊敬語「思しめす」の連用形。

問七＜古文の内容理解＞女が谷へ下りていって見たところ，子どもは「つゆきずもなくて，谷の底の木の葉の多く落ち積もれる上に落ちかかりてなむ臥したりける」，つまり，全く傷もなくて，谷の底の木の葉が多く落ち積もっている上に落ちて倒れていた。

問八＜古文の内容理解＞誤って我が子を死なせてしまうところだった女が，子どもを助けてくださいと観音に願ったところ，観音はあわれんで子どもを助けた。この話では，この女のように観音から受ける恩恵を信じて信仰することがいかに大切か，が説かれている。

四〔文学史〕

1．『たけくらべ』は，明治28～29(1895～96)年にかけて発表された，樋口一葉の小説。　2．『トロッコ』は，大正11(1922)年に発表された，芥川龍之介の小説。　3．『智恵子抄』は，昭和16(1941)年に発表された，高村光太郎の詩集。　4．『人間失格』は，昭和23(1948)年に発表された，太宰治の小説。　5．『破戒』は，明治39(1906)年に発表された，島崎藤村の小説。

2021年度　武蔵越生高等学校（推薦23日）

【英　語】（50分）〈満点：100点〉

1　次の文の（　　　）に入れるのに最も適切な語（句）をア～エからそれぞれ１つずつ選び，記号で答えなさい。

(1) How (　　　) classes do you have today?
ア. long　　イ. much　　ウ. many　　エ. old

(2) Mr. Oda and I (　　　) going to visit Sadogashima Island next month.
ア. are　　イ. am　　ウ. was　　エ. will

(3) A: What is your favorite (　　　)?
B: I like red the best.
ア. subject　　イ. season　　ウ. team　　エ. color

(4) I visited Mt. Takao for the (　　　) time this summer.
ア. each　　イ. one　　ウ. first　　エ. once

(5) A: (　　　) bag is this?
B: It's Takashi's.　He was looking for it.
ア. Where　　イ. Whose　　ウ. Who　　エ. Why

(6) This magazine is both useful (　　　) interesting.
ア. and　　イ. or　　ウ. because　　エ. so

(7) I want you (　　　) there with me.
ア. go　　イ. went　　ウ. have gone　　エ. to go

(8) Your brother likes tomatoes, (　　　)?
ア. do you　　イ. don't you　　ウ. does he　　エ. doesn't he

2 日本文の意味になるよう英文の(　　　)にア～カの語(句)を正しい順序に並べて入れたとき，3番目と5番目にくるものをそれぞれ選び，記号で答えなさい。

⑴ 明日，私の家に来られますか。
(　　　)(　　　)(3番目)(　　　)(5番目)(　　　) tomorrow?

ア. come　　イ. to　　ウ. can
エ. house　　オ. you　　カ. my

⑵ マリーは日本に来てからずっと埼玉に住んでいます。
Mary (　　　)(　　　)(3番目)(　　　)(5番目)(　　　) to Japan.

ア. lived　　イ. since　　ウ. she
エ. came　　オ. has　　カ. in Saitama

⑶ このコートはあのコートの3倍の値段です。
(　　　)(　　　)(3番目)(　　　)(5番目)(　　　) as that one.

ア. as　　イ. is　　ウ. expensive
エ. times　　オ. three　　カ. this coat

⑷ 学生にとって，人前で話すことは難しい。
It (　　　)(　　　)(3番目)(　　　)(5番目)(　　　) in front of others.

ア. students　　イ. for　　ウ. to
エ. difficult　　オ. speak　　カ. is

3 次の広告を見て，あとの問いにそれぞれ記号で答えなさい。

See a Beautiful *Sunrise from the top of Haleakala!

How about starting your day "On Top of the World"? Haleakala is the highest mountain on *Maui. Haleakala *means "House of the Sun" in the Hawaiian *language. Its natural beauty and unique scenery will remain with you forever!

Our Tour

Tuesday - Saturday

3:00 a.m.
Leave Hotel → Haleakala National Park → Short walk to the top of Haleakala

6:00 a.m.
Enjoy the sunrise! → Breakfast

★Sandwiches and coffee will *be served.

10:00 a.m.
Arrive at Hotel

★Dress *warmly for the top of the mountain. It's very cold!

Price

Senior (65 and over)	…5,000 yen *per person
Adult (18 to 64)	…8,000 yen per person
Student (7 to 17)	…6,000 yen per person
Child (3 to 6)	…4,000 yen per person

★1,000 yen off per family *during summer (July - September).

Reservations

Maui Bilmenn Travel Agency

Phone: 425-102-3101 (9 a.m. ~ 11 a.m. ／ 1 p.m. ~ 5 p.m.)

(注) sunrise 日の出　Maui マウイ島　mean ~ ～を意味する　language 言語
be served 提供される　warmly 暖かく　per ~ ～につき　during ~ ～の間

問１　５歳の太郎は８月に，58 歳の祖父，34 歳の父，そして 32 歳の母といっしょに家族４人でこのツアーに参加する。ツアー代金は合計いくらになるか。

ア．23,000 円

イ．24,000 円

ウ．27,000 円

エ．28,000 円

問２　Haleakala はハワイ語で何を意味するか。

ア．太陽の家

イ．世界一の山

ウ．美しい景色

エ．日の出

問３　広告から読み取れることとして正しいものにはＴを，誤っているものにはＦを書きなさい。

ア．ツアーの所要時間は７時間である。

イ．ツアーは午前中で終わる。

ウ．朝食は各自で用意する必要がある。

エ．山頂までは長いこと歩かなければならない。

オ．山頂は寒いので温かい服装をする必要がある。

カ．月曜日以外はツアーに参加することができる。

キ．午前９時から午後５時まで，いつでも電話で予約できる。

4　次の対話文を読んで，あとの問いにそれぞれ記号で答えなさい。

Yuki: Hello, Mr. Green. Can I talk to you now?

Mr. Green: Hi, Yuki. What's up?

Yuki: You know, my friend, Reiko is now in the hospital. We have been good friends for a long time. So I'm going to see her in the hospital this Saturday.

Mr. Green: Oh, yes. I was very surprised to hear the news. How long does she have to stay in the hospital?

Yuki: For about a week. Well, Mr. Green, please look at this card. I asked some of my friends to write some words for her. I'm going to give it to her. Will you write some words on it, too? She likes your English class very much.

Mr. Green: Of course, I will. Well, last winter I had a cold and stayed at home for a few days. My friends came to see me then. I was very happy to hear their kind words. So I think she will be glad to see you and read this card.

Yuki: I hope she will like it and get better soon.

Mr. Green: I hope so, too.

Yuki: By the way, Mr. Green, I think she has a lot of time to read books in the hospital, so I'm going to take some books to her. Do you have a good book?

Mr. Green: Well, I have an interesting one written in easy English at home.

Yuki: Really? What is the book about?

Mr. Green: It's a book about different countries in the world. There are many pictures of beautiful places in it. I will bring it tomorrow.

Yuki: Thank you, Mr. Green. I know she would like to visit many countries in the future. So she will enjoy reading it very much.

問１　Yuki は何曜日に病院へ行くつもりか。

ア．木曜日
イ．金曜日
ウ．土曜日
エ．日曜日

問２　Reiko はどれくらい病院にいる必要があるか。

ア．約１日
イ．約１週間
ウ．約１か月
エ．約１年間

問３　Yuki が Mr. Green に頼んだことは何か。

ア．カードに言葉を書くこと
イ．料理を作ること
ウ．本を届けること
エ．絵を描くこと

問 4　Mr. Green が風邪をひいたとき，誰が会いに来たか。

ア．両親
イ．友人
ウ．Yuki
エ．Reiko

問 5　Mr. Green は次に Yuki と会ったとき，何を持ってくるつもりか。

ア．写真
イ．本
ウ．絵画
エ．手紙

問 6　なぜ Yuki は，Reiko が Mr. Green の本を楽しむと思ったのか。

ア．Reiko が将来，多くの国を訪れたいと知っているから。
イ．Reiko が将来，海外に留学したいと知っているから。
ウ．Reiko が将来，写真家になりたいと知っているから。
エ．Reiko が将来，料理人になりたいと知っているから。

5　次の英文を読んで，あとの問いに答えなさい。

One summer day, Takuya came to the *shrine to help the village people to build the festival *stage.　Every summer, many people in his village enjoyed singing and dancing on the stage.

When he was working, Mr. Kato, a teacher of Takuya's school, called his name. Mr. Kato was Takuya's father's best friend.　"You don't look happy, Takuya. (　①　)" said Mr. Kato.　"Yes. But I'm all right," Takuya answered.　Takuya's father was in hospital.　He was *badly injured when he was working.　He had to stay in bed all day and he couldn't move.　He sometimes looked sad and he didn't smile very often.

A week later, when they finished ②<u>(build)</u> the stage, Nobu-jii, one of the oldest men in the village, came to see it.　Nobu-jii said, "You did a good job again this year.　Now I remember the village *kabuki*.　We showed it every summer here on the stage a long time ago.　Young men in the village practiced hard after work every night.　Everyone in the village loved our *kabuki*."　Takuya said to Nobu-jii, "When did you stop showing the *kabuki*?"　"We stopped the *kabuki* during the *war. After the war, many young men in the village went to big cities to work. The *kabuki* was not shown for a long time. And ③<u>the village people forgot about it</u>," answered Nobu-jii.

At that time, Takuya remembered one thing. When his father was young, he was interested in *plays. He wanted to *bring back the village *kabuki*. But ④<u>it</u> was too difficult. So he wrote a play with Mr. Kato and showed it with his many friends at the school festival. "If I bring back the *kabuki*, Father will be happy and he will smile again," Takuya thought.

The next day, Takuya went to Mr. Kato's house. Mr. Kato was happy to hear about his idea. Mr. Kato said to Takuya, "Make a team first, and study the history of the village *kabuki*." Takuya made a team of five members. They were friends since they were little children. (⑤) So the team asked them to play it. The music was beautiful.

The next spring came and went and summer came again. Takuya's father came back from the hospital. There were more than twenty people on Takuya's team then. A lot of village people helped them to show the *kabuki* again. Some people gave them the *costumes, and others gave them things to make the *set. At first Takuya thought he wanted to show the *kabuki* for his father, but now he was working for the people in the village. Takuya and his team worked very hard.

On the night of the festival, Takuya said to his team, "Now, it's time to bring back our *kabuki*!" Takuya's team did a good job, and the village people enjoyed it. They *gave Takuya's team a big hand. Takuya found his father among the people. He was smiling.

(注) shrine 神社　stage 舞台　badly injured 大けがをして　war 戦争　play 演劇
bring back ~ ～を復活させる　costume 衣装　set 舞台セット
give ~ a big hand ～に盛大な拍手を送る

問１　(①)に入れるのに最も適切なものをア～ウから１つ選び，記号で答えなさい。
ア．Will your father come to the festival?
イ．Are you worrying about your father?
ウ．How is your father these days?

問２　下線部②<u>(build)</u>を正しい形にしなさい。

問３　下線部③<u>the village people forgot about it</u> とあるが，村の人々が村の歌舞伎を忘れてしまった理由として最も適切なものをア～ウから１つ選び，記号で答えなさい。

ア．戦争で村の祭りが禁止され、終戦後も再開されなかったから。

イ．戦争の後、若い男性が歌舞伎に対する興味を失ってしまったから。

ウ．戦争で中断した後、長い間上演されることがなかったから。

問４　下線部④<u>it</u> が指す内容として最も適切なものをア～ウから１つ選び，記号で答えなさい。

ア．村の歌舞伎を復活させること

イ．文化祭で上演する劇を書くこと

ウ．父親を笑顔にすること

問５　（　⑤　）に入る４つの文が，順不同で次のア～エに示されている。意味の通る英文になるように，正しい順序に並べかえなさい。

ア．Some of the old men remembered the music of the *kabuki*.

イ．They taught many other things to Takuya's team.

ウ．Takuya's team visited Nobu-jii and studied the history of the *kabuki*.

エ．The team also visited other old people in the village.

問６　本文の内容に合うように，（　A　）～（　D　）に入れるのに最も適切なものをア～エからそれぞれ１つずつ選び，記号で答えなさい。ただし，<u>同じ記号を２回以上使うことはできません</u>。

After Takuya heard about the *kabuki* from Nobu-jii, he wanted to bring back the *kabuki*. At first he wanted to do so for (　A　), but later he worked for the village people. Takuya had a lot of things to do. First, he made a team with (　B　). Then he and his friends visited (　C　) in the village. They were very kind and helped (　D　). Takuya and his friends worked very hard. And the village people had a good time when they watched the *kabuki*. The *kabuki* came back to the village at last!

ア．his friends

イ．Takuya's team

ウ．old people

エ．his father

6 次の日本文を[　　　]の指示に従って英文にしなさい。

⑴ シゲオは，日曜日に音楽を聴きます。 [空欄に適語を入れて英文を完成させること]
Shigeo (　　　) (　　　) music on Sundays.

⑵ 彼女は水泳が得意です。[She is で書き始めること]

【数　学】 (50分)〈満点：100点〉

1 次の計算をしなさい。

(1) $-3-(-1)+5$

(2) $4^2-(-5)^2$

(3) $-\frac{3}{10}\div\frac{4}{5}\times\left(-\frac{2}{3}\right)^2$

(4) $(-0.5)^2-1.5\times\left(\frac{2}{3}\right)^2$

(5) $\left(-\frac{1}{2}ab\right)^3\times 12a^2b\div 3a^4b^2$

(6) $\frac{x-y}{2}+\frac{x+3y}{5}$

(7) $\sqrt{12}+\frac{1}{\sqrt{12}}$

(8) $(2-3\sqrt{3})^2-2(2-6\sqrt{3})$

2 次の各問いに答えなさい。

(1) $mx^2-2mx-3m$ を因数分解せよ。

(2) 【図１】のようなおうぎ形の弧の長さを求めよ。
ただし，円周率を π とする。

【図１】

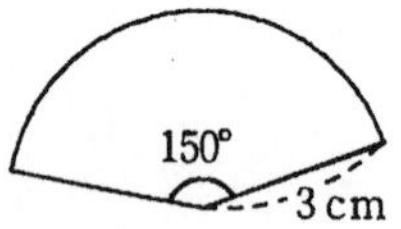

(3) 大小２個のサイコロを投げるとき，目の和が４の倍数になる確率を求めよ。

(4) ３つの数 $\frac{\sqrt{5}}{3}$，$\frac{\pi}{6}$，$\frac{1}{\sqrt{3}}$ の中から，最も小さい数を答えよ。

(5) $\frac{9}{a+b}$ が自然数となる $(a,\ b)$ の組は全部で何組あるか。ただし，$a<b$，a，b は自然数とする。

3 次の方程式を解きなさい。

(1) $2x-3\left(1-\frac{x}{6}\right)=-8$

(2) $\begin{cases} x-15y=3 \\ \frac{x}{42}-\frac{y+1}{2}=-1 \end{cases}$

(3) $x\{2x-(3x-2)\}+2=x$

4 次の各問いに答えなさい。

(1) 15％の食塩水が x g ある。これに水を100 g 加えると，３％の食塩水ができたという。このとき，x を求めよ。

(2) 商品 A は 120 円で売ると 1 日に売れる個数は 200 個で，1 円値下げするごとに 1 日に売れる個数は 2 個増えるとする。このとき，1 日の商品 A の売上が 24200 円になったという。商品 A をいくらで売ったのか求めよ。

(3) 底面の半径が 5，高さが $r+3$ の円すいの体積が 100π となるとき，r を求めよ。

5 $y=x^2$ 上の y 座標が 4 の点を x 座標が小さい順に A，B とする。点 B から，x 軸に下ろした垂線の足を点 C とし，直線 AC と y 軸との交点を M とする。このとき，次の各問いに答えなさい。

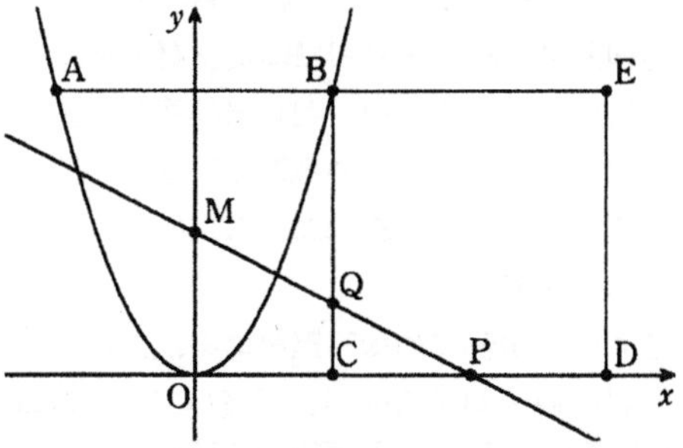

(1) 点 M の座標を求めよ。

(2) 図のように，点 B を頂点の 1 つとする正方形 BCDE がある。点 P が点 C から点 D に向かって，毎秒 1 の速さで動くとする。ただし，$0 \leqq t \leqq 4$ とする。

（i）t 秒後の点 P の座標を求めよ。

（ii）点 P と点 M を通る直線 MP の傾きとして，適切なものを次の選択肢 ①～⑧ のうちから 1 つ選び，記号で答えよ。

① $-\dfrac{1}{t+2}$　② $-\dfrac{2}{t+2}$　③ $\dfrac{1}{t+2}$　④ $\dfrac{2}{t+2}$

⑤ $-t-2$　⑥ $-\dfrac{t+2}{2}$　⑦ $t+2$　⑧ $\dfrac{t+2}{2}$

(3) (2) のとき，直線 MP と線分 BC の交点を点 Q とする。三角形 QCP と三角形 EPD の面積が等しくなるとき，t を求めよ。

6 図のように，それぞれ AB，BC，AC を直径とする半円があり，AB : BC=1 : 2，AC=12 cm である。また，斜線部の図形を D とし，半径 1 cm の円 O が図の位置から図形 D の周上をすべることなく回転し，再び元の位置に戻ったら止まる。
このとき，次の各問いに答えなさい。ただし，円周率は π とする。

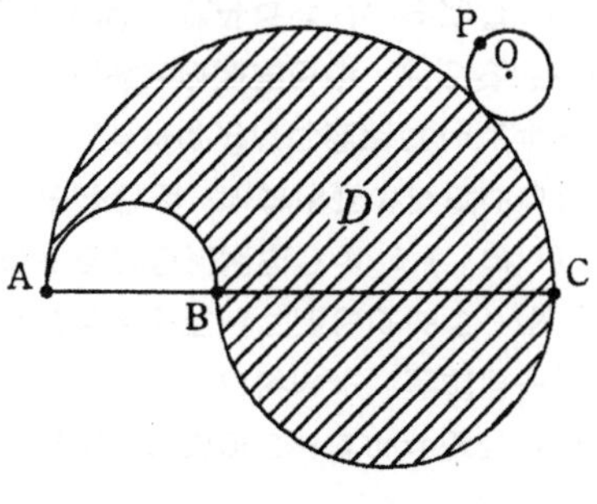

(1) AB，BC の長さを求めよ。

(2) 図形 D の周の長さを求めよ。また，円 O は周上の定点 P で図形 D と何回接するか。

(3) 円 O が通過してできる部分の面積を求めよ。

【国　語】（五〇分）〈満点：一〇〇点〉

一　次の文章を読んで、後の問に答えなさい。

私たちをとりまく状況はあまりにも情けなく、悲劇的なことが多い。なにも社会全体を見渡す必要もないでしょう。ぼく自身、年齢をかさねてゆくにつれ、さまざまな悲しみやなげきが日常的におとずれてきます。

人間が生きてゆくということは、そのこと自体ひとつの悲しみではないか、と考えることさえあります。

そんな中で、ぼくらは、顔をあわせると「きみ、悲しいではないか。」とかつての青年たちのように、自分の心を素直に訴えようとはしなくなってしまいました。なぜかといえば、悲しそうな顔、憂うつそうな顔、そんな表情をしていると、たちまち例の〈暗い〉という批判のア タイショウにされてしまうからです。

いま、〈暗い〉という表現は、単なる明暗の状態をあらわす言葉ではありません。それは明らかに価値の優劣を表す言葉として使われています。

（　中略　）

暗さよりも明るさを、涙よりも笑いを、悲しみよりもA 饒舌（じょうぜつ）を、そして愚(ぐ)にもつかないギャグや、ユーモアともいえない冗談などが、テレビや雑誌やさまざまなところに氾濫(はんらん)しています。D みんなが、〈暗い〉と言われることを恐れている。そして明るく軽快で楽しげであることを求めている。

これはひとつの病気ではないかと、ぼくには思えるのです。

なぜ、それほどまでに現代人は暗さを恐れ、悲しみを嫌い、涙を軽蔑し、みんなが明るく愉快であることを求めなければならないのでしょうか。

マーク・トウェインといえば、アメリカ文学のゴッド・ファーザーのような存在です。彼の作品は明るさとユーモアに満ちあふれたものでした。そこには、今のアメリカが失いつつある、ひたむきなパイオニアイ セイシンが脈打っています。

彼の言葉に、こういうのがあるそうです。

「ユーモアの源泉は、哀愁である。」

哀愁、などという言葉も今はすでに忘れさられた言葉となりました。「哀愁波止場」とかいう歌がひとびとの心をとらえたのも、すでに何十年も昔のことです。

しかし、マーク・トウェインは言い切っています。

「真のユーモアの源泉は、哀愁である。」と。

この言葉は、私たちにさまざまなことを考えさせます。私たちが本当に明るく生きるためには、（　B　）を直視する勇気を持たなければならないのではないか。本当のよろこびというものを知る人間は、深く（　C　）ことを知っている人間なのではないか。

以前、一冊の本を読んだことがありました。それは生物学者が書いたわかりやすい植物の生態に関する本なのですが、その本の中に、ほんの短い分量ですが、とても面白いウ エピソードがあって、ぼくの興味をつよくそそりました。

それは、あるアサガオ研究家の話です。

学生時代からアサガオがどうして朝、決まった時間にみごとな大輪の花を咲かせるのだろうとエ ギモンを抱いた女性がいて、その研究を大学でもつづけ、さらに研究者となって追求した感動的な挿話です。

アサガオは夜明けに咲きます。

ふつう私たちはそれを、朝の光をうけてアサガオが花を開くのではないかと考えます。

（　E　）、その研究家のたゆまぬ実験の結果、アサガオの花が開くためには、光とか、あたたかい温度とか、そういうものだけでは不充分であるということがわかったのだそうです。

二十四時間、光をあてっぱなしにしていたアサガオの蕾(つぼみ)は、ついに開きませんでした。

そこに紹介されている短い文章は、実験の結果を淡々と述べたものですが、ぼくにはとても詩的な感動をおぼえさせるものでした。

アサガオの蕾は朝の光によって開くのではないらしいのです。逆に、それに先立つ夜の時間の冷たさと、闇の深さが不可欠である、という報告でした。

もっと正確な話をご紹介すべきかもしれませんが、ぼくにはただ文学的なイメージとして、夜の冷たさと闇の深さがアサガオの花を開かせるために不可欠なのだという、その言葉がとても鮮烈にのこってしまったのでした。

（　中略　）

人間が生きてゆくことは大変なことです。人生とは、決してかろやかなものでも、明るいものでもありません。

冷静にふり返ってみればみるほど、人間の世界には、まっ黒い巨大な淵がぽっかりと不気味な口をあけています。

そこをのぞきこむことの不快さに、私たちは目をそらし、できるだけかろやかに明るく生きてゆこうとする。

（　F　）実際には、そういう努力は、ほんの一時のなぐさめにすらならないのではないか、と考えることがあります。

私たちはいつの間にか悲しむことを忘れ、暗さに沈潜することを嫌い、そして涙を流すこと、感傷的になること、哀愁を感じることを軽蔑するようになってきたのではないでしょうか。

「ユーモアの源泉は、哀愁である。」

と、マーク・トウェインが言うとき、この声の背後には深い苦渋がかくされています。

私たちはもっと率直に、心の中の切なさ、悲しみ、または苦しみを、はっきりと口に出して表現したほうがいいのではないでしょうか。

悲しむことを忘れた人間に、本当のよろこびが訪れるわけはないとぼくは思います。

今はハードボイルド小説の手垢(てあか)のついたキャッチフレーズのようになってしまった、

「優しいだけでは生きてゆけない。だが、優しくなくては生きている値打ちがない。」

という言葉には、古き良きアメリカの、悲しみを忘れぬセイシンが感じられるではありませんか。

「悲しいではないか。」

と、顔をあわせるやいなや、思わず声を発せずにいられなかった昔の青年たちのほうが、暗さを恐れる現代の若者たちよりも、はるかにいきいきと頼もしく感じられるのです。

昔はよかった、と言っているわけではありません。ジョークや、かろやかさをつまらないと言っているのでもない。

ただ、私たちは、悲しむべきときに悲しまない人間にだけはなってはいけないと思うのです。

暗いものを暗いと感じ、悲惨なものを悲惨と見、そして怒るときは怒り、その気持ちを率直に友人や家族たちにぶちまけて悲憤慷慨(ひふんこうがい)するような、そんな人間のありかたのほうが、魅力的に感じられるだけです。

かつての湾岸戦争では、さかんにハイテクが駆使されて、

「きれいな戦争」

などという、しらじらしい見出しが紙面をかざりました。そして戦争がテレビゲームのように現実感のないものとなり、私たちはまるで白昼夢を見たような感じで、あの戦争を見送ったような気がします。

しかし、いつも心の片隅に、えもいわれぬ悲しみと、いらだたしさと、不快さを感じた人も多かったにちがいありません。

それをはっきりと大声で表に出すことが、なにか気恥ずかしいことのように感じられる世の中の状況でした。

しかし、それでいいのだろうか、と感じるのです。

ぼくは、深く悲しむものこそ本当のよろこびに出あうものだと思います。暗さのどん底におりてゆく人間こそ、明るい希望と出あえるのではないか。親しい友だちや家族と顔をあわせたときに、

「なんと悲しいことかしら！」

と、率直に言えるような、そんな感性こそ、今の私たちにとても大事なもののような気がしてならないのです。

（　五木寛之『生きるヒント』　）

問一　傍線部ア～オのカタカナは漢字に直し、漢字はその読みをひらがなで答えなさい。

問二　傍線部Aの語句の意味としてふさわしいものを次から選び記号で答えなさい。
ア　口数が少ないこと。
イ　口数が多く、よくしゃべること。
ウ　言葉では表現できないこと。
エ　言うだけで実行の伴わないこと。

問三　傍線部①のような状態を筆者はどう考えているか。本文中から十一字で抜き出して答えなさい。

問四　空欄（　B　）（　C　）に入る適当な語句をそれぞれ本文中から抜き出して答えなさい。
（Bは二字　Cは三字）

問五　傍線部D「エピソード」と同じ意味の語句を本文中から漢字二字で抜き出して答えなさい。

問六　空欄（　E　）（　F　）に共通して入る語句を次から選び記号で答えなさい。
ア　つまり　　イ　そこで　　ウ　例えば　　エ　しかし　　オ　なぜなら

問七　筆者は「悲しむこと」にはどのような意義があると考えているか。次から最も適当なものを一つ選び記号で答えなさい。
ア　本物のユーモアを身につけることができる。
イ　暗いと批判されることを恐れない強さを身につけることができる。
ウ　本当のよろこびを知ることができる。
エ　日々訪れる様々な悲劇に慣れることができる。

二　次の文を読んで後の問いに答えなさい。

「お客さん！　起きて見よ！」かん高い声で或る朝、茶店の外で、娘さんが絶叫したので、私は、しぶしぶ起きて、廊下へ出て見た。

娘さんは、興奮して頬をまっかにしていた。だまって空を指さした。見ると、雪。はっと思った。［　A　］。山頂が、まっしろに、光りかがやいていた。［　B　］と思った。

「いいね。」

とほめてやると、娘さんは得意そうに、

「すばらしいでしょう？」といい言葉使って、「御坂の富士は、これでも、だめ？」としゃがんで言った。私が、かねがね、［　C　］、と教えていたので、娘さんは、内心しょげていたのかも知れない。

「やはり、［　D　］。」もっともらしい顔をして、私は、そう教えなおした。

私は、どてら着て山を歩きまわって、月見草の種を両の手のひらに一ぱいとって来て、それを茶店の背戸に播（ま）いてやって、

「いいかい、これは僕の月見草だからね、来年また来て見るのだからね、ここへお洗濯の水なんか捨てちゃいけないよ。」娘さんは、うなずいた。

ことさらに、月見草を選んだわけは、富士には月見草がよく似合うと、思い込んだ事情があったからである。御坂峠のその茶店は、謂わば山中の一軒家であるから、郵便物は、ア ハイタツされない。峠の頂上から、バスで三十分程ゆられて峠の麓、河口湖畔の、河口村という文字通りの寒村にたどり着くのであるが、その河口村の郵便局に、私宛の郵便物が留め置かれて、私は三日に一度くらいの割で、その郵便物を受け取りに出かけなければならない。天気の良い日を選んで行く。ここのバスの女車掌は、遊覧客のために、格別風景の説明をして呉れない。それでもときどき、思い出したように、甚だ散文的な口調で、あれが三ツ峠、向うが河口湖、わかさぎという魚がいます、など、物憂そうな、呟きに似た説明をして聞かせることもある。

河口局から郵便物を受け取り、またバスにゆられて峠の茶屋に引返す途中、私のすぐとなりに、濃い茶色の被布を来た青白い端正の顔の、六十歳くらい、私の母とよく似た老婆がしゃんと坐っていて、女車掌が、思い出したように、みなさん、きょうは富士がよく見えますね、と説明ともつかず、また自分ひとりの咏嘆ともつかぬ言葉を、突然言いだして、リュックサックしょった若いサラリーマンや、大きい日本髪ゆって、口もとを大事にハンケチでおおいかくし、絹物まとった芸者風の女など、からだをねじ曲げ、一せいに車窓から首を出して、いまさらのごとく、①その変哲もない三角の山を眺めては、やあ、とか、まあ、とか間抜けたイ嘆声を発して、車内はひとしきり、ざわめいた。けれども、私のとなりの御隠居は、胸に深い※憂悶でもあるのか、他の遊覧客とちがって、富士には一瞥も与えず、かえって富士と反対側の、山路に沿った断崖をじっと見つめて、私にはその様が、からだがしびれるほど快く感ぜられ、私もまた、富士なんか、あんな俗な山、見度くもないという、高尚な虚無の心を、その老婆に見せてやりたく思って、あなたのお苦しみ、わびしさ、みなよくわかる、と頼まれもせぬのに、共鳴の素振りを見せてあげたく、老婆に甘えかかるように、そっとすり寄って、老婆とおなじ姿勢で、ぼんやり崖の方を、眺めてやった。

老婆も何かしら、私に安心していたところがあったのだろう、ぼんやりひとこと、

「おや、月見草。」

そう言って、細い指でもって、路傍の一箇所をゆびさした。さっと、バスは過ぎてゆき、私の目には、いま、ちらとひとめ見た黄金色の月見草の花ひとつ、花弁もあざやかに消えず残った。

三七七八米の富士の山と、立派に相対峙し、みじんもゆるがず、なんと言うのか、金剛力草とでも言いたいくらい、けなげにすっくと立っていた②あの月見草は、よかった。［　E　］。

十月のなかば過ぎても、私の仕事は遅々として進まぬ。人が恋しい。夕焼け赤き雁の腹雲、二階の廊下で、ひとり煙草を吸いながら、わざと富士には目もくれず、それこそ血の滴るような真赤な山の紅葉を、ウ凝視していた。茶店のまえの落葉を掃きあつめている茶店のおかみさんに、声をかけた。

「おばさん！　あしたは、天気がいいね。」

自分でも、びっくりするほど、うわずって、歓声にも似た声であった。おばさんは箒の手をやすめ、顔をあげて、不審げに眉をひそめ、

「あした、何かおありなさるの？」

そう聞かれて、私は窮した。

「なにもない。」

おかみさんは笑い出した。

「おさびしいのでしょう。山へでもおのぼりになったら？」

「山は、のぼっても、すぐまた降りなければいけないのだから、つまらない。どの山へのぼっても、おなじ富士山が見えるだけで、それを思うと、気が重くなります。」

私の言葉が変だったのだろう。おばさんはただ曖昧にうなずいただけで、また枯葉を掃いた。

ねるまえに、部屋のカーテンをそっとあけて硝子窓越しに富士を見る。月の在る夜は富士が青白く、水の精みたいな姿で立っている。私は溜息をつく。ああ、富士が見える。星が大きい。あしたは、お天気だな、とそ

れだけが、幽かに生きている喜びで、そうしてまた、そっとカーテンをしめて、そのまま寝るのであるが、あした、天気だからとて、別段この身には、なんということもないのに、と思えば、おかしく、ひとりで蒲団の中で苦笑するのだ。くるしいのである。仕事が、――純粋に運筆することの、その苦しさよりも、いや、運筆はかえって私の楽しみでさえあるのだが、そのことではなく、私の世界観、芸術というもの、あすの文学というもの、謂わば、新しさというもの、私はそれらに就いて、未だ愚図愚図、思い悩み、誇張ではなしに、身悶えしていた。

素朴な、自然のもの、従って簡潔な鮮明なもの、そいつをさっと一挙動で掴まえて、そのままに紙にうつしとること、それより他には無いと思い、そう思うときには、③眼前の富士の姿も、別な意味をもって目にうつる。この姿は、この表現は、結局、私の考えている「単一表現」の美しさなのかも知れない、と少し富士に妥協しかけて、けれどもやはりどこかこの富士の、あまりにも棒状の素朴には閉口して居るところもあり、これがいいなら、ほていさまの置物だっていい筈だ、ほていさまの置物は、どうにも我慢できない、あんなもの、とても、いい表現とは思えない、この富士の姿も、やはりどこか間違っている、これは違う、と再び思いまどうのである。

（中略）

そのころ、私の結婚の話も、※一頓挫のかたちであった。私のふるさとからは、全然、助力が来ないということが、はっきり判ってきたので、私は困って了った。せめて百円くらいは、助力してもらえるだろうと、虫のいい、ひとりぎめをして、それでもって、ささやかでも、エ厳粛な結婚式を挙げ、あとの、世帯を持つに当っての費用は、私の仕事でかせいで、しようと思っていた。けれども、二、三の手紙のオオウフクにより、うちから助力は、全く無いということが明らかになって、私は、途方にくれていたのである。このうえは、縁談ことわられても仕方が無い、と覚悟をきめ、とにかく先方へ、事の次第を洗いざらい言って見よう、と私は単身、峠を下り、甲府の娘さんのお家へお伺いした。さいわい娘さんも、家にいた。私は客間に通され、娘さんと※母堂と二人を前にして、※悉皆の事情を告白した。ときどき演説口調になって、閉口した。けれども、割に素直に語りつくしたように思われた。娘さんは、落ちついて、

「それで、おうちでは、反対なのでございましょうか。」と、首をかしげて私にたずねた。

「いいえ、反対というのではなく、」私は右の手のひらを、そっと卓の上に押し当て、「おまえひとりで、やれ、という工合いらしく思われます。」

「結構でございます。」母堂は、品よく笑いながら、「私たちも、ごらんのとおりお金持ではございませぬし、ことごとしい式などは、かえって当惑するようなもので、ただ、あなたおひとり、愛情と、職業に対する熱意さえ、お持ちならば、それで私たち、結構でございます。」

私は、お辞儀するのも忘れて、しばらく呆然と庭を眺めていた。④眼の熱いのを意識した。この母に、孝行しようと思った。

（　太宰治『富嶽百景』　）

※憂悶…心配して、悩み苦しむこと。
※頓挫…勢いがなくなること。計画が途中で遂行できなくなること。
※母堂…他人の母を敬って言う言葉。
※悉皆…残らず。全部。

問一　傍線部ア～オのカタカナは漢字に直し、漢字はその読みをひらがなで答えなさい。

問二　空欄Ａ～Ｅに当てはまる最も適当な文を次からそれぞれ選び記号で答えなさい。
　ア　こんな富士は俗でだめだ
　イ　富士に雪が降ったのだ

ウ　富士には、月見草がよく似合う
エ　富士は、雪が降らなければ、だめなものだ
オ　御坂の富士も、ばかにできないぞ

問三　傍線部①「その変哲もない三角の山」に表現された富士に対する私の気持ちを別の表現で表した箇所を、本文中より六字（句読点を含む）で抜き出しなさい。

問四　傍線部②「あの月見草は、よかった」理由として最も適当なものを次から選び記号で答えなさい。
ア　雄大で美しい富士の山と、小さいが色鮮やかに美しさで競い合い、決して負けていないから。
イ　富士の見える山路の崖という厳しい環境に影響されることなく、美しい花を咲かせているから。
ウ　世間の俗につかってしまった富士に対して、けなげで純粋な虚無の心を象徴しているから。
エ　俗だが威風を誇る富士に対して、その小さな姿で負けることなく堂々と向かい合っているから。
オ　バスの乗客を感動させた富士に対して、私と老婆を同様に感動させることができていたから。

問五　傍線部③「眼前の富士の姿も、別な意味をもって目にうつる。」について、次の問いに答えなさい。
1　「眼前の富士の姿」を具体的に表現した箇所を本文中から十二字（句読点を含む）で抜き出しなさい。
2　「別な意味」とは何か。端的に表現した箇所を本文中から十字（句読点を含む）で抜き出しなさい。

問六　傍線部④「眼の熱いのを意識した。」について、次の問いに答えなさい。
1　このような感動を引き起こす前提となったと思われる、甲府訪問前の「私」の心情を説明した一文を本文中より抜き出し、最初の五字を書きなさい。
2　この時の心情の説明として最も適当なものを次から選び、記号で答えなさい。
ア　縁談を断られるはずだったのを、快諾されたことの意外さにびっくりしている。
イ　家柄や経済状態でなく、一人の人物として評価してくれたことに感激している。
ウ　母親と娘さんの決断の早さ、その気前のよさに親しみを感じている。
エ　私の故郷や過去を一切水に流して、新しく生きようとする母子の姿に感動している。
オ　自分たちは金持ちでないことを素直に認める母子の謙虚さに感心している。

三

次の古文を読んで後の問いに答えなさい。

月日は①百代の過客にして、行きかふ年もまた旅人なり。②舟の上に生涯を浮かべ、③馬の口とらへて老いを迎ふる者は、日々旅にして、旅を栖（すみか）とす。古人も多く旅に死せるあり。予も、いづれの年よりか、片雲の風に誘はれて、漂泊の思ひやまず、海浜にさすらへて、去年（こぞ）の秋、④江上の破屋（かうしやうのはをく）に蜘蛛の古巣を払ひて、やや年も暮れ、⑤春立てる霞の空に、白河の関越えんと、⑥そぞろ神のものにつきて心を狂はせ、道祖神の招きにあひて取るもの手につかず、股引の破れをつづり、笠の緒つけかへて、三里に灸すゆるより、松島の月まづ心にかかりて、住める方は人に譲り、杉風（さんぷう）が別墅（べっしょ）に移るに、

⑦草の戸も住み替はる代ぞ雛（ひな）の家

表八句を庵の柱に掛け置く。

（『奥の細道』）

※江上の破屋…隅田川のほとりのあばら家。
※そぞろ神…人の心を落ち着かなくさせる神。

※道祖神…旅の安全を守る神。
※松島…今の宮城県松島湾一帯の景勝地。
※杉風が別墅…後援者である杉風（という人）の別宅。江戸深川にあった。

問一　傍線部①「百代の過客」の意味を次から選び記号で答えなさい。
ア　大勢の客　イ　永遠の旅人　ウ　代々の祖先　エ　通りすがりの人　オ　仲の良い家族

問二　傍線部②・③はどういう生業（仕事）のことか、それぞれ次から選び記号で答えなさい。
ア　大名　イ　商人　ウ　馬子（馬方）　エ　武士　オ　船頭

問三　傍線部④「江上の破屋」の読みを現代仮名遣い（平仮名）で答えなさい。

問四　傍線部⑤「春立てる霞」の「立つ」には「立春」と「霞が立つ」の二つの意味をもたせているが、和歌などに使われるこのような修辞技法をなんというか、次から選び記号で答えなさい。
ア　係り結び　イ　対句　ウ　掛詞　エ　縁語　オ　体言止め

問五　傍線部⑥「そぞろ神のものにつきて心を狂はせ、道祖神の招きにあひて」は旅に出たいという強い衝動に駆られ、落ち着かない心境を表しているが、同じような心境を表す言葉を本文中から五字で抜き出し答えなさい。

問六　傍線部⑦の俳句について
1　季語・季節をそれぞれ答えなさい。
2　「雛の家」の意味として適当なものを、次から選んで記号で答えなさい。
ア　鶏を飼い、雛や卵を売って、暮らしをたてている人の住む家。
イ　自分とは違って、お雛様のように身分の高い美しい人の住む家。
ウ　三月の雛の節句ともなれば、雛人形を飾ったりする世間一般の人が住む家。
エ　雛祭りの飾りつけのように、派手に装飾した家。

問七　この文章の作者を次から選び記号で答えなさい。
ア　小林一茶　イ　松尾芭蕉　ウ　井原西鶴　エ　与謝蕪村　オ　正岡子規

四　次の文学者についての説明文を読み、A群から該当する作者を、B群からその作者の作品をそれぞれ選び、記号で答えなさい。
①　中国古典の教養と知的表現力で独自の文学を構築した小説家。中国古典を題材にした作品を書いた。
②　日本人初のノーベル文学賞受賞者。日本の抒情的な美の世界を描いた新感覚派の作家。
③　岩手の風土が生んだ独創性豊かな詩人・童話作家。最愛の妹の死を悲しむ詩が有名。
④　俳句・短歌の革新運動を推進した俳人・歌人。絶筆の糸瓜の句を残し、肺結核で亡くなった。
⑤　自然主義に対立する立場をとる明治時代の文豪。「木曜会」を開き、多くの門下生を育てた。

《A群》　ア　川端康成　イ　正岡子規　ウ　中島敦　エ　夏目漱石　オ　宮沢賢治
《B群》　a『銀河鉄道の夜』　b『伊豆の踊子』　c『病牀六尺』　d『こころ』　e『山月記』

英語解答

1 (1) ウ (2) ア (3) エ (4) ウ
(5) イ (6) ア (7) エ (8) エ

2 (1) 3番目…ア 5番目…カ
(2) 3番目…カ 5番目…ウ
(3) 3番目…オ 5番目…ア
(4) 3番目…イ 5番目…ウ

3 問1 ウ 問2 ア
問3 ア…T イ…T ウ…F エ…F
オ…T カ…F キ…F

4 問1 ウ 問2 イ 問3 ア
問4 イ 問5 イ 問6 ア

5 問1 イ 問2 building
問3 ウ 問4 ア
問5 ウ→エ→イ→ア
問6 A…エ B…ア C…ウ D…イ

6 (1) listens to
(2) She is good at swimming.／She is a good swimmer.

数学解答

1 (1) 3 (2) -9 (3) $-\frac{1}{6}$
(4) $-\frac{5}{12}$ (5) $-\frac{1}{2}ab^2$
(6) $\frac{7x+y}{10}$ (7) $\frac{13\sqrt{3}}{6}$ (8) 27

2 (1) $m(x-3)(x+1)$ (2) $\frac{5}{2}\pi$cm
(3) $\frac{1}{4}$ (4) $\frac{\pi}{6}$ (5) 5組

3 (1) $x=-2$ (2) $x=63,\ y=4$
(3) $x=-1,\ 2$

4 (1) 25 (2) 110円 (3) 9

5 (1) (0, 2)
(2) (i) $(t+2,\ 0)$ (ii) ②
(3) $\frac{2+2\sqrt{13}}{3}$

6 (1) AB＝4cm, BC＝8cm
(2) 周の長さ…12πcm 回数…6回
(3) 28πcm^2

国語解答

一 問一 ア 対象 イ 精神 ウ 疑問
エ くじゅう オ そっちょく
問二 イ
問三 ひとつの病気ではないか
問四 B 暗さ C 悲しむ
問五 挿話 問六 エ 問七 ウ

二 問一 ア 配達 イ たんせい
ウ ぎょうし エ げんしゅく
オ 往復
問二 A…イ B…オ C…ア D…エ
E…ウ
問三 あんな俗な山 問四 エ
問五 1 青白く，水の精みたいな姿
2 「単一表現」の美しさ
問六 1 このうえは 2…イ

三 問一 イ 問二 ②…オ ③…ウ
問三 こうしょうのはおく 問四 ウ
問五 漂泊の思ひ
問六 1 季語 雛 季節 春 2…ウ
問七 イ

四 ① A群 ウ B群 e
② A群 ア B群 b
③ A群 オ B群 a
④ A群 イ B群 c
⑤ A群 エ B群 d

2020年度 武蔵越生高等学校(推薦22日)

【英　語】 (50分)〈満点：100点〉

1 次の文の(　　)内に入れるのにふさわしい語(句)をア～エからそれぞれ1つずつ選び，記号で答えなさい。

(1) A: (　　　) is the best season for swimming.
B: And it's also a good season for hiking in the mountains, isn't it?
ア. Summer　　イ. River　　ウ. Sea　　エ. Pool

(2) My grandfather and I (　　　) *shogi* when Koji came to see me.
ア. plays　　イ. was playing　　ウ. were playing　　エ. will play

(3) A: What is the language (　　　) in New Zealand?
B: It's English.
ア. speaks　　イ. spoke　　ウ. spoken　　エ. speaking

(4) The boy sitting between Takuya (　　　) Mary is Tommy.
ア. or　　イ. and　　ウ. by　　エ. at

(5) I was (　　　) tired to stay up late last night.
ア. very　　イ. to　　ウ. such　　エ. too

2 日本文の意味になるよう英文の(　　　)にア～カの語(句)を正しい順序に並べて入れたとき，3番目と5番目にくるものをそれぞれ選び，記号で答えなさい。

(1) 明日は学校に行かなくてもいいですよ。
You (　　)(　　)(3番目)(　　)(5番目)(　　) tomorrow.

ア. go　　イ. school　　ウ. not
エ. have to　　オ. do　　カ. to

(2) この写真はあなたのお父さんが撮ったのですか。

Was (　　　)(　　　)(３番目)(　　　)(５番目)(　　　)?

ア. by　　　イ. picture　　　ウ. this

エ. father　　　オ. taken　　　カ. your

(3) トモコが３日前に退院したと聞いてうれしいです。

I'm (　　　)(　　　)(３番目)(　　　)(５番目)(　　　) the hospital three days ago.

ア. left　　　イ. hear　　　ウ. to

エ. Tomoko　　　オ. that　　　カ. glad

3 次の広告を見て，あとの問いにそれぞれ記号で答えなさい。

The T's Jazz Café will be closed for two weeks

from October 11th to October 25th.

*While we are closed, we will

★ paint the walls in the hall

★ make the dining area bigger

★ get new tables and chairs for the café's garden

***Re-opening Celebration**

We will open again on Monday, October 26th.　People who come on that day will get a free cup of coffee.

Enjoy the bigger and better T's Jazz Café!

★ After we open, we will have a new menu with more salads and desserts.

★ Every Saturday and Sunday, there will be a jazz concert from 5 p.m. to 8 p.m.
Enjoy dinner with your friends at the T's Jazz Café!

(注) while ~ ～している間　　re-opening celebration 新装開店祝い

問 1　When will people be able to eat at the café again?

ア．From October 11th.

イ．From October 12th.

ウ．From October 25th.

エ．From October 26th.

問 2　After the café opens, what will people be able to do at dinner time on weekends?

ア．See many kinds of paintings.

イ．Get a free cup of coffee.

ウ．Enjoy listening to music.

エ．Make their own salads and desserts.

4　次の対話文を読んで，あとの問いに答えなさい。

Tom:　Keisuke, this is the "Union Square," the most popular area in our college.

Keisuke:　Wow, beautiful building!　Do you often come here, Tom?

Tom:　(　①　)　I eat lunch with my friends here almost every day.　We have two *snack shops here.　"Crown Café" is open from 10 a.m. to 3 p.m. and sells the best hot dogs.　"Orange Garden" is open from 1 p.m. to 6 p.m., and you can eat nice hamburgers.

Keisuke:　Sounds good!　Hey, what's that large room?　It has a lot of tables and chairs.

Tom:　That's a *lounge.　It's a nice place for *relaxing, reading, meeting friends, and studying.　We also have jazz concerts three times a week during lunch time there.

Keisuke:　Have you ever played at the concerts?

Tom:　Never.　But you can join and play at the concerts because they are open to everyone.　Sometimes people in the town come to our college and join us.　We enjoy music together.

Keisuke:　That's great!　I want to join the concerts and play the trumpet *someday.　(　②　), I'm a little hungry.　Can I eat something now?

Tom:　Sure.　Let's go to the snack shop.　What do you want to eat?

Keisuke:　I want a hot dog!

Tom:　OK.　Oh, sorry, it's (　③　) o'clock now.　"Crown Café" is already closed.　But the other one is still open.　Let's try hamburgers.

Keisuke:　Good!　Let's go!

(注) snack shop 軽食店　lounge ラウンジ　relaxing くつろぐこと　someday いつか

問1　(①)に入れるのに最も適切なものをア～ウから1つ選び，記号で答えなさい。

ア．I have come here just once.

イ．Yes, very often.

ウ．No, this is my first time.

問2　(②)に入れるのに最も適切なものをア～ウから1つ選び，記号で答えなさい。

ア．By the way

イ．For that reason

ウ．For example

問3　(③)に入れるのに最も適切なものをア～ウから1つ選び，記号で答えなさい。

ア．eleven

イ．one

ウ．four

問4　本文の内容と一致するものをア～ウから1つ選び，記号で答えなさい。

ア．In the lounge, you can read books but cannot enjoy music.

イ．Only the college students can join the jazz concerts.

ウ．Keisuke and Tom will go to "Orange Garden" and eat hamburgers.

5 次の英文を読んで，あとの問いに答えなさい。

Mariko was fifteen years old. Mr. Brown, a new English teacher, came to her class and talked about his country. He was from *England and he showed the students many pictures of *the Lake District. Mariko *was moved by these pictures of beautiful *scenery. She said, "I have never ①(see) *such beautiful scenery." He said, "I think this is one of the most beautiful places in England. Do you like these pictures?" "Yes!" Mariko said.

One day, Mr. Brown talked to Mariko after class. "Mariko, I have good news for you. A photo *exhibition by Mr. Carter will start soon." (②) asked Mariko. He answered, "Mr. Carter is a *photographer. Do you remember the pictures of the Lake District?" "Yes, of course," said Mariko. He said, "Good. He took those pictures and you can see them in this exhibition." "Really? I want to see them again," she said.

The next Sunday, Mariko visited the photo exhibition with her mother. Mariko saw many pictures of beautiful scenery there. When she was looking at the pictures of the Lake District, a man came to her and said, "Hello, do you like these pictures?" "Yes. The Lake District is very beautiful. I want to visit there some day." The man smiled and said, "Thank you. I am John Carter. Welcome to my exhibition." ③<u>She was surprised</u> and said, "Mr. Carter! I really like your pictures." He said, "I'm very happy that my pictures gave you a dream." "A dream?" she asked. "Yes. Pictures can give dreams to people. I think my pictures gave you a dream. It is to visit the Lake District," he said. She said, "Oh, I see." He said, "When I was young, I was moved by pictures of beautiful scenery. They were ④(take) in Japan. They gave me a dream to be a photographer." "Really?" "Yes. I wanted to visit the places in the pictures. Some years later, I came to Japan and started to take pictures." "Did those pictures change your life?" she asked. He answered, "Yes. An *encounter with good pictures can change people's lives." She was moved.

(Fifteen years later)

Today is the first day of Mariko's photo exhibition in England. She is a photographer now. The encounter with Mr. Carter and his pictures changed her life. ⑤<u>It gave her another dream.</u> The dream was to become a photographer. She went to school to learn about pictures. She also took pictures of beautiful scenery in many countries.

In her exhibition, she saw a boy looking at her pictures of beautiful Japanese scenery. Mariko remembered Mr. Carter's photo exhibition that she visited fifteen years ago. Mariko said to him, "Hello, do you like these pictures?"

(注) England イングランド（イギリスの一地方の名前）
the Lake District 湖水地方（イングランド北西部の湖の多い景色が美しい地域）　be moved 感動する
scenery 景色　such そのような　exhibition 展覧会　photographer 写真家
encounter with ~ ～との出会い

問１　下線部①(see)，④(take)をそれぞれ正しい形にしなさい。

問２　(　②　)に入れるのに最も適切なものをア～ウから１つ選び，記号で答えなさい。
ア．"How will Mr. Carter come to Japan?"
イ．"Where is Mr. Carter from?"
ウ．"Who is Mr. Carter?"

問３　Mariko が Mr. Brown に紹介してもらった写真展に行ったのはなぜか。その理由として最も適切なものをア～ウから１つ選び，記号で答えなさい。
ア．湖水地方の写真を見たかったから。
イ．Mr. Carter に会いたかったから。
ウ．Mariko の母親に誘われたから。

問４　下線部③She was surprised とあるが，Mariko が驚いたのはなぜか。その理由として最も適切なものをア～ウから１つ選び，記号で答えなさい。
ア．Mr. Brown に会ったから。
イ．話しかけてきた人が Mr. Carter だったから。
ウ．湖水地方の景色がとても美しかったから。

問５　下線部⑤It gave her another dream. とあるが，新たな夢を実現するために Mariko がしたことを２つ日本語で具体的に書きなさい。

問６　本文の内容に合うように，（　A　）～（　F　）に入れるのに最も適切なものをア～カからそれぞれ１つずつ選び，記号で答えなさい。ただし，同じ記号を２回以上使うことはできません。

Mr. Brown showed many pictures of beautiful scenery in his class. Mariko liked them very much. Mr. Carter took those pictures. Mariko (　A　) the photo exhibition and met Mr. Carter there. When Mr. Carter was young, he saw pictures of beautiful (　B　) scenery. He was moved by them. Those pictures (　C　) him a dream. Mariko's life changed (　D　) the encounter with Mr. Carter and his pictures. She (　E　) a photographer. In her photo exhibition in England, she (　F　) to a boy.

ア．after　　イ．became　　ウ．gave
エ．Japanese　　オ．talked　　カ．visited

6 次の日本文を［　　　］の指示に従って英文にしなさい。

⑴　私は来月１５歳になります。［空欄に適語を入れて英文を完成させること］
I (　　　) (　　　) fifteen years old next month.

⑵　誰がパーティーに来るか教えてください。［Please で書き始めること］

【数　学】（50分）〈満点：100点〉

1 次の計算をせよ。

(1) $1-4+5$

(2) $-3^2-(-2)^2$

(3) $\left(-\frac{1}{5}\right)^2\div\frac{2}{5}\times4$

(4) $2(3a-b)-(a-2b)$

(5) $a^3b^4\times(-ab^2)^3\div a^5b^2$

(6) $\frac{2x-y}{3}+\frac{3x+y}{4}$

(7) $(2a+3b)^2+(2a-3b)^2$

(8) $(2\sqrt{7}-5)(3+\sqrt{7})$

2 次の各問いに答えよ。

(1) $2x^2+16x+30$ を因数分解せよ。

(2) 【図１】において，$\angle x$ の大きさを求めよ。

(3) 【図２】のような三角柱の表面積を求めよ。

【図１】

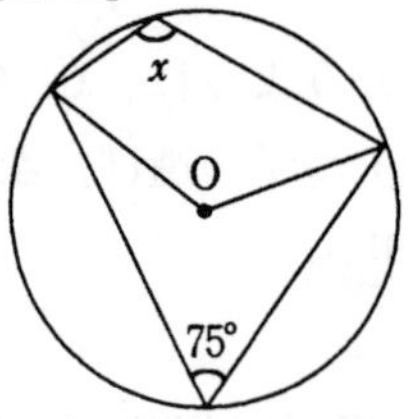

【図２】

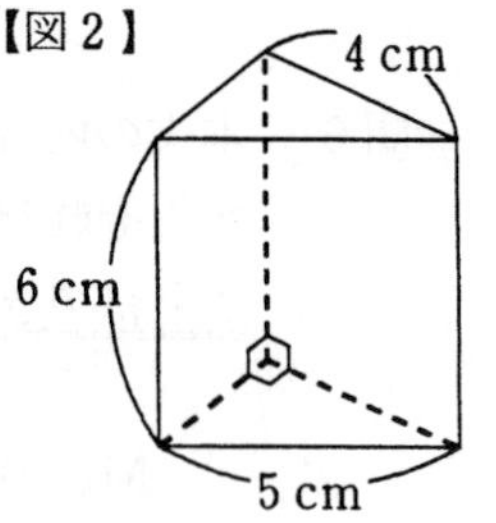

(4) A，B，C の３人がじゃんけんを１回するとき，A と B だけが勝つ確率を求めよ。

(5) $x=1+\sqrt{3}$ のとき，x^2-2x の値を求めよ。

3 次の方程式を解け。

(1) $4x+5=2x-2$

(2) $\begin{cases}3x+4y=30\\y=-x+5\end{cases}$

(3) $(x+4)^2-2(x^2-1)=-2$

4 次の各問いに答えよ。

(1) 連続する５つの自然数のそれぞれの平方の和が 510 になるとき，５つの自然数のうち最小の数を求めよ。

(2) A 君は，家から 2.8 km 離れた図書館へ向かうのに，最初は毎分 80 m の速さで歩き，途中から毎分 200 m の速さで走って移動した。家を出発してからちょうど 17 分かかって図書館にたどり着いたとすると，走った時間は何分間か求めよ。

(3) 周の長さが 64 cm の長方形の面積が，255 cm^2 になるとき，この長方形の短い方の1辺の長さを求めよ。

5 図のように，$y=\frac{1}{3}x^2$ のグラフと x 軸上の正の部分に点Aがある。点Aを通り y 軸に平行な直線と放物線 $y=\frac{1}{3}x^2$ との交点をCとし，点Cから y 軸に下ろした垂線の足を点Eとする。また，点Bは x 座標が正であり，OB=3OA を満たす x 軸上の点である。点C，点Eと同様に点D，点Fをとる。このとき，次の各問いに答えよ。

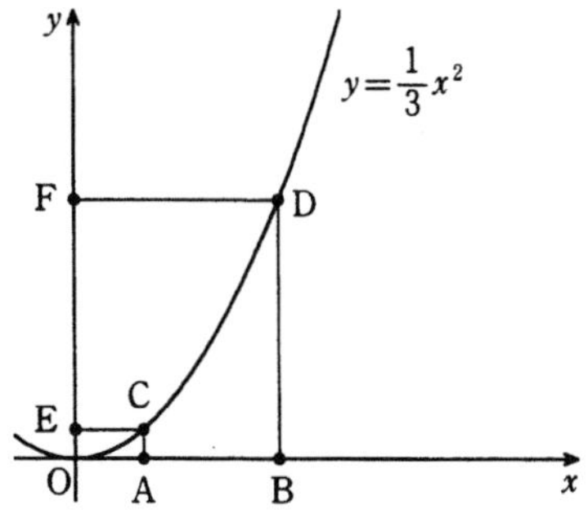

(1) 点Aの x 座標が1のとき，点Dの座標を求めよ。

(2) 長方形OACEと長方形OBDFの面積比を最も簡単な整数比で答えよ。

(3) 線分EFの長さが長方形OACEの周の長さの2倍になるときの点Aの座標を求めよ。

6 直径がそれぞれ 8 cm，2 cm，4 cm の3つの円 C_1，C_2，C_3 があり，円 C_2 と円 C_3 は，【図1】の地点から円 C_1 の円周の内側を滑ることなく矢印の方向へ転がる。円 C_2 は4秒，円 C_3 は8秒かけてそれぞれ一定の速さで元の位置に戻る。ただし，【図1】において，円 C_2 は円 C_1 の内側で点Aに接しており，円 C_3 は円 C_1 の内側で点Bに接している状態である。このとき，次の各問いに答えよ。ただし，円周率は π とする。

【図1】

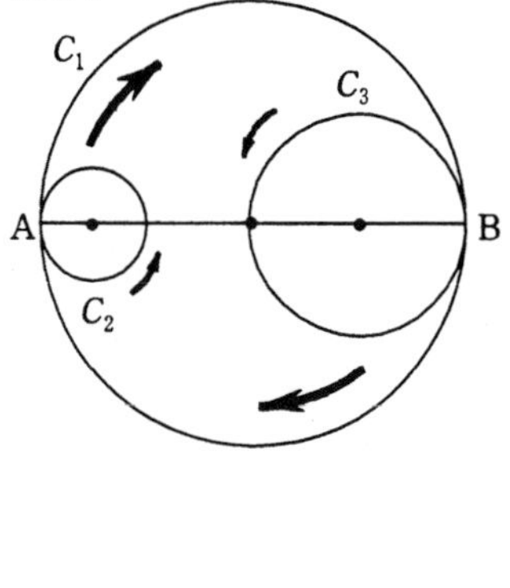

(1) 円 C_3 は2秒間で円 C_1 の円周上を何 cm 進むか。

(2) 円 C_2 が初めて円 C_3 の内側に完全に入るのは2つの円が転がり始めてから何秒後であるか。

(3) 【図2】は2つの円が転がり始めてから10秒後の図である。円 C_2 と線分ABとの交点のうち，Bでない方の点Dを通り，線分ABに垂直な直線を引き，円C_3との接点をEとする。また，円C_1の中心をOとし，OとEを結ぶ。このとき，斜線部分の面積を求めよ。

【図2】

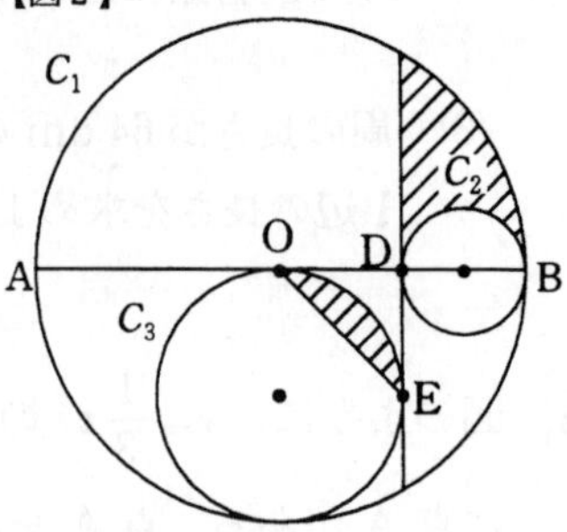

【国　語】（五〇分）〈満点：一〇〇点〉

一　次の文を読んで、後の問いに答えなさい。

転石、苔を生ぜず

ということわざがある。これはあきらかに英語の、

A rolling stone gathers no moss.

の訳である。英語の方はたいへん有名で、一カ所におちつく腰を落ち着けていられないで、たえず商売変えをするような人間に、成功はおぼつかない。もっとはっきり言えば、そういう人間には金がたまらない、という意味で使われる。ときには、これをひとひねりして、相手を次々とり替えているような人間の恋愛は、いつまでたっても実を結ばない、というように転用されることもある。

このことわざは、イギリスで生まれたもので、ここのコケ（モス）とは、金のことなり、とアケンイある辞書（ＯＥＤ　オックスフォード英語辞典）にも出ているほどだ。はじめは、だから、住まいや職業を転々とするような人間に金はたまらない、の意味で使われた。比喩的には恋愛でも似たことが言える、というところから、①さきのように応用されるのである。

いまから二十年くらいも前のことになるが、私は、ふとしたきっかけで、アメリカ人がこのことわざを〝誤解〟しているのではないか、ということに気付いた。どういう風にアメリカ人がこれを考えるのかと言うと、②まるで、逆にとっている。

（　Ａ　）、優秀な人間なら引く手あまた。席のあたたまるひまもなく動きまわる。あるいは、じっとしていたくても、そうはさせてくれない。スカウトされてＡの会社へ行ったかと思うと、また、すぐ別のＢ企業へ引き抜かれる。こういう人はいつもピカピカ輝いている。コケのようなものがイフチャクするひまもない。アカやさびのようなものはこすり落とされてしまう。アメリカ人の多くが、それを、〝転がる石はコケをつけない〟の意味だと思っているらしい、ということがわかったのである。

《中略》

ところで、日本人はこの〝転石、苔を生ぜず〟をどう感じているだろうか。③年輩の人には、イギリス流に、動きまわるのはロクでもない人間だとする人が多いが、年齢が若くなるにつれて、アメリカ流の解釈がふえる。かつて私が学生について調べたところによると、四〇パーセントくらいがアメリカ流であった。その後もっと多くなっているに違いない。戦前の日本は農村型の社会であった。土地にしばりつけられている。家にもしばりつけられていた。家や土地を離れては生きて行かれない。定着が尊重される。

土地を離れることのできた次男坊、三男坊はサラリーマンとなる。これなら別にしばるものはないわけだが、ついこの間まで田舎にいたサラリーマンはなお、しばられたい。じっと同じ所にいたいという気持が消えてはいないのであろう。終身ウ雇用制を発達させたのである。コロコロあちらこちらへ動きまわるのは、同じ所にいられなくなった流れもの。社会はそういう人間を信用しない。

こうして日本もイギリスと同じように、定着社会だった間は、〝転石〟をおもしろくないものと受け取っていたはずである。戦後、社会が大きく変化するとともに、これが崩れてきた。農村の人たちが競って都会へ出ようとした。人口の流動はかつてないほどはげしい。企業に勤めていると当然のことのように転勤がある。それを嫌っていてはいられないから、内心はとにかく、外見はいかにも嬉々として新しい任地へ向かう。

そういう生活をしている人に、転がる石は金がもうからない、などということわざが歓迎されるはずはない。都合の悪いことは、お互いに忘れようとする。どうしても忘れられなければ無視する。

そのどちらもできなければ、都合のいいように解釈するという手がある。現にアメリカ人がそうして新しい解釈をつくり上げた。日本人だって、別にアメリカ人から教えてもらわなくても、（　Ｂ　）で、能力がある

が故に動きまわるのだ、という考え方を発明して、これを活用することはできる。

それに、この場合、コケというものに対する語感もバカにならない。湿度の高い所でないと美しいコケは生えない。われわれの国は昔からコケを美しいと思う感覚を発達させてきた。庭園をつくれば苔を植える。苔寺は古来、有名で、訪れる人が多くて困るほどだ。

アメリカのような乾燥した土地ではコケが育ちにくい。美しくもない。（　C　）、フケツな連想をともなうかもしれない。イギリスはコケ＝金と考えるくらいだから、コケ尊重の社会であることがわかる。コケをおもしろいと見るかどうかでも、転石の評価は違ってくる。

日本はもともと、そして、いまもいくらかは、コケを大切にする社会である。だからこそ、国歌にも、

さざれ石の巌（いわお）となりて苔の生（む）すまで

とある。

（　D　）、このごろは、日本でもアメリカ的感覚が若い人たちの間にふえてきて、コケをうす汚いものと思うようになった。そういう人たちが、コケをコウテイする国歌に違和感をもつのは自然かもしれない。コケなどつかない転石をよいものと感じる人たちがふえるわけだ。

《中略》

ことわざの解釈は、ひとりひとりの考えや価値観によって決定される。日ごろは自覚しないものの見方、感じ方をあぶり出して見せてくれる。そう考えると、玉虫色のことわざは、ときとしてロールシャッハ・テストのようになる。

（外山滋比古『ことわざの論理』）

問一　傍線部ア～オの漢字はひらがなに、カタカナは漢字にそれぞれ直しなさい。

問二　空欄（A）（C）（D）に入る適切な接続語を次からそれぞれ一つずつ選び、記号で答えなさい。

ア　ところが　　イ　つまり　　ウ　たとえば　　エ　すると　　オ　むしろ

問三　傍線部①「さきのように応用される」とあるが、その内容として適当なものを次から一つ選び、記号で答えなさい。

ア　イギリスのことわざが、日本でも使用されている。
イ　商売がうまくいかない人間は、恋愛もうまくいかない。
ウ　相手を次々乗り換える人間は、恋愛がうまくいかない。
エ　イギリスとアメリカでは、ことわざの意味が異なる。

問四　傍線部②「まるで、逆にとっている」とあるが、どのような意味にとっていますか。その意味に最も近いことわざを次から一つ選び、記号で答えなさい。

ア　災い転じて福となす　　イ　柔よく剛を制す
ウ　流れる水は腐らず　　エ　石の上にも三年

問五　傍線部③「年輩の人には、イギリス流に、動きまわるのはロクでもない人間だとする人が多い」とあるが、その理由を述べる次の文の空欄に入る言葉を本文中から八字と十六字で抜き出して答えなさい。

戦前の日本社会では（　　八字　　）ため、（　　十六字　　）は信用されなかったから。

問六　空欄（B）には四字熟語が入る。次から一つ選び、記号で答えなさい。

ア　玉石混交　　イ　一進一退　　ウ　傍若無人　　エ　自主独立

問七　この文章の内容に合致するものを次から一つ選び、記号で答えなさい。

ア　イギリスでは有名な辞書に「コケは金のことなり」と記載されてから、ことわざの誤用が広まった。
イ　アメリカでは優秀な人間が次々と転職するのを防ぐためにイギリスのことわざを利用しようとした。
ウ　日本は戦後、社会が大きく変化し、人々がイギリスのことわざを都合よく解釈するようになった。
エ　現在では日本の気候が変化して苔が育ちにくくなったため、苔を嫌う若い人たちがふえてきている。

三　次の文を読んで、後の問いに答えなさい。

或曇った冬の日暮である。私は横須賀発上り＊二等客車のア隅に腰を下して、ぼんやり発車の笛を待っていた。とうに電燈のついた客車の中には、珍しく私の外に一人も乗客はいなかった。外を覗くと、うす暗いプラットフォームにも、今日は珍しく見送りの人影さえ跡を絶って、唯、檻に入れられた小犬が一匹、時々悲しそうに、吠え立てていた。これらはその時の私の心もちと、不思議な位似つかわしい景色だった。私の頭の中には云いようのない疲労と倦怠とが、まるで雪曇りの空のようなどんよりした影を落していた。私は外套のポッケットへじっと両手をつっこんだまま、そこにはいっている夕刊を出して見ようと云う元気さえ起らなかった。

が、やがて発車の笛が鳴った。私はかすかな心の寛ぎを感じながら、後の窓枠へ頭をもたせて、眼の前の停車場がずるずると後ずさりを始めるのを待つともなく待ちかまえていた。ところがそれよりも先にけたたましい＊日和下駄の音が、改札口の方から聞え出したと思うと、間もなく車掌の何か云い罵る声と共に、私の乗っている二等室の戸ががらりと開いて、十三四の小娘が一人、慌しく中へはいって来た、と同時に一つずしりと揺れて、徐に汽車は動き出した。一本ずつ眼をくぎって行くプラットフォームの柱、置き忘れたような運水車、それから車内の誰かに祝儀の礼を云っている＊赤帽①――そう云うすべては、窓へ吹きつける煤煙の中に、未練がましく後へ倒れて行った。私は漸くほっとした心もちになって、巻煙草に火をつけながら、始めて懶い睚をあげて、前の席に腰を下していた小娘の顔を②一瞥した。

それは油気のない髪をひっつめの＊銀杏返しに結って、横なでの痕のある皸だらけの両頬を気持の悪い程赤く火照らせた、如何にも田舎者らしい娘だった。しかも垢じみた萌黄色の毛糸の襟巻がだらりと垂れ下った膝の上には、大きな風呂敷包みがあった。その又包みを抱いた霜焼けの手の中には、三等の赤切符が大事そうにしっかり握られていた。私はこの小娘の下品な顔だちを好まなかった。それから彼女の服装がイフケツなのもやはり不快だった。最後にその二等と三等との区別さえも弁えない愚鈍な心が腹立たしかった。だから巻煙草に火をつけた私は、一つにはこの小娘の存在を忘れたいと云う心もちもあって、今度はポッケットの夕刊を漫然と膝の上へひろげて見た。するとその時夕刊の紙面に落ちていた外光が、突然電燈の光に変って、刷の悪い何欄かの活字が意外な位鮮やかに私の眼の前へ浮んで来た。云うまでもなく汽車は今、横須賀線に多い隧道の最初のそれへはいったのである。

《中略》

それから幾分か過ぎた後であった。ふと何かに脅されたような心もちがして、思わずあたりを見まわすと、何時いつの間にか例の小娘が、向う側から席を私の隣へ移して、頻りに窓を開けようとしている。が、重い硝子戸は中々思うようにあがらないらしい。あの皸だらけの頬は愈赤くなって、時々鼻をすすりこむ音が、小さな息の切れる声と一緒に、せわしなく耳へはいって来る。これは勿論私にも、幾分ながら同情を惹くに足るものには相違なかった。しかし汽車が今将に隧道の口へさしかかろうとしている事は、暮色の中に枯草ばかり明るい両側の山腹が、間近く窓側に迫って来たのでも、③すぐに合点の行く事であった。にも関わらずこの小娘は、わざわざしめてある窓の戸を下そうとする、——その理由が私には呑みこめなかった。いや、それが私には、単にこの小娘の気まぐれだとしか考えられなかった。だから私は腹の底に依然として険しい感情を蓄えながら、あの霜焼けの手が硝子戸を擡げようとして悪戦苦闘する容子を、④まるでそれが永久に成功しない事でも祈るような冷酷な眼でナガめていた。すると間もなく凄まじい音をはためかせて、汽車が隧道へなだれこむと同時に、小娘の開けようとした硝子戸は、とうとうばたりと下へ落ちた。そうしてその四角な穴の中から、煤を溶したようなどす黒い空気が、俄に息苦しい煙になって、濛々と車内へ漲り出した。元来咽喉を害していた私は、手巾を顔に当てる暇さえなく、この煙を満面に浴びせられたおかげで、殆ど息もつけない程咳こまなければならなかった。が、小娘は私に頓着する気色も見えず、窓から外へ首をのばして、闇を吹く風に銀杏返しの鬢の毛を戦がせながら、じっと汽車の進む方向を見やっている。その姿を煤煙と電燈の光との中にナガめた時、もう窓の外が見る見る明るくなって、そこから土の匂いや枯草の匂いや水の匂いが冷やかに流れこんで来なかったなら、漸く咳きやんだ私は、この見知らない小娘を頭ごなしに叱りつけてでも、又元の通り窓の戸をしめさせたのに相違なかったのである。

しかし汽車はその時分には、もう安々と隧道を辷りぬけて、枯草の山と山との間に挟まれた、或貧しい町はずれの踏切りに通りかかっていた。踏切りの近くには、いずれも見すぼらしい藁屋根や瓦屋根がごみごみと狭苦しく建てこんで、踏切り番が振るのであろう、唯一旒のうす白い旗が懶げに暮色を揺っていた。やっと隧道を出たと思う——その時その蕭索とした踏切りの柵の向うに、私は頬の赤い三人の男の子が、目白押しに並んで立っているのを見た。彼等は皆、この曇天に押しすくめられたかと思う程、揃って背が低かった。そうして又この町はずれの陰惨たる風物と同じような色の着物を着ていた。それが汽車の通るのを仰ぎ見ながら、一斉に手を挙げるが早いか、いたいけな喉を高く反らせて、何とも意味の分らない喊声を一生懸命に迸らせた。するとその瞬間である。窓から半身を乗り出していた例の娘が、あの霜焼けの手をつとのばして、勢いよく左右に振ったと思うと、忽ち心を躍らすばかり暖かな日の色に染まっている蜜柑が凡そ五つ六つ、汽車を見送った子供たちの上へばらばらと空から降って来た。私は思わず⑤息を呑んだ。そうして刹那に一切を了解した。小娘は、恐らくはこれから奉公先へ赴こうとしている小娘は、その懐に蔵していた幾顆の蜜柑を窓から投げて、わざわざ踏切りまで見送りに来た弟たちの労に報いたのである。

暮色を帯びた町はずれの踏切りと、小鳥のように声を挙げた三人の子供たちと、そうしてその上に乱落する鮮やかな蜜柑の色と——すべては汽車の窓の外に、瞬く暇もなく通り過ぎた。が、私の心の上には、切ない程はっきりと、この光景が焼きつけられた。そうしてそこから、或得体の知れない朗かな心もちが湧き上って来るのを意識した。私は昂然と頭を挙げて、まるで別人を見るようにあの小娘を注視した。小娘は何時かもう私の前の席に返って、相不変皸だらけの頬を萌黄色の毛糸の襟巻に埋めながら、大きな風呂敷包みを抱えた手に、しっかりと三等切符を握っている。…………

私はこの時始めて、云いようのない（　　X　　）とを、そうして又不可解な、下等な、退屈な人生を僅かに忘れる事が出来たのである。

（芥川龍之介『蜜柑』）

二等客車……客車の種別で、二等と三等では運賃の違っていた。　日和下駄……主に晴天の日に履く下駄。
赤帽……乗客の荷物を運ぶ駅員。　銀杏返し……女性の髪形の一種。　一旒……旗一本のこと。

問一　傍線部ア～エの漢字はひらがなに、カタカナは漢字にそれぞれ直しなさい。

問二　傍線部①「そう云う…倒れて行った」の一文に含まれる表現技法を次から一つ選び、記号で答えなさい。

ア　直喩　　イ　擬人法　　ウ　体言止め　　エ　倒置法

問三　傍線部②「一瞥した」、⑤「息を呑んだ」の意味として適当なものを次からそれぞれ一つずつ選び、記号で答えなさい。

「一瞥した」　ア　ちらりと見た　イ　よく観察した　ウ　見下した　エ　にらみつけた
「息を呑んだ」　ア　魅了された　イ　恐怖した　ウ　悲しんだ　エ　驚いた

問四　傍線部③「すぐに合点の行く事であった」とは対照的な表現を、本文中から十六字で抜き出して答えなさい。（句読点は含まない）

問五　傍線部④「まるでそれが永久に成功しない事でも祈るような冷酷な眼でナガめていた」とあるが、この時の「私」の心情を説明したものとして適当なものを次から一つ選び、記号で答えなさい。

ア　公共の場でのマナーを守れない少女のことを軽蔑している。
イ　景色を見たいのに窓を開けられない少女に同情している。
ウ　落ち着きがない少女が窓から転落することを恐れている。
エ　憂鬱な現実を象徴するかのような少女に嫌悪感を抱いている。

問六　空欄（X）に入る言葉を本文中から五字で抜き出して答えなさい。

問七　本文中の人物描写や情景描写について説明したものとして適当なものを次から一つ選び、記号で答えなさい。

ア　誰もいないプラットフォームに一匹だけ残された犬が、「私」の孤独を慰めてくれている。
イ　少女が三等の切符で二等の車両に乗ってしまったことは、彼女の不幸な人生を暗示している。
ウ　車内に吹き込んでくる煙は、お互いの心情を理解し合えない「私」と少女を象徴している。
エ　少女が投げた蜜柑の鮮やかな色が、「私」に訪れた心境の変化を色彩の上でも表現している。

三

次の古文を読んで、あとの問いに答えなさい。

ものを引き延ばいて、時失ふ者ありけり。人の早苗（さなへ）植うる頃、種はどこしてけり。①葉月の頃、早稲（わせ）の穂の出でたるに、嵐吹きてければ、「花散りぬ。」と嘆くを、②「あまりにもの急ぎし給へばこそあれ。我が稲はこの頃植ゑにしかば、嵐の③わざはひにもあひ侍らず。」と、人に高ぶりけり。人の刈り収むる頃、少しばかり穂の見えたるが、はや霜の置きてければ、みな枯れぬ。「今年はいと④早う霜の置きしなり。」とて、年をのみ罪して、⑤いまだ悟らざりしとなり。

（松平定信『花月草紙』）

種はどこしてけり……種をまいた
もの急ぎし給へこそあれ……物事を急いでなさるからだ
みな枯れぬ……全て枯れてしまった
花散りぬ……花が散ってしまった
高ぶりけり……自慢した
年をのみ罪して……時候だけのせいにして

問一　傍線部①「葉月」とは陰暦何月のことか、漢数字で答えなさい。

問二　傍線部②「あまりにもの急ぎし給へばこそあれ」とあるが、この部分は文中の「こそ」を受けて文末が「あれ」へと変化している。このような法則をなんというか、答えなさい。

問三　傍線部③「わざはひ」、④「早う」の読みを現代仮名遣いのひらがなで答えなさい。

問四　二重傍線部「時失ふ者」の動作として正しいものを次から全て選び、記号で答えなさい。

ア　種ほどこしてけり　　イ　「花散りぬ。」と嘆く
ウ　あまりにもの急ぎし給へ　　エ　人に高ぶりけり

問五　傍線部⑤「いまだ悟らざりしとなり」の意味内容として適当なものを次から一つ選び、記号で答えなさい。

ア　今ではいつ霜が降りるのかわかるようになった。
イ　なぜ自分が失敗したのか理解していなかった。
ウ　自分の稲だけが無事だったことを不思議に思った。
エ　例年より霜が早く降りることを予想できなかった。

問六　この文章の主題として適当なものを次から一つ選び、記号で答えなさい。

ア　何事も早く始めるのが良い。　　イ　ゆっくり始めた方が良いこともある。
ウ　時間を無駄にしてはいけない。　　エ　物事は最適な時期に行うのが良い。

四

次の①～⑤について、作者名・作品名の組み合わせが正しければ○、間違っていれば×で答えなさい。

作者名		作品名
① 中原中也	・	『在りし日の歌』
② 宮沢賢治	・	『銀河鉄道の夜』
③ 樋口一葉	・	『ごんぎつね』
④ 中島敦	・	『走れメロス』
⑤ 夏目漱石	・	『こころ』

2020年度／武蔵越生高等学校（推薦22日）

英語解答

1 (1) ア　(2) ウ　(3) ウ　(4) イ　(5) エ

2 (1) 3番目…エ　5番目…カ
(2) 3番目…オ　5番目…カ
(3) 3番目…イ　5番目…エ

3 問1 エ　問2 ウ

4 問1 イ　問2 ア　問3 ウ　問4 ウ

5 問1 ① seen ④ taken
問2 ウ　問3 ア　問4 イ
問5 ・写真を学ぶために学校に行くこと。
・多くの国で美しい景色の写真を撮ること。
問6 A…カ　B…エ　C…ウ　D…ア　E…イ　F…オ

6 (1) will be〔become〕
(2) Please tell me who will come〔is coming〕 to the party.

1〔適語(句)選択・語形変化〕

(1)A：夏は水泳に最適な季節だね。／B：それに，山でのハイキングにも良い季節だよね？／／season「季節」と言っているので，Summer「夏」が適切。

(2)コウジが会いに来たときにしていた内容が入るので，過去進行形‘was/were＋～ing’の文にする。主語のMy grandfather and Iは複数なので，be動詞はwere。「コウジが私に会いに来たとき，祖父と私は将棋をしていた」

(3)A：ニュージーランドで話されている言葉は何ですか？／B：英語です。／／直前のlanguage「言葉」をspeakの過去分詞spokenが後ろから修飾する形にする。

(4)‘between ～ and …’で「～と…の間に」。「タクヤとメアリーの間に座っている少年はトミーだ」

(5)‘too ～ to …’で「～すぎて…できない」。stay up late「夜ふかしする」「私はあまりにも疲れていて，昨夜は遅くまで起きていられなかった」

2〔整序結合〕

(1)「～しなくてもいいですよ」はdo not have to ～「～する必要がない」で表せる。「学校に行く」はgo to schoolとまとめてtoの後に置く。 You do not have to go to school tomorrow.

(2)文頭にWas，語群にはby，takenがあるので，「この写真はあなたのお父さんによって撮られたのですか」と読み換えて，受け身形の疑問文‘Be動詞＋主語＋過去分詞＋by ～?’の形にする。 Was this picture taken by your father?

(3)「～と聞いてうれしいです」はI'm glad to hear that ～で表せる(このto hearは‘感情の原因’を表すto不定詞の副詞的用法)。「退院した」はleft the hospitalで表せるので，thatの後にTomoko leftを置く。 leave－left－left I'm glad to hear that Tomoko left the hospital three days ago.

3〔英問英答―広告を見て答える問題〕

≪全訳≫T'sジャズカフェは10月11日から10月25日までの2週間は閉店いたします。／閉店中に，次のことを実施します。／★ホールの壁を塗装します／★食事エリアを広げます／★カフェの庭用に新しいテーブルと椅子を購入します／新装開店祝い／10月26日月曜日に営業を再開します。当日ご来店いただいた方には，コーヒーを１杯無料で差し上げます。／さらに広くなり，改善されたT's ジャズカフェをお楽しみください！／★開店後は，サラダとデザートの種類が増えた新メニューになります。／★毎週土曜日と日曜日は，午後５時から午後８時までジャズコンサートを開催します。T's ジャズカフェでご友人とディナーをお楽しみください！

問１.「再びカフェで食事をすることができるのはいつか」―エ.「10月26日から」　「新装開店祝い」の見出しの下に，「10月26日月曜日に営業を再開します」とある。

問２.「カフェの開店後，人々は週末のディナータイムに何をすることができるか」―ウ.「音楽を聴いて楽しむ」　広告の一番下の★印参照。毎週末にジャズコンサートが開催される。

4〔長文読解総合―対話文〕

≪全訳≫❶トム(T)：ケイスケ，これが「ユニオンスクエア」で，僕らの大学で一番人気がある場所だよ。❷ケイスケ(K)：わあ，美しい建物だね！　よくここに来るの，トム？❸T：①うん，しょっちゅう。ほとんど毎日ここで友達と昼食を食べるよ。ここには軽食店が２つあるんだ。「クラウンカフェ」は午前10時から午後３時まで開いていて，最高のホットドッグを売ってるよ。「オレンジガーデン」は午後１時から午後６時まで開いていて，おいしいハンバーガーが食べられるんだ。❹K：いいね！　ねえ，あの広い部屋は何？　テーブルと椅子がたくさんあるよ。❺T：あれはラウンジだよ。くつろいだり，読書をしたり，友達に会ったり，勉強したりするのに良い場所なんだ。そこでは週に３回，ランチタイムにジャズコンサートもあるよ。❻K：今までにそのコンサートで演奏したことはある？❼T：一度もないよ。でも，誰でも受け入れてくれるから，コンサートに参加して演奏することができるよ。ときどき町の人たちが大学に来て僕らに加わってるんだ。一緒に音楽を楽しんでるよ。❽K：それはすばらしいね！　いつかコンサートに参加して，トランペットを演奏したいな。②ところで，ちょっとおなかがすいたな。今，何か食べられる？❾T：もちろん。軽食店へ行こう。何が食べたい？❿K：ホットドッグが欲しいな！⓫T：わかった。あっ，ごめん，もう③4時だ。「クラウンカフェ」はすでに閉まっている。でも，もう一方の店はまだ開いているよ。ハンバーガーを食べてみよう。⓬K：いいね！　行こう！

問１＜適文選択＞「よくここに来るの，トム？」というケイスケの質問に対する返答。直後で，「ほとんど毎日ここで友達と昼食を食べる」と言っているので，Yes, very often.「うん，しょっちゅう」が適切。

問２＜適語句選択＞空所の前後で話題が変わっているので，By the way「ところで」が適切。　for that reason「そういうわけで」　for example「例えば」

問３＜適語選択＞直後で，「『クラウンカフェ』はすでに閉まっている」と言っている。第３段落のトムの発言より「クラウンカフェ」は午前10時から午後３時まで開いていることがわかるので，今は閉店している時間のfour o'clock「４時」である。

問４＜内容真偽＞ア.「ラウンジでは，本を読むことはできるが音楽を楽しむことはできない」…×　第５段落参照。ラウンジでは週に３回，ランチタイムにジャズコンサートがある。　イ.「大学生のみジャズコンサートに参加することができる」…×　第７段落参照。ジャズコンサートには誰でも参加できる。　　ウ．「ケイスケとトムは『オレンジガーデン』に行ってハンバーガーを食べるだろう」…○　第３，11，12段落の内容に一致する。

5 〔長文読解総合―物語〕

≪全訳≫❶マリコは15歳だった。新任の英語教師のブラウン先生は，彼女のクラスへ来て彼の母国について話した。彼はイングランドの出身で，湖水地方の写真をたくさん生徒に見せてくれた。マリコはこれらの美しい景色の写真に感動した。彼女は「私はこんなに美しい景色を見たことがありません」と言った。彼は「これはイングランドで最も美しい場所の１つだと思います。これらの写真が好きですか？」と言った。「はい！」とマリコは言った。❷ある日，ブラウン先生は授業後にマリコに話しかけた。「マリコ，あなたにいい知らせがあります。カーター氏の写真展がもうすぐ始まるんです」②「カーター氏とは誰ですか？」とマリコは尋ねた。彼は「カーター氏は写真家です。湖水地方の写真を覚えていますか？」と答えた。「はい，もちろん」とマリコは言った。彼は「よかった。彼はそれらの写真を撮った人で，あなたはこの展覧会でその写真を見ることができますよ」と言った。「本当ですか？　もう一度見たいです」と彼女は言った。❸次の日曜日に，マリコは母親と写真展を訪れた。マリコはそこで美しい景色の写真をたくさん見た。彼女が湖水地方の写真を見ていたときに，１人の男性が彼女に近寄って来て「こんにちは，これらの写真が好きですか？」と言った。「はい。湖水地方はとても美しいです。いつかそこを訪れたいです」　男性はほほ笑んで「ありがとうございます。私はジョン・カーターです。私の展覧会へようこそ」と言った。彼女は驚いて「カーターさん！　私はあなたの写真が大好きです」と言った。彼は「私の写真があなたに夢を与えてとてもうれしいです」と言った。「夢？」と彼女は尋ねた。「はい。写真は人々に夢を与えることができます。私の写真はあなたに夢を与えたと思います。それは湖水地方を訪れることです」と彼は言った。彼女は「ああ，そうですね」と言った。彼は「若かった頃，私は美しい景色の写真に感動しました。日本で撮られたものでした。それらの写真が私に写真家になる夢を与えてくれたのです」と言った。「本当ですか？」「はい。私は写真の中の場所を訪れたいと思いました。数年後，私は日本へ来て写真を撮り始めました」「それらの写真はあなたの人生を変えましたか？」と彼女は尋ねた。彼は「はい。すばらしい写真との出会いは人々の人生を変えることができます」と答えた。彼女は感動した。❹(15年後)❺今日はイングランドでのマリコの写真展の初日だ。現在，彼女は写真家である。カーター氏と彼の写真との出会いが彼女の人生を変えた。その出会いは彼女に新たな夢を与えた。その夢とは写真家になることだった。彼女は写真について学ぶために学校に通った。また，彼女は多くの国で美しい景色の写真を撮った。❻展覧会で，彼女は美しい日本の景色の写真を見ている少年を見かけた。マリコは15年前に訪れたカーター氏の写真展を思い出した。マリコは彼に「こんにちは，これらの写真が好きですか？」と言った。

問１＜語形変化＞①下線部の前に have never があるので，‘have/has＋過去分詞’の現在完了の文にする。　see－saw－seen　　④主語の They は前文の pictures of beautiful scenery を指すので，下線部を含む文は「美しい景色の写真は日本で撮られた」という意味になると判断できる。よって，‘be動詞＋過去分詞’の受け身形にする。　take－took－taken

問２＜適文選択＞直後でブラウン先生が「カーター氏は写真家です」とカーター氏について説明しているので，マリコはカーター氏が誰なのか尋ねたとわかる。

問３＜要旨把握＞第２段落参照。ブラウン先生にカーター氏の展示会があると聞いたマリコは，もう一度カーター氏の撮った湖水地方の写真が見たいと言っている。同段落最終文の them はその前にある those pictures を受け，この those pictures はその3文前の the pictures of the Lake District を受けている。

問4＜文脈把握＞突然話しかけられた男性に「私はジョン・カーターです」と挨拶された後，マリコは驚いている。話しかけてきた人がカーター氏だったからマリコは驚いたのである。

問5＜要旨把握＞下線部は「それは彼女に新たな夢を与えた」という意味で，主語の It は前の文の The encounter with Mr. Carter and his pictures「カーター氏と彼の写真との出会い」を受けている。直後に，その夢とは写真家になることだったとあり，続く2文にその夢を実現するために彼女が具体的にしたことが書かれている。

問6＜要約文完成＞≪全訳≫ブラウン先生は授業で美しい景色の写真をたくさん見せた。マリコはそれらがとても気に入った。カーター氏がそれらの写真を撮っていた。マリコは写真展$_{\text{A}}$を訪れてそこでカーター氏に会った。カーター氏が若かった頃，彼は美しい$_{\text{B}}$日本の景色の写真を見た。彼はそれらに感動した。それらの写真は彼に夢$_{\text{C}}$を与えた。マリコの人生はカーター氏と彼の写真と出会った$_{\text{D}}$後で変わった。彼女は写真家$_{\text{E}}$になった。イングランドでの彼女の写真展で，彼女は少年に$_{\text{F}}$話しかけた。

A．第3段落第1文参照。　B．第3段落最後から11，10文目参照。　C．第3段落最後から9文目参照。　D．第5段落第3文参照。　E．第5段落第2文参照。　F．最終段落最終文参照。

6〔和文英訳〕

(1)「～になります」は未来の文なので，will ～ で表せる。「～になる」は be動詞または become で表すので，will の後に be動詞の原形 be または become を続ける。

(2)「教えてください」は「私に教えてください」ということなので，Please tell me で表せる。「誰がパーティーに来るか」は間接疑問で表すが，疑問詞 who が主語になるので‘疑問詞＋動詞...’の語順になることに注意する。未来のことなので will を使って who will come to the party と表せる。あるいは‘近い未来の予定’を表す現在進行形を使って，who is coming to the party と表すこともできる。

数学解答

1 (1) 2　(2) -13　(3) $\frac{2}{5}$
(4) $5a$　(5) $-ab^8$　(6) $\frac{17x-y}{12}$
(7) $8a^2+18b^2$　(8) $-1+\sqrt{7}$

2 (1) $2(x+3)(x+5)$　(2) $105°$
(3) 84cm^2　(4) $\frac{1}{9}$　(5) 2

3 (1) $x=-\frac{7}{2}$　(2) $x=-10,\ y=15$
(3) $x=-2,\ 10$

4 (1) 8　(2) 12分間　(3) 15cm

5 (1) (3, 3)　(2) 1：27
(3) (3, 0)

6 (1) 2π cm　(2) 4秒後
(3) $\frac{19}{6}\pi-2\sqrt{3}-2\text{cm}^2$

1 〔独立小問集合題〕

(1)＜数の計算＞$1-4+5=2$

(2)＜数の計算＞$-3^2=-3\times3=-9$，$(-2)^2=(-2)\times(-2)=4$ より，与式$=-9-4=-13$ となる。

(3)＜数の計算＞与式$=\frac{1}{25}\div\frac{2}{5}\times4=\frac{1}{25}\times\frac{5}{2}\times4=\frac{1\times5\times4}{25\times2}=\frac{2}{5}$

(4)＜式の計算＞与式$=6a-2b-a+2b=5a$

(5)＜式の計算＞$(-ab^2)^3=(-ab^2)\times(-ab^2)\times(-ab^2)=-a^3b^6$ より，与式$=a^3b^4\times(-a^3b^6)\div a^5b^2=-\frac{a^3b^4\times a^3b^6}{a^5b^2}=-ab^8$ となる。

(6)＜式の計算＞与式$=\frac{4(2x-y)+3(3x+y)}{12}=\frac{8x-4y+9x+3y}{12}=\frac{17x-y}{12}$

(7)＜式の計算＞与式$=(2a)^2+2\times2a\times3b+(3b)^2+(2a)^2-2\times2a\times3b+(3b)^2=4a^2+12ab+9b^2+4a^2-12ab+9b^2=8a^2+18b^2$

(8)＜平方根の計算＞与式$=2\sqrt{7}\times3+2\sqrt{7}\times\sqrt{7}-5\times3-5\times\sqrt{7}=6\sqrt{7}+2\times7-15-5\sqrt{7}=6\sqrt{7}+14-15-5\sqrt{7}=-1+\sqrt{7}$

2 〔独立小問集合題〕

(1)＜因数分解＞与式$=2(x^2+8x+15)=2(x+3)(x+5)$

(2)＜図形―角度＞右図1のように，円Oの円周上の4点をA，B，C，Dとする。$\overset{\frown}{BD}$ に対する円周角と中心角の関係より，$\angle BOD=2\angle BCD=2\times75°=150°$ となるので，点Cを含む $\overset{\frown}{BD}$ に対する中心角は，$360°-\angle BOD=360°-150°=210°$ となる。よって，点Cを含む $\overset{\frown}{BD}$ に対する円周角と中心角の関係より，$\angle x=\frac{1}{2}\times210°=105°$ である。

図1
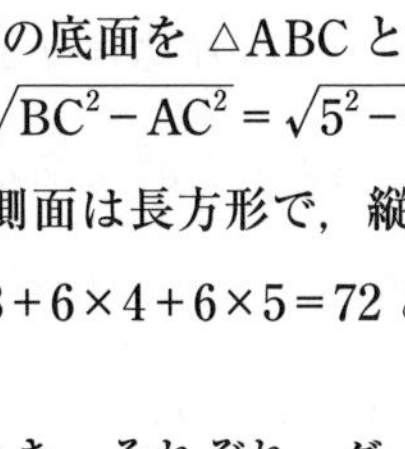

図2
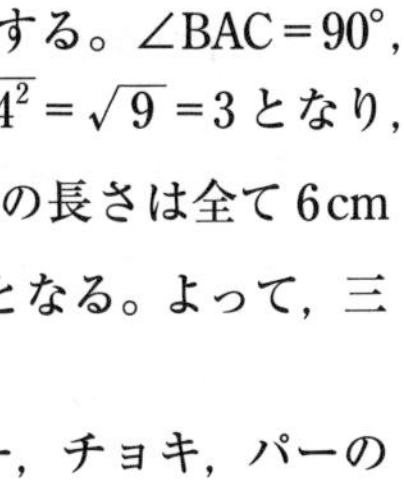

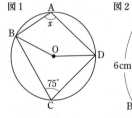

(3)＜図形―表面積―三平方の定理＞右上図2のように，三角柱の底面を△ABCとする。$\angle BAC=90°$，$AC=4$，$BC=5$ だから，△ABCで三平方の定理より，$AB=\sqrt{BC^2-AC^2}=\sqrt{5^2-4^2}=\sqrt{9}=3$ となり，$\triangle ABC=\frac{1}{2}\times AB\times AC=\frac{1}{2}\times3\times4=6$ である。また，3つの側面は長方形で，縦の長さは全て6cmである。横の長さは3cm，4cm，5cmなので，側面積は$6\times3+6\times4+6\times5=72$ となる。よって，三角柱の表面積は，$6\times2+72=84(\text{cm}^2)$ となる。

(4)＜確率―じゃんけん＞A，B，Cの3人がじゃんけんをするとき，それぞれ，グー，チョキ，パーの3通りの手の出し方があるので，3人の手の出し方は全部で$3\times3\times3=27$(通り)ある。このうち，AとBだけが勝つのは，(A，B，C)＝(グー，グー，チョキ)，(チョキ，チョキ，パー)，(パー，パー，グー)の3通りある。よって，AとBだけが勝つ確率は$\frac{3}{27}=\frac{1}{9}$である。

(5)<式の値>与式$=(1+\sqrt{3})^2-2(1+\sqrt{3})=1+2\sqrt{3}+3-2-2\sqrt{3}=2$

3〔独立小問集合題〕

(1)<一次方程式>$4x+5=2x-2$，$4x-2x=-2-5$，$2x=-7$　$\therefore x=-\frac{7}{2}$

(2)<連立方程式>$3x+4y=30$……①，$y=-x+5$……②とする。②を①に代入して，$3x+4(-x+5)=30$，$3x-4x+20=30$，$-x=10$　$\therefore x=-10$　これを②に代入して，$y=-(-10)+5$　$\therefore y=15$

(3)<二次方程式>$x^2+8x+16-2x^2+2=-2$，$-x^2+8x+20=0$，$x^2-8x-20=0$，$(x+2)(x-10)=0$　$\therefore x=-2$，10

4〔独立小問集合題〕

(1)<二次方程式の応用>連続する5つの自然数の真ん中の数をxとすると，連続する5つの自然数は，小さい順に$x-2$，$x-1$，x，$x+1$，$x+2$と表せる。5つの自然数の平方(2乗)の和が510になるので，$(x-2)^2+(x-1)^2+x^2+(x+1)^2+(x+2)^2=510$が成り立つ。これを解くと，$x^2-4x+4+x^2-2x+1+x^2+x^2+2x+1+x^2+4x+4=510$，$5x^2+10=510$，$5x^2=500$，$x^2=100$，$x=\pm10$となり，$x$は自然数なので，$x=10$である。このとき，最小の数は，$x-2=10-2=8$となり，自然数なので適している。

(2)<一次方程式の応用>走った時間をx分とすると，家から図書館まで17分かかっているので，歩いた時間は，$17-x$分となる。歩く速さは毎分80mなので，歩いた道のりは$80(17-x)=1360-80x$(m)と表せ，走る速さは毎分200mなので，走った道のりは$200x$mと表せる。家から図書館までの道のりは2.8km，つまり2800mなので，歩いた道のりと走った道のりの和が2800mより，$1360-80x+200x=2800$が成り立ち，$120x=1440$，$x=12$(分)間となる。

(3)<二次方程式の応用>周の長さが64cmの長方形なので，縦と横の辺の長さの和は$64\div2=32$(cm)となる。縦と横の辺の長さのうち，一方の辺の長さを$x$cmとすると，もう一方の辺の長さは$32-x$cmなので，長方形の面積が255cm^2になることより，$x(32-x)=255$が成り立つ。これを解くと，$32x-x^2=255$，$x^2-32x+255=0$，$(x-15)(x-17)=0$より，$x=15$，17となる。$x=15$のとき，もう一方の辺の長さは$32-x=32-15=17$(cm)となり，$x=17$のとき，もう一方の辺の長さは$32-17=15$(cm)となる。よって，短い方の辺の長さは15cmである。

5〔関数―関数$y=ax^2$と直線〕

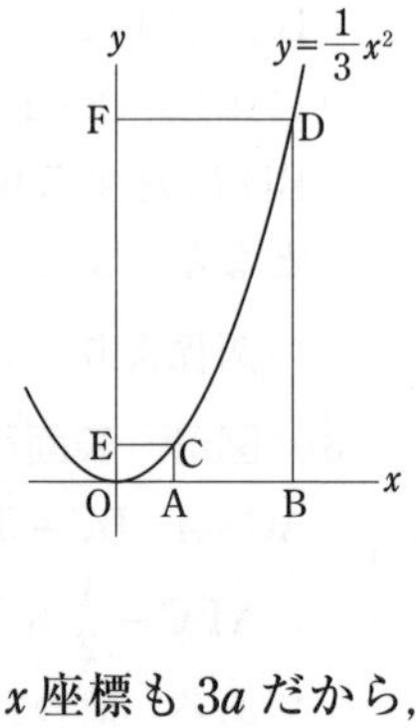

(1)<座標>右図で，点Aのx座標が1のとき，OA$=1$だから，OB$=3$OA$=3\times1=3$となり，点Bのx座標は3となる。BDはy軸に平行なので，点Dのx座標は3となる。点Dは放物線$y=\frac{1}{3}x^2$上の点なので，$y=\frac{1}{3}\times3^2=3$より，D(3, 3)となる。

(2)<面積比>右図で，点Aのx座標をaとおくと，OA$=a$となる。ACはy軸に平行だから，点Cのx座標はaとなる。点Cは放物線$y=\frac{1}{3}x^2$上の点なので，$y=\frac{1}{3}a^2$となり，AC$=\frac{1}{3}a^2$である。よって，〔長方形OACE〕$=$OA$\times$AC$=a\times\frac{1}{3}a^2=\frac{1}{3}a^3$となる。一方，OB$=3a$である。点Bの$x$座標が$3a$より，点Dの$x$座標も$3a$だから，$y=\frac{1}{3}\times(3a)^2=3a^2$となり，BD$=3a^2$である。よって，〔長方形OBDF〕$=OB\times$BD$=3a\times3a^2=9a^3$となる。したがって，〔長方形OACE〕：〔長方形OBDF〕$=\frac{1}{3}a^3:9a^3=1:27$となる。

(3)<座標>右上図で，(2)と同様に点Aのx座標をaとおくと，OA$=a$，AC$=\frac{1}{3}a^2$だから，長方形

OACE の周の長さは，$2(\mathrm{OA}+\mathrm{AC})=2\left(a+\frac{1}{3}a^2\right)=2a+\frac{2}{3}a^2$ と表せる。また，$\mathrm{OE}=\mathrm{AC}=\frac{1}{3}a^2$，$\mathrm{OF}=\mathrm{BD}=3a^2$ だから，$\mathrm{EF}=\mathrm{OF}-\mathrm{OE}=3a^2-\frac{1}{3}a^2=\frac{8}{3}a^2$ となる。よって，線分 EF の長さが長方形 OACE の周の長さの 2 倍より，$\frac{8}{3}a^2=\left(2a+\frac{2}{3}a^2\right)\times 2$ が成り立つ。これを解くと，$\frac{8}{3}a^2=4a+\frac{4}{3}a^2$，$a^2-3a=0$，$a(a-3)=0$ より，$a=0$，3 となり，点 A の x 座標は正なので，$a=3$ である。これより，A(3，0) となる。

6〔平面図形―円〕

(1)＜長さ＞円 C_1 は直径が 8cm なので，周の長さは 8π cm となる。円 C_3 は，円 C_1 の内側を 8 秒で 1 周するので，$\frac{2}{8}=\frac{1}{4}$ より，2 秒で $\frac{1}{4}$ 周する。よって，円 C_3 は 2 秒間で円 C_1 の周上を $8\pi\times\frac{1}{4}=2\pi$(cm) 進む。

(2)＜時間＞円 C_2 は，円 C_1 の内側を 4 秒で 1 周するので，1 秒で $\frac{1}{4}$ 周する。円 C_3 は，8 秒で 1 周するので，1 秒で $\frac{1}{8}$ 周する。円 C_2 と円 C_3 は，円 C_1 の周上で $\frac{1}{2}$ 周分離れているから，円 C_2 が初めて円 C_3 の内側に完全に入るとき，円 C_2 は，円 C_3 より，円 C_1 の周上で $\frac{1}{2}$ 周分多く転がる。転がり始めてから x 秒後に，円 C_2 が円 C_3 の内側に完全に入るとすると，$\frac{1}{4}x=\frac{1}{8}x+\frac{1}{2}$ が成り立つ。これより，$\frac{1}{8}x=\frac{1}{2}$，$x=4$(秒) 後となる。

(3)＜面積＞$10\div 4=\frac{5}{2}=2+\frac{1}{2}$，$10\div 8=\frac{5}{4}=1+\frac{1}{4}$ より，右図で，円 C_2 は，円 C_1 の周上を $\frac{1}{2}$ 周分転がった位置にあるので，点 B で円 C_1 と接し，円 C_3 は，$\frac{1}{4}$ 周分転がった位置にあるので，円 C_1 と円 C_3 の接点を P とすると，$\angle\mathrm{BOP}=360^\circ\times\frac{1}{4}=90^\circ$ となる。右図のように，点 F を定め，円 C_3 の中心を O′ とし，点 O と点 F，点 O′ と 3 点 O，E，P をそれぞれ結ぶ。$\mathrm{OF}=\mathrm{OB}=\frac{1}{2}\mathrm{AB}=\frac{1}{2}\times 8=4$，$\mathrm{DB}=2$ より，$\mathrm{OD}=\mathrm{OB}-\mathrm{DB}=4-2=2$ である。$\angle\mathrm{ODF}=90^\circ$ だから，△ODF において三平方の定理より，$\mathrm{DF}=\sqrt{\mathrm{OF}^2-\mathrm{OD}^2}=\sqrt{4^2-2^2}=\sqrt{12}=2\sqrt{3}$ となり，△ODF の 3 辺の比は，$\mathrm{OD}:\mathrm{OF}:\mathrm{DF}=2:4:2\sqrt{3}=1:2:\sqrt{3}$ となる。これより，$\angle\mathrm{FOD}=60^\circ$ となり，円 C_2 の半径は $2\times\frac{1}{2}=1$ だから，線分 DF，$\overset{\frown}{\mathrm{BD}}$，$\overset{\frown}{\mathrm{BF}}$ で囲まれた斜線部分の面積は，おうぎ形 OBF の面積から，△ODF，線分 BD を直径とする半円の面積をひいて，$\pi\times 4^2\times\frac{60^\circ}{360^\circ}-\frac{1}{2}\times 2\times 2\sqrt{3}-\pi\times 1^2\times\frac{1}{2}=\frac{13}{6}\pi-2\sqrt{3}$ となる。次に，$\mathrm{OP}=\mathrm{OB}=4$ より，OP の長さは円 C_3 の直径と等しいから，$\angle\mathrm{BOP}=90^\circ$ より，円 C_3 は点 O で AB に接する。また，点 O′ は OP 上の点となる。$\angle\mathrm{O'OD}=\angle\mathrm{O'ED}=\angle\mathrm{ODE}=90^\circ$ より，$\angle\mathrm{OO'E}=90^\circ$ であり，$\mathrm{O'E}=\mathrm{O'O}=\frac{1}{2}\mathrm{OP}=\frac{1}{2}\times 4=2$ だから，線分 OE と $\overset{\frown}{\mathrm{OE}}$ で囲まれた斜線部分の面積は，〔おうぎ形 O′OE〕$-$△O′OE$=\pi\times 2^2\times\frac{90^\circ}{360^\circ}-\frac{1}{2}\times 2\times 2=\pi-2$ となる。以上より，求める斜線部分の面積は，$\frac{13}{6}\pi-2\sqrt{3}+\pi-2=\frac{19}{6}\pi-2\sqrt{3}-2$(cm^2) となる。

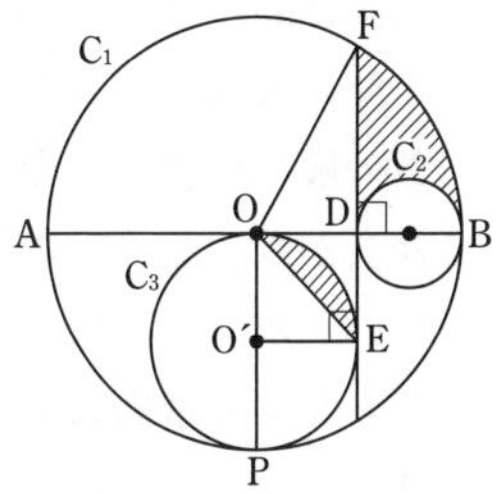

国語解答

一 問一 ア 権威 イ 付着 ウ こよう
エ ゆえ オ 肯定
問二 A…イ C…オ D…ア
問三 ウ 問四 ウ
問五 ・定着が尊重される
・同じ所にいられなくなった流れもの
問六 エ 問七 ウ

二 問一 ア すみ イ 不潔 ウ 眺
エ あお
問二 イ 問三 ②…ア ⑤…エ
問四 その理由が私には呑みこめなかった
問五 エ 問六 疲労と倦怠
問七 エ

三 問一 八[月]
問二 係(り)結び(の法則)
問三 ③ わざわい ④ はよう
問四 ア，エ 問五 イ 問六 エ

四 ① ○ ② ○ ③ × ④ ×
⑤ ○

一〔論説文の読解―芸術・文学・言語学的分野―言語〕出典；外山滋比古『ことわざの論理』「転石，苔（こけ）を生ぜず」。

≪本文の概要≫「転石，苔を生ぜず」と日本語訳された英語のことわざは，イギリスではもともと住まいや職業を転々とするような人間は成功できない，という意味だったが，アメリカ人は，優秀な人間は動き回るからコケもつかない，という逆の意味でとらえた。日本人もこのことわざの意味を，年配の人はもとの意味にとらえているが，若い人はアメリカ人と同じように考えている。このことわざの解釈が変化した背景には，戦前の日本が農村型の社会で定着が尊重されていたのに対し，戦後，社会が変化し人口の流動が激しくなったことがある。昔から日本人はコケを美しいと思う感覚を持っていたが，今では汚いと思う若い人も多いということも，解釈の変化に影響している。このように，ことわざの解釈は一人ひとりの考えや価値観によって決まり，ことわざの解釈を吟味すると，ふだんは自覚していないものの見方が明らかになる。

問一＜漢字＞ア．「権威」は，ある分野において優れており信頼されていること。　イ．「付着」は，ものが他のものにくっついて離れないこと。　ウ．「雇用」は，人を雇い入れること。　エ．音読みは「故意」などの「コ」。　オ．「肯定」は，そのとおりだと認めること。

問二＜接続語＞A．アメリカ人が，「転石，苔を生ぜず」を本来の意味と逆の意味にとっている，ということは，優秀な人間は動き回るからコケもつかない，という意味で使っている，ということである。　C．アメリカは乾燥している土地なのでコケが育ちにくく，美しくなく，美しくないどころか，どちらかというと不潔とさえ思われているかもしれないのである。　D．日本はもともとコケを大切にする社会だったが，最近は日本でもアメリカ的感覚を持つ若い人が増え，コケを汚いと思うようになった。

問三＜文章内容＞「転石，苔を生ぜず」の本来の意味は，「住まいや職業を転々とするような人間に金はたまらない」だったが，恋愛にも類似した点が見られることから，「相手を次々とり替えているような人間の恋愛は，いつまでたっても実を結ばない」と，別の状況に応用されているのである。

問四＜表現＞「転石，苔を生ぜず」の本来の意味は，「住まいや職業を転々とするような人間に金はたまらない」だったが，アメリカ人は，全く逆にとらえ，優秀な人はコケがつく暇もなく動き回っている，という意味だと考えた。「流れる水は腐らず」は，流れが新しい水を運んでくるように，常に活動していれば沈滞したり腐ったりしない，という意味。「災い転じて福となす」は，災難や失敗があってもそれを利用して，逆に自分に有利になるようにする，という意味。「柔よく剛を制す」は，柔らかく弱いものが，硬く強いものに勝つ，という意味。「石の上にも三年」は，冷たい石でも長い時間座り続ければ暖まってくるように，つらくても我慢して続ければ必ず成功する，という意味。

問五＜文章内容＞戦前の日本は農村型の社会で，人は家や土地から離れては生きていけないため，「定着が尊重され」ていた。定着が尊重される社会では，あちこちと動き回り一か所にとどまらないような人は，流れものと呼ばれ，信用されなかったのである。

問六＜文章内容＞アメリカ人が自分たちの都合に合わせてことわざの新しい解釈をつくったように，日本人も自分だけで新しい解釈を発明することができるのである。「自主独立」は，他人からの援助なしに自分の力だけで物事を進めていくこと。「玉石混交」は，良いものと悪いものが混ざっていること。「一進一退」は，状態が良くなったり悪くなったりすること。「傍若無人」は，周りに人がいないかのように自分勝手に振る舞うこと。

問七＜要旨＞もともと，住まいや職業を転々とするような人間には金がたまらない，という意味だったイギリスのことわざを，アメリカ人は，優秀な人間は一か所にとどまらず次々と職を変えていく，という逆の意味にとらえた(ア・イ…×)。日本も戦前は定着社会であったため，「転石，苔を生ぜず」を本来の意味で解釈していたが，戦後の社会の変化に伴い職業や住まいを変えることが多くなったことから，自分たちの都合のいいようにことわざの解釈を変えたのである(ウ…○)。また，日本には昔からコケを美しいと思う感覚があったが，戦後はアメリカ的感覚から，コケを汚いものと思う若い人が増えてきている(エ…×)。

二 〔小説の読解〕出典；芥川龍之介『蜜柑』。

問一＜漢字＞ア．音読みは「一隅」などの「グウ」。　イ．「不潔」は，きたなくて，よごれていること。　ウ．音読みは「眺望」などの「チョウ」。　エ．音読みは「仰天」などの「ギョウ」と「信仰」などの「コウ」。

問二＜表現技法＞汽車が動き出すと，プラットフォームにあったもの「すべて」が「未練がましく後ろへ倒れて行った」というように，人間以外のものを人間に見立てて表現する技法を擬人法という。

問三②＜語句＞「一瞥」は，ちょっとだけ見ること。　⑤＜慣用句＞「息を吞む」は，恐れや驚きなどで一瞬息を止める，という意味。

問四＜表現＞「合点がいく」は，物事を理解すること。山の斜面が近くに迫ってくるのが窓から見えたので，「私」には汽車がトンネルにさしかかろうとしていることがすぐに理解できたのである。一方，トンネル内で窓を開けたままにしていると汽車の煙が車内に入り込むため，通常は窓を閉めておくものだが，小娘は，閉めてある窓の戸を下ろして開けようとしていた。小娘がそうする理由が「私」には理解できなかったのである。「吞みこめない」は，理解できない，という意味。

問五＜心情＞客車を間違えて乗り込みいつの間にか向かいに座った小娘は，「私」の気分をふさぎ込ませる存在であった。「私」は小娘の容姿や振る舞いが「腹立たし」く「存在を忘れたいと云う心もち」にさえなった。さらに，トンネルが近づいてくるのに「わざわざしめてある窓の戸を下そうと」したため，「私」は，小娘に対する怒りと嫌悪感でとげとげしい気持ちになっていたのである。

問六＜文章内容＞理解できなかった小娘の行動が，弟たちに蜜柑(みかん)をあげるためだったことがわかり，「私」は，小娘と弟たちが互いを思う姿に対して朗らかな気持ちを抱いた。乗車してからずっと「云いようのない疲労と倦怠」を感じていた「私」だったが，心が温まる光景に出会い，一瞬でも，

「不可解な，下等な，退屈な人生」を忘れることができたのである。

問七＜表現＞ア．「私」は「云いようのない疲労と倦怠」を感じており，プラットフォームで小犬が一匹で悲しそうにほえているのが，「私の心もちと，不思議な位似つかわしい景色」に見えた(…×)。　イ．小娘が三等客車の切符を持ちながら二等客車の席に座ったのは，弟たちに窓から蜜柑を投げることしか考えていなかったからである(…×)。　ウ．小娘が汽車の外の弟たちに別れの挨拶をし蜜柑を投げてあげたのを見て，「私」はなぜ小娘が懸命に窓の戸を下ろそうとしたのかを理解し，小娘が「愚鈍」でもなければ「気まぐれ」なことをしていたわけでもないことがわかった(…×)。　エ．「疲労と倦怠」を感じていた「私」の心は，曇天や「陰惨たる風物と同じような色の着物」で表現されていた。その後，小娘の心情が理解できたことにより，「私」が「朗かな心もちが湧き上って来るのを意識した」ことが，「鮮やか」で「心を躍らすばかり暖かな日の色に染まっている」蜜柑の色で表現されている(…○)。

三〔古文の読解―随筆〕出典；松平定信『花月草紙』四の巻，八五。

≪現代語訳≫物事を先送りして，好機を失う者がいた。人が稲の苗を植える頃に，(その人は)種をまいた。(旧暦の)八月頃，開花の早い種の稲の穂が出たところに，嵐が吹いたので，(人が)「(稲の)花が散ってしまった」と嘆くのを，(その人は)「あまりに物事を急いでなさるからだ。私の稲は最近植えたので，嵐の被害にも遭いません」と，人に自慢した。人が(稲を)刈り入れる頃，(その人の稲は)少しばかり穂が出てきたが，早くも霜が降りたので，全て枯れてしまった。(その人は)「今年は大変早く霜が降りたものだ」と言って，時候だけのせいにして，(自分が失敗した理由を)いまだに悟っていなかったということである。

問一＜古典の知識＞「葉月」は，旧暦の八月で，現在の暦では八月下旬から十月初旬にあたる。

問二＜古典文法＞係助詞「こそ」が用いられたときは已然形で結び，「ぞ」「なむ」「や」「か」が用いられたときは連体形で結ぶというのが，係り結びの法則。「こそあれ」の「あれ」は，動詞「あり」の已然形。

問三＜歴史的仮名遣い＞③歴史的仮名遣いのハ行は，語頭以外では，現代仮名遣いでは原則として「わいうえお」になる。　④歴史的仮名遣いの「au」は，現代仮名遣いでは「ou」になる。

問四＜古文の内容理解＞「時失ふ者」は，他の人が稲の苗を植える時期に稲の種をまき，他の人が嵐のため稲の「花が散ってしまった」と嘆いたときには，自分は遅く種をまいたので被害に遭わないと自慢した。

問五＜古文の内容理解＞「時失ふ者」は，種をまくのを先送りしたために，稲穂が実る前に霜が降りて稲を枯らしてしまった。しかし，稲が枯れた理由を天候不順のせいにするばかりで，自分が物事を最適な時期に行わなかったから失敗した，ということに気づくことはなかったのである。

問六＜古文の内容理解＞物事にはそれをするのに最適な時期があるにもかかわらず，「時失ふ者」は先送りして好機を逃してしまった。また，最適な時期に行わなかったから失敗したということに気づかず，自然のせいにして反省しなかったのである。

四〔文学史〕

①『在りし日の歌』は，昭和13(1938)年に発表された中原中也の詩集。　②『銀河鉄道の夜』は，昭和9(1934)年に発表された宮沢賢治の童話。　③『ごんぎつね』は，昭和7(1932)年に発表された新見南吉の童話。　④『走れメロス』は，昭和15(1940)年に発表された太宰治の小説。　⑤『こころ』は，大正3(1914)年に発表された夏目漱石の小説。

2025年度用

高校スーパー過去問

■編集人 声の教育社・編集部

■発行所 株式会社 声の教育社

〒162-0814 東京都新宿区新小川町8-15

☎03-5261-5061㈹ FAX03-5261-5062

https://www.koenokyoikusha.co.jp

カコを追いかけ
ミライをつかめ

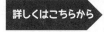

武蔵越生高等学校

別冊解答用紙

丁寧に抜きとって、別冊としてご使用ください。

注意

○ 解答用紙は、収録の都合により縮小したものや、小社独自に作成したものもあります。
○ 学校配点は学校発表のもの、推定配点は小社で作成したものです。
○ 無断転載を禁じます。
○ 解答用紙を拡大コピーする場合、表示した拡大率に対応する用紙サイズは以下のとおりです。
101%～102%＝B5　103%～118%＝A4　119%～144%＝B4　145%～167%＝A3
（タイトルと配点表は含みません）

2０2４年度　　武蔵越生高等学校　推薦22日

英語解答用紙

番号		氏名		評点	／100

1	(1)	(2)	(3)	(4)
	(5)	(6)	(7)	(8)
	(9)	(10)		

2	(1) 3番目	5番目	(2) 3番目	5番目	(3) 3番目	5番目
	(4) 3番目	5番目	(5) 3番目	5番目		

3	(1)	(2)		
	(3)1	2	3	4

4	(1)	(2)	(3)	(4)	(5)	(6)

5	(1)	(2)	(3)	(4)	(5)	(6)

6	(1) Kyoto is (　　　　　) of the (　　　　　) (　　　　　) in Japan.
	(2)

(注) この解答用紙は実物を縮小してあります。Ａ４用紙に116%拡大コピーすると、ほぼ実物大で使用できます。(タイトルと配点表は含みません)

推定配点		計
	1 各１点×10　2, 3 各３点×11 4, 5 各４点×12　6 (1) ４点 (2) ５点	100点

２０２４年度　武蔵越生高等学校　推薦22日

数学解答用紙

番号		氏名		評点	／100

	(1)	(2)	(3)	(4)
1				
	(5)	(6)	(7)	(8)

	(1)	(2)		(3)
2		$x =$ °	$y =$ °	
	(4)	(5)		
	個			

	(1)	(2)		(3)
3	$x =$	$x =$	$y =$	$x =$

	(1)		(2)	(3)
4	クッキー 個	アメ 個		個

	(1)		(2)	(3)
5	A(　　,　　)	$k =$		

	(1)	(2)		(3)
6	°	BEの長さ cm	三角形DBA′の面積 cm^2	cm^3

（注）この解答用紙は実物を縮小してあります。Ｂ４用紙に122％拡大コピーすると、ほぼ実物大で使用できます。（タイトルと配点表は含みません）

推定配点		計
	1 各３点×８　2 (1) ４点 (2) 各３点×２ (3)〜(5) 各４点×３ 3 各３点×３　4, 5 各４点×７〔4(1)は完答〕 6 (1), (2) 各４点×３ (3) ５点	100点

二〇二四年度　武蔵越生高等学校　推薦22日

国語解答用紙

番号　　氏名　　評点　／100

一　問一 ア イ ウ エ　問二　問三　問四　問五　問六　問七　問八　問九　問十 (1) (2)

二　問一 ア ら イ やか ウ つた エ　問二　問三　問四　問五 ～ から　問六　問七　問八 ～　問九　問十

三　問一 ① ④ ⑧　問二 ② ③　問三　問四　問五　問六

四　1　2　3　4

（注）この解答用紙は実物を縮小してあります。Ｂ４用紙に132％拡大コピーすると、ほぼ実物大で使用できます。（タイトルと配点表は含みません）

推定配点

一 問一、問二　各2点×5　問三、問四　各3点×2　問五～問八　各2点×4　問九、問十　各3点×3

二 問一～問三　各2点×6　問四～問六　各3点×3　問七　2点　問八～問十　各3点×3

三 各3点×9　四 各2点×4

計　100点

２０２４年度　武蔵越生高等学校　推薦23日

英語解答用紙

番号		氏名		評点	／100

1

(1)	(2)	(3)	(4)
(5)	(6)	(7)	(8)
(9)	(10)		

2

(1) 3番目	5番目	(2) 3番目	5番目	(3) 3番目	5番目
(4) 3番目	5番目	(5) 3番目	5番目		

3

(1)	(2)

(3) (　　)月 (　　)日，午前(　　)時開始，午後(　　)時終了

(4) 　　　ドル

4

(1)	(2)	(3)	(4)	(5)	(6)

5

(1)①	②	③	④

(2)

(3)

(4)

(5)

6

(1) If I (　　　　) a bird, I (　　　　) (　　　　) to school.

(2)

(注) この解答用紙は実物を縮小してあります。Ｂ４用紙に119%拡大コピーすると、ほぼ実物大で使用できます。(タイトルと配点表は含みません)

推定配点		計
	1 各２点×10　2, 3 各３点×９　4 各４点×６ 5 (1) 各１点×４　(2)～(4) 各４点×３　(5) 各２点×２ 6 (1) ４点　(2) ５点	100点

２０２４年度　　武蔵越生高等学校　推薦23日

数学解答用紙

番号		氏名		評点	／100

	(1)	(2)	(3)	(4)
1				
	(5)	(6)	(7)	(8)

	(1)	(2)		(3)
2		$x =$ °	$y =$ °	
	(4)	(5)		
	個	$n =$		

	(1)	(2)		(3)
3	$x =$	$x =$	$y =$	$x =$

	(1)	(2)		(3)
4	m	M町 人	O町 人	$p =$

	(1)	(2)	(3)
5	D (　　,　　)		

	(1)	(2)	(3)	
6	cm	cm^2	HD′ の長さ cm	立体の体積 cm^3

(注) この解答用紙は実物を縮小してあります。Ｂ４用紙に122%拡大コピーすると、ほぼ実物大で使用できます。(タイトルと配点表は含みません)

推定配点		計
	1　各３点×８　　2～6　各４点×19〔3(2)，4(2)はそれぞれ完答〕	100点

二〇二四年度　武蔵越生高等学校　推薦23日

国語解答用紙

番号　　氏名　　評点　／100

一

問一　ア　イ　ウ　エ

問二　A　B

問三

問四　問五

問六　〜　から。

問七　問八

問九

問十

二

問一　ア　イ　ウ　エ

問二　問三　問四　問五　問六

問七　X　Y

問八　問九　問十

三

問一　①　②

問二

問三

問四

問五

問六

四

①　②　③　④

(注) この解答用紙は実物を縮小してあります。Ａ４用紙に114%拡大コピーすると、ほぼ実物大で使用できます。(タイトルと配点表は含みません)

推定配点

一　問一、問二　各2点×6　問三〜問十　各3点×8

二　問一　各2点×4　問二〜問六　各3点×5　問七　各2点×2　問八　3点　問九　2点　問十　3点

三　各3点×7

四　各2点×4

計　100点

２０２３年度　武蔵越生高等学校　推薦22日

英語解答用紙

番号		氏名		評点	／100

1	(1)		(2)		(3)		(4)		(5)	
	(6)		(7)		(8)		(9)		(10)	

2	(1) 3番目	(1) 5番目	(2) 3番目	(2) 5番目	(3) 3番目	(3) 5番目

2	(4) 3番目	(4) 5番目	(5) 3番目	(5) 5番目

3	問1 ア		イ		ウ		問2		問3	

4	問1		問2		問3	
	問4		問5		問6	

5	問1		問2	→ →	問3	
	問4	→ →	問5		問6	,

6	(1)	Takuya ( ) known her ( ) four years.
	(2)	

(注) この解答用紙は実物を縮小してあります。Ａ４用紙に115％拡大コピーすると、ほぼ実物大で使用できます。(タイトルと配点表は含みません)

推定配点		計
	1 各２点×10　2，3 各３点×10 4，5 各４点×12〔5問２，問４，問６はそれぞれ完答〕 6 各１点×２	100点

２０２３年度　武蔵越生高等学校　推薦22日

数学解答用紙

番号		氏名		評点	／100

1

(1)	(2)	(3)	(4)

(5)	(6)	(7)	(8)

2

(1)	(2)	(3)	(4)
	$\theta=$		$a=$

(5)
$n=$

3

(1)	(2)		(3)
$x=$	$x=$	$y=$	$x=$

4

(1)	(2)	(3)
	%	年後

5

(1)	(2)	(3)
B(　　,　　)		

6

(1)	(2)	(3)
cm^2	cm	cm^2

(注) この解答用紙は実物を縮小してあります。Ｂ４用紙に122%拡大コピーすると、ほぼ実物大で使用できます。(タイトルと配点表は含みません)

推定配点		計
	1～6　各４点×25〔3(2)は完答〕	100点

二〇二三年度　武蔵越生高等学校　推薦22日

国語解答用紙

番号　　氏名　　評点　／100

一
問一　ア　イ　ウ　エ
問二　A　B
問三　⑦　理　頓　⑩　往　往
問四　②　③
問五　④　⑤
問六
問七
問八
問九
問十

二
問一
問二
問三
問四
問五
問六　1　2
問七
問八
問九
問十
問十一
問十二

三
問一　A　B
問二　1　2
が法師の頭に　　　たこと
問三
問四
問五
問六

四
1
2
3
4
5

（注）この解答用紙は実物を縮小してあります。Ｂ４用紙に130%拡大コピーすると、ほぼ実物大で使用できます。（タイトルと配点表は含みません）

推定配点

一　問一～問五　各２点×12　問六～問八　各３点×３
問九、問十　各２点×２
二　問一～問九　各２点×10　問十～問十二　各３点×３
三　各３点×８〔問二(1)は完答〕
四　各２点×５

計　100点

２０２３年度　　武蔵越生高等学校　推薦23日

英語解答用紙

番号		氏名		評点	／100

1	(1)		(2)		(3)		(4)		(5)	
	(6)		(7)		(8)		(9)		(10)	

2	(1)	3番目	5番目	(2)	3番目	5番目	(3)	3番目	5番目
	(4)	3番目	5番目	(5)	3番目	5番目			

3	問１		問２		問３			

4						

5	問１		問２		問３	
	問４	→ → →	問５			
	問６	,				

6	(1)	Please (　　　　　) me what (　　　　　) buy for his birthday.
	(2)	

（注）この解答用紙は実物を縮小してあります。Ｂ４用紙に119％拡大コピーすると、ほぼ実物大で使用できます。（タイトルと配点表は含みません）

推定配点		計
	1 各２点×10　2，3 各３点×10 4，5 各４点×12〔5問４，問６はそれぞれ完答〕 6 各１点×２	100点

２０２３年度　武蔵越生高等学校　推薦23日

数学解答用紙

番号		氏名	

評点	／100

	(1)	(2)	(3)	(4)
1				
	(5)	(6)	(7)	(8)

	(1)	(2)	(3)	(4)
2				$a=$
	(5)			

	(1)	(2)		(3)
3	$x=$	$x=$	$y=$	$x=$

	(1)	(2)		(3)
4	$x=$	歩いた時間　分	走った時間　分	箱

	(1)	(2)	(3)
5	C（　　，　　）		P（　　，　　）

	(1)	(2)	(3)
6	cm^2	cm	cm^2

（注）この解答用紙は実物を縮小してあります。Ｂ４用紙に122％拡大コピーすると、ほぼ実物大で使用できます。（タイトルと配点表は含みません）

推定配点		計
	1～6　各４点×25〔3(2)，4(2)はそれぞれ完答〕	100点

二〇二三年度　武蔵越生高等学校　推薦23日

国語解答用紙

番号　　氏名　　評点　／100

一

- 問一　ア　イ　ウ　エ
- 問二　A　B　C
- 問三
- 問四
- 問五
- 問六
- 問七　向う　こちら
- 問八
- 問九
- 問十

二

- 問一　ア　イ　ウ　エ
- 問二　X　Y
- 問三
- 問四
- 問五　③　⑤
- 問六
- 問七
- 問八
- 問九
- 問十

三

- 問一　ア　イ
- 問二
- 問三
- 問四　を　ほしい
- 問五
- 問六

四

①　②　③　④　⑤

（注）この解答用紙は実物を縮小してあります。Ｂ４用紙に123％拡大コピーすると、ほぼ実物大で使用できます。（タイトルと配点表は含みません）

推定配点	
一 問一～問三　各２点×８　問四～問六　各３点×３　問七　各２点×２　問八　３点　問九　２点　問十　３点 二 問一、問二　各２点×６　問三　３点　問四～問六　各２点×４　問七　３点　問八～問十　各２点×３ 三 各３点×７　四 各２点×５	
100点	計

2022年度　　武蔵越生高等学校　推薦22日

英語解答用紙

番号		氏名	

評点	／100

1	(1)	(2)	(3)	(4)	(5)	(6)
	(7)	(8)	(9)	(10)		

2	(1) 3番目	5番目	(2) 3番目	5番目	(3) 3番目	5番目
	(4) 3番目	5番目	(5) 3番目	5番目		

3	問1	問2				
	問3 1	2	3	4	5	6

4	問1	問2	問3	問4	問5	問6

5	問1	問2	問3 → →	問4
	問5	問6 ,		

6	(1) If we (　　　　　　) a lot of money, we (　　　　　　) buy a car.
	(2)

（注）この解答用紙は実物を縮小してあります。Ａ４用紙に118%拡大コピーすると、ほぼ実物大で使用できます。（タイトルと配点表は含みません）

推定配点		計
	1～3　各２点×23〔2は各２点×５〕 4，5　各４点×12〔5問３，問６はそれぞれ完答〕 6　各３点×２	100点

２０２２年度　武蔵越生高等学校　推薦22日

数学解答用紙

番号		氏名		評点	／100

1

(1)	(2)	(3)	(4)

(5)	(6)	(7)	(8)

2

(1)	(2)	(3)	(4)
	$x=$		$n=$

(5)
$D(5)=$

3

(1)	(2)	(3)
$x=$	$x=$　　　，$y=$	$x=$

4

(1)	(2)	(3)
秒後	$x=$　　　，$y=$	$b=$　　　，$c=$

5

(1)	(2)	(3)
$a=$		

6

(1)	(2)	(3)
cm^2	cm	cm^3

（注）この解答用紙は実物を縮小してあります。Ｂ４用紙に120％拡大コピーすると、ほぼ実物大で使用できます。（タイトルと配点表は含みません）

推定配点		計
	1～6　各４点×25	100点

二〇二三年度 武蔵越生高等学校 推薦22日

国語解答用紙

番号		氏名		評点	/100

一

- 問一 ア イ ウ われた
- 問二 a b
- 問三 Ⅰ Ⅱ
- 問四
- 問五
- 問六
- 問七
- 問八 ～
- 問九

二

- 問一 ア イ ウ エ
- 問二 a b
- 問三
- 問四
- 問五
- 問六
- 問七
- 問八

三

- 問一 ① ②
- 問二 a b c
- 問三
- 問四
- 問五
- 問六
- 問七
- 問八

四

- 1
- 2
- 3
- 4

（注）この解答用紙は実物を縮小してあります。Ｂ４用紙に127%拡大コピーすると、ほぼ実物大で使用できます。（タイトルと配点表は含みません）

推定配点	計
一 問一、問二 各２点×５ 問三～問九 各３点×８ 二 問一、問二 各２点×６ 問三～問八 各３点×６ 三 問一、問二 各２点×５ 問三～問八 各３点×６ 四 各２点×４	100点

２０２２年度　武蔵越生高等学校　推薦23日

英語解答用紙

番号		氏名		評点	／100

1	(1)	(2)	(3)	(4)	(5)	(6)
	(7)	(8)	(9)	(10)		

2	(1) 3番目	5番目	(2) 3番目	5番目	(3) 3番目	5番目
	(4) 3番目	5番目	(5) 3番目	5番目		

3	問1	問2				
	問3 1	2	3	4	5	6

4	問1	問2	問3	問4	問5	問6

5	問1	問2	問3	問4	問5
	問6 ,				

6	(1) I ( ) him ( ) my bag.
	(2)

(注) この解答用紙は実物を縮小してあります。Ａ４用紙に118%拡大コピーすると、ほぼ実物大で使用できます。(タイトルと配点表は含みません)

推定配点	1～3　各２点×23〔2は各２点×５〕 4，5　各４点×12〔5問６は完答〕 6　各３点×２	計 100点

２０２２年度　武蔵越生高等学校　推薦23日

数学解答用紙

番号		氏名		評点	／100

1

(1)	(2)	(3)	(4)
(5)	(6)	(7)	(8)

2

(1)	(2)	(3)	(4)
	cm^2	$\angle x =$ °	
(5)			

3

(1)	(2)	(3)
$x =$	$x =$, $y =$	$x =$

4

(1)	(2)	(3)
1秒あたり メートル	$x =$, $y =$	$b =$, $c =$

5

(1)	(2)	(3)
	$a =$	E(,)

6

(1)	(2)	(3)
	番目	

（注）この解答用紙は実物を縮小してあります。Ｂ４用紙に120％拡大コピーすると、ほぼ実物大で使用できます。（タイトルと配点表は含みません）

推定配点		計
	1～6　各４点×25	100点

二〇二三年度　武蔵越生高等学校　推薦23日

国語解答用紙

番号　　氏名　　評点　／100

一

問一　（ア）　（イ）　（ウ）
問二
問三　問四　問五　問六
問七　問八
問九
問十

二

問一　（ア）　（イ）
問二　問三　問四　問五
問六　A　B　問七
問八
問九　X　Y　問十

三

問一　①　②　③　⑤
問二　a　b　c
問三　問四　問五
問六

四

（1）　（2）　（3）　（4）

（注）この解答用紙は実物を縮小してあります。B４用紙に120%拡大コピーすると、ほぼ実物大で使用できます。（タイトルと配点表は含みません）

推定配点	計
一　問一　各２点×３　問二～問十　各３点×９ 二　問一～問五　各２点×６　問六～問十　各３点×７ 三　問一、問二　各２点×７　問三～問六　各３点×４ 四　各２点×４	100点

２０２１年度　武蔵越生高等学校　推薦22日

英語解答用紙

番号		氏名	

評点	／100

1	(1)	(2)	(3)	(4)	(5)	(6)
	(7)	(8)				

2	(1) 3番目	5番目	(2) 3番目	5番目	(3) 3番目	5番目
	(4) 3番目	5番目				

3	問1	問2				
	問3 ア	イ	ウ	エ	オ	カ

4	問1	問2	問3	問4	問5	問6
	問7					

5	問1	問2	問3	問4
	問5			
	問6 → →			

6	(1) I have ( ) ( ) Canada three times.
	(2)

(注) この解答用紙は実物を縮小してあります。Ａ４用紙に118％拡大コピーすると、ほぼ実物大で使用できます。(タイトルと配点表は含みません)

推定配点		計
	1 各２点×８　2～4 各３点×19〔2は各３点×４〕 5 問１～問５　各３点×６　問６　４点 6 (1)　２点　(2)　３点	100点

２０２１年度　　武蔵越生高等学校　推薦22日

数学解答用紙

番号		氏名	

評点	／100

1

(1)	(2)	(3)	(4)
(5)	(6)	(7)	(8)

2

(1)	(2)	(3)	(4)
	cm^2	通り	$n=$
(5)			

3

(1)	(2)	(3)
$x=$	$x=$　　　，$y=$	$x=$

4

(1)	(2)	(3)
円	分	$a=$　　　，$b=$

5

(1)	(2)	(3)
$y=$	$y=$	$x=$

6

(1)		(2)	(3)
三角形 ABC の面積 cm^2	CD の長さ cm	cm^3	cm^3

（注）この解答用紙は実物を縮小してあります。Ｂ４用紙に122％拡大コピーすると、ほぼ実物大で使用できます。（タイトルと配点表は含みません）

推定配点	計
1～5　各４点×22　　6　(1)　各２点×２　(2), (3)　各４点×２	100点

二〇二二年度　武蔵越生高等学校　推薦22日

国語解答用紙

番号　　氏名　　評点 ／100

一

問一 ア　イ
問二
問三
問四
問五
問六 A　B　C
問七
問八
問九
問十

二

問一 ア　イ　ウ
問二 ③　⑤
問三
問四
問五
問六
問七
問八
問九

三

問一
問二
問三
問四
問五 ⑥　⑧
問六 ⑤　⑦
問七
問八

四

1
2
3
4
5

（注）この解答用紙は実物を縮小してあります。Ａ４用紙に104%拡大コピーすると、ほぼ実物大で使用できます。（タイトルと配点表は含みません）

推定配点	計
一 問一 各２点×２　問二、問三 各３点×２　問四 ２点　問五～問十 各３点×８ 二 各２点×12 三 各３点×10 四 各２点×５	100点

英語解答用紙

番号		氏名		評点	／100

1	(1)	(2)	(3)	(4)	(5)	(6)
	(7)	(8)				

2	(1) 3番目	5番目	(2) 3番目	5番目	(3) 3番目	5番目
	(4) 3番目	5番目				

3	問1	問2				
	問3 ア	イ	ウ	エ	オ	カ
	キ					

4	問1	問2	問3	問4	問5	問6

5	問1	問2	問3	問4
	問5 → → →			
	問6 (A)	(B)	(C)	(D)

6	(1) Shigeo (　　　　) (　　　　) music on Sundays.
	(2)

(注) この解答用紙は実物を縮小してあります。Ａ４用紙に118%拡大コピーすると、ほぼ実物大で使用できます。(タイトルと配点表は含みません)

推定配点		計
	1, 2　各２点×12　3, 4　各３点×15 5　問１　３点　問２　２点　問３～問６　各３点×７ 6　(1)　２点　(2)　３点	100点

2021年度　　武蔵越生高等学校　推薦23日

数学解答用紙

番号		氏名		評点	／100

	(1)	(2)	(3)	(4)
1				
	(5)	(6)	(7)	(8)

	(1)	(2)	(3)	(4)
2		cm		
	(5)			
	組			

	(1)	(2)	(3)
3	$x =$	$x =$　　　　，$y =$	$x =$

	(1)	(2)	(3)
4	$x =$	円	$r =$

	(1)	(2) (i)	(2) (ii)	(3)
5	M(　　，　　)	P(　　，　　)		$t =$

	(1)		(2) 周の長さ	(2) 回数	(3)
6	AB=　　cm	BC=　　cm	cm	回	cm^2

（注）この解答用紙は実物を縮小してあります。Ａ４用紙に118%拡大コピーすると、ほぼ実物大で使用できます。（タイトルと配点表は含みません）

推定配点		計
	1～4　各４点×19 5　(1)　４点　(2)　各２点×２　(3)　４点 6　(1), (2)　各２点×４　(3)　４点	100点

二〇二一年度　武蔵越生高等学校　推薦23日

国語解答用紙

番号		氏名		評点	/100

一

問一　ア　イ　ウ　エ　オ

問二

問三

問四　B　C

問五

問六

問七

二

問一　ア　イ　ウ　エ　オ

問二　A　B　C　D　E

問三

問四

問五　1　2

問六　1　2

三

問一

問二　②　③

問三

問四

問五

問六　1　季語　季節　2

問七

四

	A群	B群
①		
②		
③		
④		
⑤		

（注）この解答用紙は実物を縮小してあります。Ｂ４用紙に130%拡大コピーすると、ほぼ実物大で使用できます。（タイトルと配点表は含みません）

推定配点	計
一　問一　各２点×５　問二～問七　各３点×７ 二　各２点×16 三　各３点×９〔問六１は完答〕 四　各２点×５	100点

2020年度　武蔵越生高等学校　推薦22日

英語解答用紙

番号		氏名	

評点	／100

1	(1)	(2)	(3)	(4)	(5)

2	(1) 3番目	5番目	(2) 3番目	5番目	(3) 3番目	5番目

3	問1	問2

4	問1	問2	問3	問4

5	問1 ①	④				
	問2 ②	問3	問4 ③			
	問5 ⑤					
	問6 A	B	C	D	E	F

6	(1) I (　　　　) (　　　　) fifteen years old next month.
	(2)

(注) この解答用紙は実物を縮小してあります。Ａ４用紙に118%拡大コピーすると、ほぼ実物大で使用できます。(タイトルと配点表は含みません)

推定配点		計
	1 各３点×５　2～4 各４点×９ 5 問１～問４　各３点×５　問５　各４点×２　問６　各３点×６ 6 各４点×２	100点

２０２０年度　武蔵越生高等学校　推薦22日

数学解答用紙

番号		氏名		評点	／100

	(1)	(2)	(3)	(4)
1				
	(5)	(6)	(7)	(8)

	(1)	(2)	(3)	(4)
2		$\angle x =$　　°	cm^2	
	(5)			

	(1)	(2)	(3)
3	$x =$	$x =$　　,　$y =$	$x =$

	(1)	(2)	(3)
4		分間	cm

	(1)	(2)	(3)
5	D (　　,　　)	長方形 OACE：長方形 OBDF=　　：	A (　　,　　)

	(1)	(2)	(3)
6	cm	秒後	cm^2

(注) この解答用紙は実物を縮小してあります。Ａ４用紙に118%拡大コピーすると、ほぼ実物大で使用できます。(タイトルと配点表は含みません)

推定配点		計
	1～6　各４点×25	100点

二〇二〇年度　武蔵越生高等学校　推薦22日

国語解答用紙

番号　氏名　評点 /100

一
問一　ア　イ　ウ　エ　オ
問二　A　C　D
問三
問四
問五　八字　十六字
問六
問七

二
問一　ア　イ　ウ　エ
問二
問三　②　⑤
問四
問五
問六
問七

三
問一　月
問二
問三　③　④
問四
問五
問六

四　①　②　③　④　⑤

(注)　この解答用紙は実物を縮小してあります。A４用紙に105％拡大コピーすると、ほぼ実物大で使用できます。（タイトルと配点表は含みません）

推定配点	計
一　問一　各２点×５　問二～問七　各３点×９ 二　問一　各２点×４　問二～問七　各３点×７ 三　問一～問三　各３点×４　問四　６点　問五、問六　各３点×２ 四　各２点×５	100点

社会情勢の影響で中止の可能性がございます。必ず弊社HPをご確認ください。

◯首都圏最大級の進学相談会

第43回　中・高入試
受験なんでも相談会

主催　声の教育社

1都3県の有名校が参加!!

会場　新宿住友ビル三角広場

交通●ＪＲ・京王線・小田急線「新宿駅」西口徒歩8分
●都営地下鉄大江戸線「都庁前駅」A6出口直結
●東京メトロ丸ノ内線「西新宿駅」2番出口徒歩4分

日時　6月22日(土)…**中学受験**のみ
6月23日(日)…**高校受験**のみ

中学受験　午前・午後の2部制
高校受験　90分入れ替え4部制

特設ページ

入場予約6/8～(先行入場抽選5/31～)
当日まで入場予約可能(定員上限あり)
詳しくは弊社ＨＰ特設ページをご覧ください。

新会場の三角広場は天井高25m、換気システムも整った広々空間

●参加予定の中学校・高等学校一覧

22日(中学受験のみ)参加校
麻布中学校
跡見学園中学校
鷗友学園女子中学校
大妻中学校
大妻多摩中学校
大妻中野中学校
海城中学校
開智日本橋学園中学校
かえつ有明中学校
学習院女子中等科
暁星中学校
共立女子中学校
慶應義塾中等部（午後のみ）
恵泉女学園中学校
晃華学園中学校
攻玉社中学校
香蘭女学校中等科
駒場東邦中学校
サレジアン国際学園世田谷中学校
実践女子学園中学校
品川女子学院中等部
芝中学校
渋谷教育学園渋谷中学校
頌栄女子学院中学校
昭和女子大学附属昭和中学校
女子聖学院中学校
白百合学園中学校
成城中学校
世田谷学園中学校
高輪中学校
多摩大学附属聖ヶ丘中学校
田園調布学園中等部
千代田国際中学校
東京女学館中学校
東京都市大学付属中学校
東京農業大学第一中等部
豊島岡女子学園中学校
獨協中学校
ドルトン東京学園中等部
広尾学園中学校
広尾学園小石川中学校
富士見中学校
本郷中学校
三田国際学園中学校
三輪田学園中学校
武蔵中学校
山脇学園中学校
立教女学院中学校
早稲田中学校
和洋九段女子中学校
青山学院横浜英和中学校
浅野中学校
神奈川大学附属中学校
カリタス女子中学校
関東学院中学校
公文国際学園中等部
慶應義塾普通部（午後のみ）
サレジオ学院中学校
森村学園中等部
横浜女学院中学校
横浜雙葉中学校
光英VERITAS中学校
昭和学院秀英中学校
専修大学松戸中学校
東邦大学付属東邦中学校
和洋国府台女子中学校
浦和明の星女子中学校
大妻嵐山中学校
開智未来中学校

23日(高校受験のみ)参加校
岩倉高校
関東第一高校
共立女子第二高校
錦城高校
錦城学園高校
京華商業高校
国学院高校
国際基督教大学高校
駒澤大学高校
駒場学園高校
品川エトワール女子高校
下北沢成徳高校
自由ヶ丘学園高校
潤徳女子高校
杉並学院高校
正則高校
専修大学附属高校
大成高校
大東文化大学第一高校
拓殖大学第一高校
多摩大学目黒高校
中央大学高校
中央大学杉並高校
貞静学園高校
東亜学園高校
東京高校
東京工業大学附属科学技術高校
東京実業高校
東洋高校
東洋女子高校
豊島学院・昭和鉄道高校
二松学舎大学附属高校
日本大学櫻丘高校
日本大学鶴ヶ丘高校
八王子学園八王子高校
文華女子高校
豊南高校
朋優学院高校
保善高校
堀越高校
武蔵野大学附属千代田高校
明治学院高校
桐蔭学園高校
東海大学付属相模高校
千葉商科大学付属高校
川越東高校
城西大学付属川越高校

22・23日(中学受験・高校受験)両日参加校
【東京都】
青山学院中等部・高等部
足立学園中学・高校
郁文館中学・高校・グローバル高校
上野学園中学・高校
英明フロンティア中学・高校
江戸川女子中学・高校
学習院中等科・高等科
神田女学園中学・高校
北豊島中学・高校
共栄学園中学・高校
京華中学・高校
京華女子中学・高校
啓明学園中学・高校
工学院大学附属中学・高校
麴町学園女子中学校・高校
佼成学園中学・高校
佼成学園女子中学・高校
国学院大学久我山中学・高校
国士舘中学・高校
駒込中学・高校
駒沢学園女子中学・高校
桜丘中学・高校
サレジアン国際学園中学・高校
実践学園中学・高校
芝浦工業大学附属中学・高校
芝国際中学・高校
十文字中学・高校
淑徳中学・高校
淑徳巣鴨中学・高校
順天中学・高校
城西大学附属城西中学・高校
聖徳学園中学・高校
城北中学・高校
女子美術大学付属中学・高校
巣鴨中学・高校
聖学院中学・高校
成蹊中学・高校
成城学園中学・高校
青稜中学・高校
玉川学園　中学部・高等部
玉川聖学院中等部・高等部
中央大学附属中学・高校
帝京中学・高校
東海大学付属高輪台高校・中等部
東京家政学院中学・高校
東京家政大学附属女子中学・高校
東京成徳大学中学・高校
東京電機大学中学・高校
東京都市大学等々力中学・高校
東京立正中学・高校
桐朋中学・高校
桐朋女子中学・高校
東洋大学京北中学・高校
トキワ松学園中学・高校
中村中学・高校
日本工業大学駒場中学・高校
日本学園中学・高校
日本大学第一中学・高校
日本大学第二中学・高校
日本大学第三中学・高校
日本大学豊山中学・高校
日本大学豊山女子中学・高校
富士見丘中学・高校
藤村女子中学・高校
文化学園大学杉並中学・高校
文京学院大学女子中学・高校
文教大学付属中学・高校
法政大学中学・高校
宝仙学園中学・高校共学部理数インター
明星学園中学・高校
武蔵野大学中学・高校
明治学院中学・東村山高校
明治大学付属中野中学・高校
明治大学付属八王子中学・高校
明治大学付属明治中学・高校
明法中学・高校
目黒学院中学・高校
目黒日本大学中学・高校
目白研心中学・高校
八雲学園中学・高校
安田学園中学・高校
立教池袋中学・高校
立正大学付属立正中学・高校
早稲田実業学校中等部・高等部
早稲田大学高等学院・中学部
【神奈川県】
中央大学附属横浜中学・高校
桐光学園中学・高校
日本女子大学附属中学・高校
法政大学第二中学・高校
【千葉県】
市川中学・高校
国府台女子学院中学・高等部
芝浦工業大学柏中学・高校
渋谷教育学園幕張中学・高校
昭和学院中学・高校
東海大学付属浦安高校・中等部
麗澤中学・高校
【埼玉県】
浦和実業学園中学・高校
開智中学・高校
春日部共栄中学・高校
埼玉栄中学・高校
栄東中学・高校
狭山ヶ丘高校・付属中学校
昌平中学・高校
城北埼玉中学・高校
西武学園文理中学・高校
東京農業大学第三高校・附属中学校
獨協埼玉中学・高校
武南中学・高校
星野学園中学校・星野高校
立教新座中学・高校
【愛知県】
海陽中等教育学校

※上記以外の学校や志望校の選び方などの相談は